CURSO DE INTRODUÇÃO AO DIREITO

CURSO DE INTRODUÇÃO AO DIREITO

em 13 aulas

3ª edição

Luiz Fernando Coelho
Doutor em Ciências Humanas e
Livre-docente em Filosofia do Direito.

Manole

CAPA Sopros Design

CIP-BRASIL. CATALOGAÇÃO NA PUBLICAÇÃO
SINDICATO NACIONAL DOS EDITORES DE LIVROS, RJ

C617c
3.ed.

Coelho, Luiz Fernando
Curso de introdução ao direito : em 13 aulas / Luiz Fernando Coelho. - 3. ed. - Barueri [SP] : Manole, 2019.
23 cm.

Inclui bibliografia e índice
ISBN 9788520460016

1. Direito - Compêndios. 2. Direito - Filosofia. I. Título.

18-54403 CDU-340(81)

Leandra Felix da Cruz - Bibliotecária - CRB-7/6135

1ª edição - 2004; 2ª edição - 2015; 3ª edição - 2019

Editora Manole Ltda.
Av. Ceci, 672 - Tamboré
06460-120 - Barueri - SP - Brasil
Fone: (11) 4196-6000
www.manole.com.br | http://atendimento.manole.com.br/

Impresso no Brasil
Printed in Brazil

Para Maria Cecília, com o carinho do avô.

SOBRE O AUTOR

Luiz Fernando Coelho é doutor em Ciências Humanas, livre-docente em Filosofia do Direito e especialista em Direito Comparado. Foi professor titular de Filosofia do Direito na Universidade Federal do Paraná e de Teoria Geral do Direito na Universidade Federal de Santa Catarina. Atuou também nos Programas de Pós-Graduação em Direito da Universidade Paranaense (UNIPAR), de Umuarama, Paraná, e do Centro Universitário Eurípedes (UNIVEM), de Marília, São Paulo. Atualmente, exerce seu magistério na Faculdade de Direito de Francisco Beltrão (CESUL) e no curso de Direito do Centro Universitário UNINTER, em Curitiba, Paraná.

Foi um dos fundadores da Associação Brasileira de Filosofia do Direito e Sociologia do Direito (ABRAFI), seção brasileira da Associação Internacional de Filosofia Jurídica e Social (IVR).

Membro fundador da Academia Paranaense de Letras Jurídicas (APLJ), professor e conferencista, é autor de artigos, monografias e livros dedicados à filosofia, à lógica e hermenêutica do direito, teoria política e direito constitucional. Criador da teoria crítica do direito, a repercussão de suas ideias e ensinamentos no pensamento brasileiro tem constituído a base de movimentos bastante expressivos de inovação metodológica na interpretação e aplicação das leis.

SUMÁRIO

SUMÁRIO

Nota para a terceira edição

A primeira edição deste livro foi publicada pela Editora Manole em 2004, sob o título *Aulas de introdução ao direito*. A segunda edição, publicada no ano de 2015 pelo Instituto Memória, de Curitiba, teve o título alterado para *Curso de introdução ao direito – em treze aulas*, que correspondeu à intenção original no sentido de informar as circunstâncias da elaboração do trabalho: reunir em texto unitário as aulas professadas num curso de especialização destinado a profissionais do direito, os quais desejavam relembrar antigas noções aprendidas no primeiro ano do bacharelado, mas esquecidas em função da práxis profissional.

A oportunidade de uma terceira edição decorreu da oferta da Editora Manole para uma publicação comemorativa dos meus oitenta anos, transcorridos no dia 1º de janeiro, e também para inseri-la em novos instrumentos de divulgação, tendo em vista as atuais dificuldades enfrentadas pelo mercado editorial em consequência do constante desenvolvimento dos meios de comunicação, numa era que já vem sendo conhecida como nova revolução industrial, a revolução digital.

Além da satisfação em ver lembrada a efeméride que me diz respeito, a presente edição reafirma um propósito que tem animado esta fase de minha existência, provavelmente a derradeira: jamais afastar-me do magistério superior. E ao refletir sobre os fatores que têm influenciado a fidelidade a este propósito existencial, cumpre destacar dois de especial importância.

O primeiro é o apoio do corpo docente e direção administrativa e pedagógica da Faculdade de Direito de Francisco Beltrão, o já conhecido e prestigiado CESUL, que me manteve integrado à sua comunidade acadêmica quando, em razão da idade, vi-me praticamente impossibilitado de exercer as atividades docentes que me eram designadas. Mais ainda, fui distinguido com a atribuição de meu nome a um novo auditório.

Semelhante reconhecimento devo aos colegas e dirigentes do Centro Universitário UNINTER, de Curitiba, onde preleciono a disciplina de Lógica, Retórica e Argumentação Jurídica no Programa de Pós-graduação em Direito, o que leva a manter-me atualizado em relação aos avanços que enriquecem permanentemente o saber jurídico.

Esse reconhecimento tem me sustentado em plena atividade intelectual, dedicado à composição de artigos, monografias, capítulos em trabalhos coletivos e novos livros, tendo sido a maior parte desta produção elaborada em função de palestras, conferências e participação em eventos acadêmicos.

A estes expressamente mencionados, e a todos os que tem acompanhado e apoiado tal trajetória, dedico esta edição comemorativa.

Luiz Fernando Coelho

Apresentação

Os textos que compõem este compêndio correspondem a treze aulas de teoria geral do direito, prelecionadas no Curso de Especialização em Direito Processual, promovido pela Universidade Paranaense – UNIPAR, de Umuarama, durante o ano de 2002.

Ao estender-me o honroso convite para dar aulas de teoria geral do direito, informou a ilustre diretora da área de pós-graduação *lato sensu* da UNIPAR que a inclusão desta matéria tinha o objetivo principal de recordar noções fundamentais das disciplinas de introdução ao estudo do direito, filosofia do direito e direito civil, noções que os alunos já teriam estudado na graduação, mas que precisavam ser relembradas e consolidadas. O que se esperava era a revisão dessas noções, ao menos as que fossem consideradas de maior utilidade, dado o perfil do curso.

Tal orientação engendrou algumas dificuldades. A missão que me fora confiada não visava um curso monográfico, destinado a aprofundar alguns dos grandes temas da filosofia e da teoria geral do direito, mas um curso básico que, sem a pretensão de esgotar a matéria, abordasse os assuntos mais importantes.

Outra dificuldade era de ordem didática, pois os alunos aos quais as aulas eram dirigidas já não eram acadêmicos de primeiro ano, mas colegas bacharéis em pleno exercício profissional como advogados, procuradores federais e estaduais e membros do Ministério Público, alguns deles professores, operadores do direito que de forma alguma se contentariam com o mero reprisar de temas já sobejamente conhecidos.

Enfrentei com entusiasmo o desafio, que envolvia a produção de material didático de teoria geral do direito que fosse de utilidade tanto para iniciantes acadêmicos quanto para profissionais já graduados. Tal proposta vinha ao encontro de antiga aspiração pessoal, escrever um manual de introdução ao estudo do direito, disciplina que prelecionei por mais de trinta anos.

Mas a decisão de publicar um livro didático resultou também de uma reflexão sobre o estado atual dos estudos jurídicos, que oferece marcantes diferenças quando comparado com a educação jurídica anterior às reformas introduzidas pelos regimes autoritários brasileiros após o golpe militar de 1964.

A principal diferença é a prevalência de orientação técnica e profissionalizante no ensino jurídico atual, em substituição à orientação humanística, herdada de nossos colonizadores portugueses, sob a influência da ciência jurídica praticada na Europa continental. Com a nova orientação, restringiu-se ao mínimo o espaço destinado na grade curricular às disciplinas propedêuticas e de formação geral.

A reforma curricular de 1972 havia situado a disciplina de introdução ao direito como matéria básica, pré-requisito de quase todas as do ciclo profissional. Com a expansão descontrolada dos cursos de bacharelado, aliada a uma discutível orientação que privilegia a técnica e a informação especializada, as disciplinas propedêuticas foram sendo aos poucos relegadas a plano secundário, quando não totalmente desprestigiadas. Como resultado, os cursos jurídicos transformam-se aos poucos em cursos profissionalizantes, abandonando a tradição filosófica que propiciou as bases para a monumental edificação da cultura jurídica contemporânea.

Além disso, há propostas de muitos setores interessados, que não se preocupam em refrear a disseminação de cursos jurídicos de baixa qualidade, no sentido de reduzir a respectiva carga horária mínima para três anos, o que certamente levará ao expurgo das disciplinas não voltadas diretamente para o exercício da advocacia.

À medida que a sociedade se vê cada vez mais impregnada da ideologia que identifica sucesso profissional com riqueza material, tal desprestígio só tende a crescer, o que induz os operadores do direito a sacrificar os valores da cultura humanística aos ditames da tecnologia e da especialização profissional.

Tendo em vista estes aspectos, a forma como desenvolvo os temas procurou resgatar a reflexão filosófica sobre o direito e a justiça, mas a título de uma introdução à ciência e à filosofia do direito.

Daí que o desenvolvimento do texto segue uma ordem progressiva que considera alguns dos pressupostos indispensáveis a uma base sólida de conhecimentos, expostos já na primeira aula, e a exposição dos elementos básicos que dão conta dos aspectos mais relevantes da introdução ao direito.

A exposição segue a ordem geralmente adotada nos programas da disciplina nas Faculdades de Direito brasileiras, sem maiores inovações relativamente ao exposto pela maioria dos autores mais conhecidos. Não obstante, são incluídos comentários relacionados à *teoria crítica do direito*, inclusive sobre as circunstâncias que levaram à sua elaboração e desenvolvimento. Com isso, a presente Apresentação visa igualmente facilitar aos acadêmicos, em todos os níveis, a compreensão inicial dos procedimentos que o enfoque teórico-crítico do direito propicia.

Agradeço aos professores do Centro Universitário "Eurípides", de Marília – UNIVEM –, Dr. Eduardo Henrique Lopes Figueiredo e Dra. Samyra Haydée Dal Farra Naspolini Sanches, a inestimável colaboração nos trabalhos de revisão.

Ao divulgar estas treze aulas para utilização por professores e alunos de introdução ao estudo do direito, permito-me a expectativa de que elas venham a contribuir para uma retomada efetiva do alcance universalista e científico e, sobretudo, humanista, do saber jurídico.

Luiz Fernando Coelho

Primeira Aula

Noções indispensáveis de filosofia

Sumário: 1. Ser, pensar, conhecer e comunicar. 2. Filosofia, ciência, técnica e tecnologia. 3. Os objetos do conhecimento. 4. Os valores e a valoração. 5. Pensamento abstrato, pensamento dialético e metodologia.

1. Ser, pensar, conhecer e comunicar

Quando nos indagamos sobre o que seja o direito, a primeira evidência é que se trata de algo profundamente humano, que impregna toda a experiência vivida pelo homem em sua dimensão social.

Ao definirmos o homem como "ser humano", circunscrevemos seu espaço dentro do universo como uma espécie de ser. E, quando nos referimos ao direito, também o ubiquamos dentro do universo como "ser jurídico", conjunto de fatos da experiência humana que enunciamos como "fenômeno jurídico" ou simplesmente "direito".

Dada a evidência, portanto, de que nosso objeto de conhecimento situa-se em alguma das regiões do ser, propomos tomar como ponto de partida dessa investigação um esclarecimento inicial a respeito do problema do ser.

O ser é a categoria mais ampla com a qual pensamos as coisas. Ele abrange desde nosso próprio "eu" e o mundo que nos cerca até o sobrenatural, pois o ser transcende nosso alcance racional.

A noção existencial do ser define-o como algo que "está aí", lançado no mundo, e o correlaciona com as noções de *nada, não ser, aparência, devir, ser-em-si* e *ser-em-função* e, também, com a noção de *pensar.*

Entre essas correlações avulta a que se estabelece entre o *ser-em-si,* como essência de algo ou *eidos,* e as manifestações do ser, quando ele se confunde com as aparências, a realidade exterior.

Essas manifestações envolvem dois modos fundamentais, como realidade objetiva e subjetiva.

Objetivamente, a realidade do ser se expressa como universo, natureza, humanidade, sociedade e o próprio homem. O ser é o próprio objeto do conhecer.

Subjetivamente, ele se confunde com o ato de pensar. Descartes via no pensamento a evidência do existir.

Uma das características do ser humano é a possibilidade de comunicar-se consigo mesmo em sua consciência e com os outros seres. O homem é elo de comunicação entre o real objetivo e o subjetivo, eixo e flecha das transformações do ser.

Tal como a ideia hegeliana, o homem em um primeiro momento se conhece a si mesmo e, em um segundo momento, projeta-se no outro enquanto objetiva o ser como algo exterior. Finalmente, retorna a si como autoconsciência, o ser que se desalienou e conhece a si mesmo. A comunicação é imanente ao existir e constitui o diferencial do existir em si e do existir com outros seres.

O instrumento da comunicação é o *signo* ou *sinal* pelo qual o homem faz referência a seus objetos e estabelece a comunicação intersubjetiva sobre eles. Uma bandeira, as notas musicais, a palavra oral e escrita são exemplos de signos.

O resultado prático desse processo é o conhecimento, o qual se configura quando o ser humano tem acesso aos objetos do mundo exterior, representando-os em sua própria consciência.

O conhecimento, porém, não é somente o mero acesso ao mundo, o que ocorre pelo simples estar no mundo, mas o acesso racional aos objetos como fruto da razão pensante.

Pode-se estabelecer que o conhecimento tem quatro ingredientes: o sujeito, que é o ser pensante, o objeto, o conceito, representação do objeto no intelecto, e a linguagem, pela qual ocorre a comunicação das representações conceituais dos outros sujeitos.

O conhecimento se transmite por meio dos signos. Como instrumentos do pensar, do conhecer e do comunicar, eles constituem objeto da semiologia e da semiótica. A primeira é uma teoria geral dos signos e estuda sua ocorrência no contexto da vida social, como eles se formam, as transformações que experimentam e as leis que os regem. Já a semiótica se ocupa da interpretação dos signos, a qual pressupõe três níveis de investigação: sintaxe, semântica e pragmática.[1]

A sintaxe considera os signos em suas relações com outros signos, independentemente do objeto a que se referem. A semântica estuda as relações dos signos com esses objetos, a pragmática leva em conta o significado dos signos em função dos sujeitos envolvidos na comunicação estabelecida por meio deles.

Há diversos tipos de signos. Uma classificação recorrente os divide em três: naturais, iconográficos e convencionais.

---

1. MORRIS, Charles William. "Foundations of the theory of signs". In: *International Encyclopedia of Unified Sciences,* I, 1938. Há tradução em espanhol: MORRIS, C. W. "Fundamento de la teoría de los signos", 1985.

Os signos naturais ocorrem independentemente da ação humana e são causados por forças naturais, mas a eles o homem atribui significado; por exemplo, o fogo, que tanto pode evocar o aconchego de um lar como o terror do inferno.

O segundo grupo é constituído pelos ícones. São signos criados pelo homem, mas que reproduzem parcialmente os objetos que designam. O exemplo mais expressivo é o das imagens religiosas.

Finalmente, os signos convencionais, ou símbolos, são artificiais como os ícones, mas neles não há analogia prévia com o objeto designado. A relação semântica entre o símbolo e seus objetos é inteiramente arbitrária, dependendo de convenções entre os respectivos sujeitos destinatários. As palavras de determinado idioma são, por exemplo, signos convencionais, pois seus respectivos significados podem ser representados das mais diversas formas, inclusive utilizando-se o alfabeto dos surdos-mudos ou convenções de caráter técnico.

É claro que a separação entre os três tipos não é absoluta. Nada impede que um ícone seja utilizado como símbolo e vice-versa, nem que se atribua a um signo natural em sua gênese uma característica iconográfica ou simbólica. A maioria dos signos utilizados na comunicação humana, contudo, é convencional, destacando-se a linguagem, os signos aritméticos e algébricos e os signos lógicos.

Todos esses fatores convergem para o conhecimento, o qual não se exaure na simples consciência, mas constitui resultado da razão que atua e comunica. Nesse processo estão presentes quatro fatores: o sujeito, que é o ser humano que conhece; o objeto, que são os seres individualizados sobre os quais incide o conhecimento; o conceito, ideia ou imagem mental que reproduz o objeto; e o signo, expressão exterior que possibilita a comunicação do conhecimento.

A linguagem é um conjunto de signos, constituindo o mais importante sistema de signos tanto para o conhecimento quanto para a comunicação. Há um enunciado de Wittgenstein que bem demonstra a importância da linguagem na filosofia contemporânea: "os limites de minha linguagem são os limites de meu mundo". Para ele, a linguagem ideal seria aquela cuja estrutura correspondesse perfeitamente à estrutura da realidade. Tratando-se, porém, de simples hipótese, a pesquisa da linguagem ordinária poderia revelar a medida na qual ela aparece como impedimento a uma linguagem ideal.

Com essa intuição, entreabriu-se uma das vias mais fecundas da filosofia contemporânea: a filosofia da linguagem ordinária.

A linguagem constitui objeto de uma ciência especial, a linguística, a qual se ocupa, não de determinado idioma, mas da linguagem em geral. Se considerarmos a semiologia como teoria geral dos signos, podemos ubicar a linguística como especialização da semiologia, uma teoria geral dos signos linguísticos.

A linguística leva em conta diferentes tipos de linguagem, classificando-os de acordo com critérios diversificados. Efetua-se a distinção entre linguagem corrente e científica, linguagem natural – também chamada ordinária – e artificial, linguagem cognoscitiva e emotiva e linguagem indicativa e prescritiva.

A linguagem indicativa serve para representar objetos – ela descreve objetos – e a prescritiva diz como as pessoas devem agir. Ambas interessam particularmente, porque o direito se apresenta sob a forma de linguagem prescritiva: as leis.

Admitem-se dois tipos de linguagem prescritiva: a linguagem imperativa ou "imperativos", que contêm uma ordem dirigida à conduta, e a linguagem valorativa ou "valorações", que não ordenam propriamente, mas indicam o sentido do dever com base em valores.

À linguagem também se aplicam os três aspectos relativos às relações entre os signos, seus objetos e seus usuários. Há uma sintaxe, uma semântica e uma pragmática da linguagem.

Na semântica da linguagem há que destacar alguns aspectos particularmente relevantes.

O primeiro é a distinção entre *conotação* e *denotação.* A primeira é o conjunto de características a que um signo faz referência; a segunda é o conjunto dos objetos que se enquadram nessas características. A conotação corresponde ao sentido, e também à intenção ou compreensão, quando se referem aos conceitos, ao passo que a denotação equivale à extensão de um conceito, isto é, à quantidade de objetos aos quais o conceito se aplica.

A diferença entre conotação e denotação é importante para verificar que há signos linguísticos que se referem a coisas ou a classes de coisas.

Outra distinção relevante é a estabelecida entre linguagem e metalinguagem.

Se o objeto das palavras de uma linguagem é constituído por coisas ou classes de coisas, estamos em presença da linguagem, mas se as próprias palavras formam o objeto, temos a metalinguagem, ou seja, uma linguagem sobre a linguagem. Na frase "os animais merecem a proteção do homem", a palavra "animal" se refere a um ser da natureza. Na frase "a palavra 'animal' tem seis letras", a palavra "animal" nada tem a ver com seu referencial semântico; trata-se da palavra mesma tomada como objeto – linguagem em uma situação, metalinguagem em outra.

A semiótica é metalinguagem porque é uma linguagem que se ocupa dos signos, e não dos objetos aos quais os signos se referem.

2. Filosofia, ciência, técnica e tecnologia

Na atividade de conhecimento, é usual a distinção entre conhecimento vulgar, científico e filosófico. Trata-se de graduação fixada em termos da maior ou menor generalização de conceitos, cuja fronteira não é bem nítida. Costuma-se dizer que o conhecimento *científico* preocupa-se com as causas imediatas dos fenômenos, e o *filosófico,* com as causas mediatas. Apenas em parte é válida a assertiva, já que as causas dos fenômenos não são o único escopo do conhecimento.

O conhecimento é resultado de uma série de procedimentos mentais denominados "abstração". As abstrações podem se referir a objetos, mas também a outras abstrações. É o grau em que nestas ocorrem o melhor critério para distinguir entre os níveis de conhecimento vulgar, científico e filosófico.

Entendemos que o conhecimento vulgar é o que ocorre a partir de simples imagens mentais ou vivências emocionais, sem que haja nenhum tipo de abstração ou, pelo menos, que a abstração não chegue a produzir um saber mais elaborado. Já o conhecimento científico corresponde a uma primeira abstração, pela qual se elaboram conceitos e enunciados referidos imediatamente aos fenômenos. Em um segundo momento, elaboram-se conceitos referidos aos próprios conceitos produzidos pela primeira abstração, referidos aos fenômenos de maneira distante e indireta. A essa segunda abstração corresponde a filosofia.

Se considerarmos um objeto qualquer, sua mera apreensão intelectual relacionada com a imagem sensitiva que dele possuímos nos proporciona o conhecimento vulgar desse objeto. Uma primeira abstração nos fará reduzir a conceitos a substância de que o objeto é feito, sua posição entre os demais objetos de idêntica substância, as forças naturais que sobre ele atuam e as transformações por ele sofridas sob a influência dessas forças. Desse modo, o objeto será considerado por diferentes ciências. Uma segunda abstração nos levará a considerar o *ser,* o *noumenon,* a essência universal da substância do objeto, seu significado para o homem e sua finalidade como algo que existe, o sentido ou causa de seu relacionamento com o universo e, finalmente, nos levará a erigir os próprios e respectivos conceitos em objeto de conhecimento. A filosofia corresponde ao maior grau possível de abstração, com vistas à obtenção de um conhecimento absoluto.

Sendo conhecimento imediato, mais próximo do objeto, a ciência se particulariza e se ramifica nas ciências particulares, ao contrário da filosofia, que permanece um conhecimento universal. Se, em determinado campo da pesquisa filosófica, os conhecimentos auferidos e sistematizados se particularizam a ponto de engendrar a autonomia dos conhecimentos em relação à totalidade do conhecimento filosófico, surge mais uma ciência particular. É o que tem ocorrido na história do pensamento, quando as ciências foram se destacando paulatinamente do conhecimento universal constituído pela filosofia na Antiguidade. Esse processo é contínuo e, já na Idade Contemporânea, ocorreu com as ciências do homem: a psicologia, a sociologia e a antropologia.

Isso não importa redução do campo da filosofia, nem que a cada nova ciência corresponda diminuição equivalente no âmbito do conhecimento filosófico. Todo objeto passível de consideração científica continua sob o prisma daquele segundo grau de abstração, e o avanço da ciência contribui para o enriquecimento da filosofia.

Nos dias atuais, quando as fronteiras do conhecimento tocam os limites da capacidade humana, ciência e filosofia se reencontram nesse limiar no qual a inteligência parece hesitar em ir além de sua própria e aparentemente limitada capacidade. A física nuclear e a informática inauguram, no presente, o reencontro entre a ciência e a filosofia, como um retorno da ciência a seu tronco originário.

A ciência pode ser encarada sob dois aspectos: objetivo e subjetivo. Objetivamente, ela consiste em um conjunto *sistemático* de enunciados que se comunicam por meio da linguagem científica e possibilitam a conservação e o aperfeiçoamento de seus resultados. O termo "sistemático" tem aqui suma importância. Significa que a ciência objetiva é uma estrutura de conhecimentos sobre determinado setor do ser, hauridos metodologicamente segundo os princípios da coerência lógica, ou seja, não se admitem contradições. Os enunciados desses conhecimentos constituem o discurso científico, que deve ser igualmente coerente.

Subjetivamente, a ciência consiste na própria atividade intelectual de conhecer cientificamente, valendo-se do discurso, paradigma e metodologia adequados a seu objeto.

O conhecimento é apanágio do ser humano. O simples fato de "saber" já evidencia a autorrealização do homem como ser racional, livre e digno, mas há uma segunda maneira de demonstrar a função humana do conhecimento: é a técnica, a ciência a serviço do homem. Toda ciência desemboca em uma técnica e toda técnica é baseada nas ciências.

A técnica implica criação, e o resultado da técnica é o conjunto das obras da humanidade, desde o mais rudimentar utensílio produzido pelo homem primitivo até o instrumento mais sofisticado.

Também aqui podem-se encontrar dois aspectos diversos. Um referente ao aperfeiçoamento do homem como realização de sua vocação, quando a técnica se transmuta em arte e moral. O objetivo humanístico a que se vincula esse aspecto da técnica decorre do fato de que tal objetivo se realiza por meio da vivência individual, emocional, seja pela sua identificação com a beleza, no caso da arte, seja mediante sua identificação com o bem, no caso da moral, o que se realiza pela conduta eticamente orientada. Em ambos os casos, tendentes ao aperfeiçoamento do sujeito como indivíduo e como parte de uma coletividade.

O outro aspecto se refere à objetividade do mundo exterior como conjunto de fatores destinados a estimular o aperfeiçoamento da humanidade: a técnica propriamente dita, que leva o homem a transformar a natureza que o cerca e, com isso, a interferir na construção e reconstrução do mundo.

O extraordinário progresso da técnica a converteu em tecnologia, que, mais do que ciência da técnica, é filosofia da técnica.

A arte, a ética, a técnica e a tecnologia constituem o aspecto pragmático da ciência e da filosofia, os elementos que as configuram como atividade criadora do espírito.

3. Os objetos do conhecimento

Ainda que não saibamos inicialmente o que seja o direito, ao qual nos referimos como "fenômeno jurídico", sabemos, desde logo, que se trata de um objeto para nossos estudos durante a faculdade de Direito.

Convém voltar nossa atenção, inicialmente, para o que seja objeto e, mais ainda, o que seja um objeto de conhecimento.

Objeto é tudo o que pode ser conhecido. Algo material, como uma pedra ou árvore; algo abstrato, como os números e as ideias; algo elaborado pelo homem, como a obra de arte ou os instrumentos de trabalho; ou ainda algo superior e fora de nossa apreensão, como Deus, a alma, os santos, os demônios e os espíritos. Tudo isso pode ser atingido pela atividade intelectual de "conhecer", não importando tratar-se de conhecimento verdadeiro, falso ou apenas provável.

O direito é um desses objetos e, por intuição, sabemos que não se confunde com nenhum dos exemplos dados. Não é matéria, não é ideia, não é obra de arte e também não é espírito. Ou será que é?

Para sabermos se o direito é ou não é alguma dessas coisas, temos que descrevê-las melhor, pois talvez encontremos nelas algo que possa se identificar com as especificações que vamos encontrar no direito.

Para tanto, socorre-nos a classificação dos objetos do conhecimento proposta por Cossio, a partir de Husserl e Heidegger. Classificam-se os objetos em quatro tipos: naturais, ideais, metafísicos e culturais.

Os objetos naturais são os encontrados na natureza e existem independentemente do fato de os conhecermos ou não. Eles têm existência real e ocupam lugar no espaço e no tempo. Além da pedra e da árvore dados como exemplos, são também objetos naturais os pássaros, os peixes, os animais em geral, o universo, os seres humanos em sua condição de parte da natureza animal, os órgãos do corpo humano, a terra, a lua, as estrelas, o universo etc.

Os objetos ideais, ao contrário, não têm existência real nem ocupam lugar no espaço. Eles só "existem" quando neles pensamos. São os conceitos e imagens mentais, os objetos que vemos em sonhos, os produtos da imaginação, os números, as relações matemáticas, as formas geométricas, as ideias, enfim. A imagem mental de uma pedra, a definição científica ou vulgar de uma pedra, são objetos ideais e não se confundem com o objeto natural que representam na mente do sujeito que os pensa.

Os objetos metafísicos formam o terceiro tipo. A palavra "metafísica" significa "além da física". Se entendermos como objetos físicos todos os que estão ao alcance de nossa inteligência, todavia acessíveis mediante a intuição, que, podemos definir os metafísicos como os que estão fora desse alcance, além de nossa inteligência, todavia acessíveis pela intuição, que, no aspecto religioso, se diz "revelação". São objetos de existência discutível, mas que, todavia, são estudados como se realmente existissem: alguns foram criados em função de crenças religiosas, como Deus e os seres espirituais de modo geral. Outros são produzidos pela imaginação, como os seres mitológicos e os personagens de ficção; outros são formados por abstrações criadas pela filosofia, como o "ser" e o "ente", o "*logos*", a "inteligência universal", o "espírito da nação", a "vontade do povo" etc.

Tais objetos, na verdade, não têm uma existência real; são seres fictícios, mas tidos por existentes independentemente de neles pensarmos ou não. Alguns objetos metafísicos não passam de metáforas; entretanto, na medida em que acreditamos em sua existência, os alçamos à condição de metafísicos, aptos a catalisar alguma crença religiosa ou ideológica, mais do que uma preocupação científica. Quando se atribui realidade a um objeto metafísico, nós os hipostasiamos.

Os exemplos são muitos. A tradição cristã ocidental nos leva a crer em Deus, na alma imortal, nos espíritos, nos anjos, santos e demônios. Os gregos acreditavam nos deuses que habitavam o Olimpo, e Platão referia-se a um universo ideal, do qual o mundo em que vivemos seria apenas sombra. O romantismo do século XIX era pleno de crenças na existência de uma "alma da nação", "espírito do povo", culminando com a atribuição ao Estado de uma existência em si. A propósito, uma das facetas mais interessantes da história do direito é a capacidade que os juristas e políticos têm, de modo geral, de fazer o povo acreditar em coisas imaginárias como se fossem coisas reais. O exemplo mais expressivo, e também o mais trágico, foi a elevação da Alemanha ao *status* de Estado totalitário, uma entidade criada pela política, auxiliada pela filosofia, para fazer os alemães acreditarem que eles eram apenas parte de uma entidade muito maior, o Estado nazista, o qual não se confundia nem com seus dirigentes nem com seu povo. Era uma entidade em si mesma, e por isso justificada em sua política de tudo submeter a seus interesses. Só que não se tratava do interesse do Estado e muito menos do povo ou da nação, mas de um grupo político que havia tomado o poder.

Tal transformação do Estado em objeto metafísico está na base do nazismo, do fascismo e do integralismo, versão tupiniquim do fascismo, e outros totalitarismos do século passado, regimes diretamente responsáveis pelos eventos mais catastróficos do século XX.

Finalmente, os objetos culturais são os produzidos pela atividade humana racional. A palavra "racional" tem aqui muita importância, pois o homem pode produzir algo também irracionalmente, como simples atividade animal, a exemplo das secreções do próprio corpo, e também objetos espontaneamente criados sem nenhuma intenção racional, como as pegadas e uma bola de neve.

Tomemos este último exemplo: uma bola de neve pode assumir a forma de um boneco, forma esta mais ou menos elaborada, dependendo da habilidade de seu criador, que assim se transforma em artista. A neve, nesse caso, deixou de ser simples produto da natureza e se transforma em matéria-prima de uma produção racional, assumindo a forma ou o modelo que o artista preestabeleceu em sua mente. O mesmo pode ser dito do barro que se transforma em vaso ou panela, da madeira que se transforma em uma casa e do minério de ferro que se transforma em aço. Qualquer coisa que se transforma em virtude da intervenção racional é objeto cultural: as artes plásticas, a música, a literatura, os produtos industriais, os bens produzidos para consumo etc.

A essa altura, os estudantes mais curiosos começarão a questionar: em que uma pedra se distingue de uma estátua de pedra? No fundo, é a mesma coisa, ainda mais se considerarmos algumas tendências artísticas atuais, a busca incessante de novas maneiras de expressão, o emprego de técnicas e materiais os mais esdrúxulos, eis que a arte contemporânea não tem nem regras nem limites. Pode muito bem um artista famoso juntar um monte de pedras e simplesmente expô-las em um museu de arte, sem nenhuma preocupação com a forma. Mais ainda, dependendo do renome do artista, pode leiloar aquele monte de pedras na Christie's de Londres e vê-lo arrematado por alguns milhões de dólares. Os exemplos dados, em sua essência, são idênticos aos da natureza.

Existe, porém, um elemento que distingue os objetos culturais dos demais: o "valor". De uma pedra nada se predica, mas de uma estátua de pedra pode-se dizer que é bela, feia ou horrenda. A música que imita os sons da natureza não se confunde com tais sons, mas tem o poder de despertar sensações e sentimentos relacionados com valores. Uma sinfonia de Beethoven, uma cantata de Bach ou o som produzido por uma banda *heavy metal* têm em comum essa qualidade: podemos gostar ou não gostar, mas dificilmente permanecer indiferentes.

Os objetos culturais se compõem, portanto, de dois elementos: substrato e valor. Substrato é a coisa, material ou imaterial, à qual se atribui o valor, sendo este a qualidade que os seres humanos, em função de sua experiência de vida, da educação que receberam e de todos os fatores que contribuíram para sua personalidade, fazem incidir sobre o substrato. O ato de atribuir valores a um substrato caracteriza a "valoração".

O substrato dos objetos culturais, a substância que valoramos, pode ser um objeto incluído nas outras categorias: natural, ideal ou metafísico. Quanto a este, não predicamos de Deus beleza, bondade, justiça e verdade supremas? Podemos predicar valores sobre objetos naturais, quando transformamos um pedaço de madeira em uma imagem religiosa, e também sobre objetos ideais, quando nos referimos, por exemplo, ao conhecimento, que pode ser verdadeiro ou falso, ou a uma norma de conduta, que pode ser justa ou injusta. É discutível a possibilidade da incidência de valores sobre os objetos ideais. Sendo algo que só existe no pensamento, sua valoração permanece no pensamento, não podendo ser comunicado. Para isso, eles necessitam de ser expressados mediante a linguagem ou sinais, e então, a possível valoração incide sobre tal expressão, por exemplo, as palavras que expressam uma ideia literária.

O conjunto dos bens culturais da humanidade forma a cultura e a civilização.

4. Os valores e a valoração

Articulada com a ontologia, que trata do ser, a axiologia é parte da filosofia que trata dos valores.

A palavra "valor", já em fins do século XVII, era empregada com sentido filosófico. Em 1865 foi publicada a obra de Dühring, *Der Wert des Lebens* (Sobre o valor da vida), especulando sobre o sentido da palavra "valor". A axiologia, contudo, iniciou-se propriamente com a obra de Rudolf Hermann, *Mikrokosmos*, publicada em meados do século XIX. Nela, o autor estabelecia a separação entre dois universos, o do ser e o do dever-ser, atribuindo a este um conteúdo material e valorativo estranho ao *Sollen* de Kant, que era um princípio cognoscitivo *a priori*, uma categoria. Ou seja, o "dever-ser" confundia-se com o valor.

A axiologia desenvolveu-se posteriormente com Lotze, Nietzsche, Brentano, Windelband, Rickert, Scheller e Hartmann.

Na filosofia do direito, o ponto culminante do enfoque axiológico dos problemas jurídicos converge para a obra de Lask e Radbruch. Não obstante, sem omitir as contribuições de Jerome Hall e Wilhelm Sauer, o momento de apogeu é sem dúvida o pensamento latino-americano, representado pelo culturalismo fenomenológico de Siches, Cossio, Goldschmidt e Reale.

Sem embargo das inúmeras teorias a respeito, hoje em dia há consenso quase unânime de que os valores não têm expressão ôntica, isto é, eles não *são*, não *consistem* em algo, mas *valem*, e só se pode predicar sua existência como algo *aderente* ao ser e não como alguma coisa que tenha um ser.

Se formos conceituar os valores, não os definimos propriamente, mas definimos o ser, a coisa a que os valores aderem; assim, eles dependem ontologicamente do ser. A presença dos valores como algo aderente ao ser tem implicações ontológicas, pois é essa presença que caracteriza uma região ôntica inconfundível com a dos objetos reais, ideais e metafísicos. É a região da cultura, a dos objetos criados pelo homem como expressão de sua liberdade e racionalidade.

Essa concepção acerca do niilismo ontológico dos valores parece ser a dominante, mas é contraditada pela noção fenomenológica de objeto como correlato intencional da consciência cognitiva. Assim, os valores podem ser objetivamente pensados como ser-em-si, pois não se diz, por exemplo, que Deus é a suprema beleza, o supremo bem e a suprema verdade? A axiologia justamente procura uma definição de cada valor, quando ela se imbrica com a ontologia.

Há, todavia, consenso de que os valores não têm propriamente existência. O existir dos valores limita-se ao ato psicológico de valorar, pelo qual atribuímos, em nossa consciência, a incidência de alguns valores. Se dissermos que eles têm existência autônoma, se afirmarmos a existência da beleza, da verdade e da justiça, como seres independentes dos objetos a que se referem, estaremos falando de objetos metafísicos. E existem doutrinas filosóficas que efetivamente o fazem. O importante é saber que os valores não existem propriamente, eles não "são" – eles "valem". Não passam de qualidades positivas ou negativas que os homens atribuem aos objetos, o substrato dos objetos culturais, sejam eles naturais ou ideais. É justamente a incidência dos valores que os transforma em objetos culturais.

Além dessa característica de aderência, os valores possuem outras, sobre as quais não há, em geral, consenso, mas pelo menos três delas podem ser mencionadas: a objetividade, a polaridade e a hierarquia.

A objetividade é consequência da primeira: se os valores são qualidades aderentes, eles são objetivos e, embora sua captação cognosciva ocorra mais emocionalmente do que racionalmente, eles não dependem das preferências individuais, pois existem antes, depois e fora dos indivíduos concretos.

A polaridade é a característica que determina a separação antitética dos valores, os quais se polarizam em positivos e seus correspondentes negativos: o bem e o mal, a verdade e o erro, o útil e o inútil, o belo e o feio.

Ademais, os valores se hierarquizam, e nesse aspecto a axiologia sofre enorme influência das religiões, da filosofia e das ideologias políticas, cada qual propondo sua própria escala axiológica e determinando as antinomias que repercutem nas doutrinas sociais, políticas e jurídicas – por exemplo, individualismo *versus* coletivismo, liberdade pessoal *versus* segurança social, Estado *versus* cidadão, direitos individuais *versus* interesse do Estado etc.

Um dos problemas mais sérios da axiologia diz respeito à classificação dos valores. Uma tipologia usual leva-nos a classificar os valores em quatro tipos, também tendo por referencial o setor da experiência humana sobre o qual incidem: lógicos, *estéticos,* utilitários e *éticos.*

Os valores lógicos – *verdade* e *falsidade* – incidem sobre o conhecimento e sobre os enunciados que o manifestam; os estéticos – *beleza* e *fealdade* –, sobre objetos trabalhados racionalmente pelo homem, considerados obras de arte; os utilitários – *utilidade* e *inutilidade* –, sobre objetos elaborados em função de algum objetivo, que tanto pode ser sua transformação em simples instrumento como em alguma coisa de alta tecnologia; e os éticos, sobre os comportamentos, sobre as normas que os regem e sobre os enunciados que as expressam. Esses valores éticos subdividem-se em morais – o *bem* e o *mal* –, sujeitos a julgamento da consciência individual, e jurídicos – *justiça* e *injustiça* –, sujeitos a julgamento pela coletividade.

Não obstante, existe outra classificação mais simples e acessível. Por ela, os valores dividem-se em materiais e espirituais. Os materiais são valores vitais, como *saudável* e *doentio, higidez* e *perniciosidade* etc.; hedônicos, que são os valores ligados ao bem-estar e prazer sensível, como *felicidade* e *infelicidade, alegria* e *tristeza, prazer* e *dor,* e utilitários, como *útil* e *inútil,* ligados à atividade prática, inclusive profissional.

Os valores espirituais dividem-se em três categorias: críticos, estéticos e éticos. Os valores críticos referem-se ao conhecimento; os principais são a *verdade* e o *erro,* mas todos os valores lógicos, inclusive os da lógica modal e deôntica, podem ser incluídos nessa categoria. Os valores estéticos são os da arte e podem se resumir na beleza e na fealdade. Os valores éticos são os que se referem ao comportamento humano individual e social, e têm por pressuposto o livre-arbítrio, ou seja, a liberdade de opção entre o fazer e o omitir. Eles se subdividem em valores morais, que dizem respeito à consciência, e jurídicos, que se referem à conduta intersubjetiva, a que ocorre no meio social.

Os valores morais convergem para as noções de *bem* e *mal;* os jurídicos, para as noções de *justiça* e *injustiça.*

A classificação que propomos tem por critério o tipo de substância sobre a qual incidem. É possível agrupar os valores em dois tipos, aos quais proponho denominar *naturais* e *ideais*, respectivamente.

Os naturais incidem sobre objetos da natureza, na medida em que os homens lhes atribuem qualidades; subdividem-se em estéticos e econômicos. Uma paisagem, sem deixar de ser paisagem, transforma-se em objeto cultural quando alguém a considera bela. O mesmo pode ser dito de uma árvore ou de um pássaro. Esses valores são estéticos, adjetivo que qualifica tudo o que suporta o valor *beleza.* Existem, contudo, outros valores que podem incidir sobre a natureza. Uma jazida de ouro, de ferro ou de qualquer outro mineral é suscetível de valoração econômica. Diz-se simplesmente que têm valor econômico, ou seja, lhes atribuímos outro tipo de valor que não o estético.

Não tiramos a paisagem, as árvores, os pássaros e as jazidas, entretanto, do lugar onde se encontram no mundo da natureza, apenas os valoram os. Estamos falando de valores positivos, mas os mesmos objetos podem ser valorados negativamente, pois de uma jazida pode simplesmente ser dito que nada vale, em face da impossibilidade de sua exploração. São os seres humanos que, racionalmente, atribuem valor às coisas, pois elas em si mesmas são desprovidas de valor.

Quanto aos valores ideais, resultam eles da ideologia, imagem que os homens fazem de si mesmos, da sociedade e do mundo que os envolve. Esse significado da palavra "ideologia" não se confunde com o mais comum: ideologia como religião, doutrina ou sistema filosófico ou político.

O tema da ideologia é dos mais fecundos para o estudo do direito. A valoração dos objetos culturais é resultado da ideologia, bem como a maioria das atitudes e comportamentos sociais. Por exemplo, não se pode igualar a valoração atribuída a uma obra de arte por uma pessoa instruída, acostumada à leitura e a viagens, com a valoração dimanada de uma pessoa ignorante, a quem não foi dada oportunidade de um mínimo de instrução. Na verdade, a valoração estética, econômica ou de outro tipo, que uma pessoa atribui, é influenciada pelo tipo de educação, pela quantidade de informações que recebe em sua vida, pelas influências ideológicas a que está sujeita. A propaganda é hoje, provavelmente, o mais poderoso instrumento de influência ideológica, capaz de induzir gostos e comportamentos. Essa influência é quase sempre inconsciente.

Os valores ideais dividem-se em dois tipos: mundanais e egológicos, nomenclatura proposta pelo jusfilósofo argentino Carlos Cossio, embora o alcance que atribuo a ambas as expressões coincida apenas parcialmente com o entendimento desse autor.

Os valores mundanais são atribuídos a partes da natureza, tiradas do ambiente natural em que se encontram e trabalhadas pelos humanos, o que os distingue dos naturais. Uma pedra, como parte da jazida, é objeto naturalístico, mas pode ser transformada em joia, trabalhada pelo ourives. Um papagaio empalhado (a exemplo de uma célebre escultura de Picasso), uma estátua de mármore, um quadro, uma peça musical (na medida em que os sons são produtos da natureza trabalhados por meio dos instrumentos musicais), uma enxada, um automóvel, um equipamento industrial etc.

Conforme a finalidade para a qual são criados, os objetos mundanais comportam três tipos de valores: estéticos, utilitários e econômicos. Os primeiros, que identificam *beleza* e *fealdade,* são incidentes sobre as obras de arte, um quadro ou escultura, por exemplo. Os segundos incidem sobre objetos criados para a solução de problemas derivados da tendência humana ao domínio das forças da natureza. São os produtos da técnica, como as máquinas e os utensílios domésticos.

Tais valores podem ser definidos como *utilidade* e *inutilidade,* mas nada impede que um mesmo objeto tenha ambas as destinações, de natureza técnica ou estética. Um automóvel, por exemplo, pode ser objeto de utilidade e ao mesmo tempo obra de arte, dependendo do enfoque dado pelo observador, sujeito da valoração axiológica. Um trator é somente útil, enquanto uma "Ferrari" é útil e bela. Já os econômicos, embora possam se reduzir aos utilitários, não oferecem materialidade que os torne somente úteis. Eles recebem valoração econômica, sua utilidade se exaure na quantidade de riqueza material que proporcionam a seus detentores. Deles se diz simplesmente que "valem" certa quantidade de moeda. Nessa classe incluem-se os papéis do comércio em geral, como as notas promissórias, cheques, ordens de pagamento, ações e outros papéis representativos do capital, o próprio capital e a moeda corrente.

Os valores egológicos incidem diretamente sobre os produtos da atividade humana racional. Tais valores têm dupla incidência: sobre as ideias propriamente ditas e sobre os meios utilizados para expressá-las. Comportam dois subtipos: valores lógicos e éticos.

Os valores lógicos incidem sobre o conhecimento e seus respectivos enunciados linguísticos e semióticos. São representados na linguagem ordinária como *verdade* e *falsidade,* sem embargo da existência de expressões outras como *possível* e *impossível, provável* e *improvável, necessário* e *condicional* etc., e são considerados pela ciência da lógica.

Os valores éticos, o bem e o mal, o "bom" e o "mau", incidem sobre o comportamento das pessoas e sobre as normas que o regulam, na vida individual e social.

Quando incidem sobre a existência individual, o critério de julgamento é a própria consciência; os comportamentos podem ser bons ou maus, sendo *bondade* e *maldade* os valores respectivos. São os valores morais. No segundo caso, o julgamento advém de critérios estabelecidos pela comunidade, e o comportamento diz respeito aos interesses da sociedade como um todo: esses valores admitem os seguintes tipos: religiosos, dimanados de credo religioso; consuetudinários, derivados do costume; convencionais, constituídos pelas simples convenções sociais, como as regras de etiqueta; e jurídicos, que são os valores do direito, na medida em que incidem sobre o comportamento social regulado por regras estabelecidas através do direito. Assim, diz-se *justo* ou *injusto* o comportamento reputado como tal pela coletividade, como um todo ou por meio de seus representantes, e diz-se *justa* ou *injusta* a regra, a norma de direito que serve de critério para o julgamento desse comportamento.

A classificação dos valores éticos constitui critério pelo qual dividimos as normas de comportamento em quatro tipos: religiosas, costumeiras, convencionais e *jurídicas.*

Essa tipologia tem objetivos eminentemente didáticos, para melhor compreensão do que sejam os valores e de como os objetos culturais se definem em função deles. Advirta-se, porém, que ela não exclui valores os mais diversos, os quais podem configurar meio-termo entre polos axiológicos, como o *possível,* o *provável* e o *mais ou menos,* bem como revelar indiferença entre os polos.

Os valores morais têm por juiz a própria consciência. É o indivíduo quem decide sobre a moralidade de suas ações, embora possa haver discórdia de seus pares. Já os valores jurídicos têm por juiz a coletividade, por meio de seus representantes. Na organização política do mundo civilizado, essa representação configura um poder, o Poder Judiciário, a quem a coletividade delega a decisão sobre os atos de conduta social, na forma estabelecida pela ordem jurídica.

Os valores jurídicos são essencialmente bilaterais ou intersubjetivos, pois não há sentido em afirmá-los em relação aos indivíduos. *Solidariedade,* por exemplo. Só se é solidário com os outros; carece de sentido o ser solidário consigo próprio, a não ser em sentido figurado. Do mesmo modo, quando se fala em *paz,* tem-se presente uma coletividade. Para que haja paz são necessárias pelo menos duas pessoas; paz é ausência de guerra, luta ou divergência; salvo o sentido figurado de paz interior, aludindo a um estado emocional de tranquilidade de espírito, a paz só existe na coletividade. São espécies de valores sociais. O que os caracteriza é precisamente o fato de que os comportamentos sobre os quais incidem são julgados em função de uma regra de conduta definida como "jurídica".

Situamos, assim, os valores jurídicos no universo da axiologia. De um ato de conduta se afirma justo ou injusto, de uma lei se diz justa ou injusta, de uma sentença judicial se diz também justa ou injusta. Os valores *justiça* e *injustiça* tanto podem incidir sobre os comportamentos sociais como sobre as normas que regem esses comportamentos. São os valores do direito.

Tipologia dos Valores

- Valores
  - naturais
    - estéticos
    - econômicos
  - ideais
    - mundanais
      - estéticos
      - utilitários
      - econômicos
    - egológicos
      - lógicos
      - éticos
        - morais
        - sociais
          - religiosos
          - consuetudinários
          - convencionais
          - jurídicos

5. Pensamento abstrato, pensamento dialético e metodologia

O pensamento ocidental ressente-se de um vício herdado de nossos antepassados: a ideia de que tudo no universo é constituído por partes componentes que se integram umas nas outras, as menores nas maiores, em uma hierarquia baseada na relação entre o geral e o especial. Nessa concepção, tudo pode ser reduzido a partes componentes, com a possibilidade de se chegar à menor partícula, aquela que finalmente não pode ser dividida. O conhecimento dos fenômenos seria então possível na medida em que se pudesse conhecer sua menor partícula. Para o entendimento e compreensão dos fenômenos, estes devem ser reduzidos a suas partículas elementares.

Tal concepção está implícita nos sistemas filosóficos, nas teorias científicas e na metodologia, desde a antiguidade greco-romana, tendo encontrado sua expressão inicial no atomismo de Demócrito de Abdera, filósofo que viveu no século IV a.C.

Esse modo de conceber as coisas levou a que a categoria mais utilizada pelo pensamento racional fosse a da individualidade, ou atômica, de "átomo", palavra grega cujo significado é "o que não pode ser cortado". Daí a expressão "atomismo", que simboliza essa atitude intelectual, a qual conduziu a ciência do Ocidente a procurar a verdade científica por meio do conhecimento da menor partícula dos objetos, e que, antes dos descobrimentos da física contemporânea, era identificada no átomo.

O atomismo preocupa-se com o elemento básico das coisas e do saber. Nas ciências da natureza, o elemento básico é o átomo, ainda que o progresso científico tenha evidenciado que existem partículas menores; em psicologia, essa menor partícula é o elemento psíquico e a sensação; nas ciências do homem, as categorias de indivíduo e pessoa; na gramática, a palavra; na história, o fato histórico; na economia, o fato econômico; e no direito, a norma jurídica.

Quando fica demonstrado que todo conjunto possui características únicas, intransferíveis a cada elemento componente porque dependentes exclusivamente do todo, novas categorias contrapõem-se à atômica. São as ideias de *forma, configuração, conjunto, conexão, totalidade* e *complexo,* reunidas sob um denominador comum, a *estrutura,* ponto de convergência de nova cosmovisão, o estruturalismo, que se converte em "holismo" Emprega-se também a expressão "conjuntismo"

A filosofia tem se valido da noção de "estrutura", da qual engendra-se o conceito de "estruturalismo", em oposição ao atomismo, denominador comum das pesquisas científicas e filosóficas fundadas na noção de *estrutura.*

O atomismo relaciona o conhecimento com os estados de ausência de movimento nos objetos, ao passo que o estruturalismo o relaciona com as noções de movimento ou dinamicidade, e isso simplesmente porque, sendo o movimento inerente ao ser, conceber uma estrutura sem movimento seria o mesmo que excluir um fenômeno de seu conjunto.

A estrutura designa o plano de um conjunto de relações, de tal sorte que todas elas têm a mesma estrutura. O estruturalismo é uma tendência das ciências humanas no sentido de vislumbrar unidades elementares da natureza biológica, histórica, sociológica e antropológica. Trata-se mesmo de corrente das mais fecundas do pensamento sociológico e antropológico. Para Lévi-Strauss, é um método revolucionário para a pesquisa antropológica, que o leva à "consideração dos conjuntos-sistemas de parentesco, ritos, mitos etc.", evitando as explicações parciais e a utilização empírica dos materiais colhidos pelos observadores de campo.[2]

Como se trata de terminologia apropriada por diversas ciências, preferimos a palavra "holismo", do grego *olas,* que significa inteiro, complexo, e "todo", para aludir à cosmovisão oposta ao atomismo. Ambas as noções, estrutura e totalidade, envolvem a de movimento.

---

2. Apud HEUSCH, Luc de. "Situações e posições da antropologia estrutural". In: ESCOBAR, Carlos Enrique (org.). *O método estruturalista,* 1967, p. 5.

A cosmovisão que o holismo encerra procura afastar qualquer alusão a partes componentes: o que vale é o todo. Mesmo um objeto considerado isoladamente, ainda que pertença a um complexo maior, deve ser considerado único em sua totalidade, a despeito de poder conter elementos essenciais e acidentais.

À ciência do direito, o holismo levou a tese de que o fenômeno jurídico não deve ser encarado como fato isolado, mas inserido em um todo social e, assim, deve ser compreendido em função de fatores internos e externos, imanentes e transcendentes, que o determinam.

Nesse sentido de oposição ao atomismo, holismo e estruturalismo convergem para o pensamento dialético, modo de encarar os objetos em sua totalidade estrutural e movimento, imanentes, evitando a visão estática e atomística que os deforma em vez de levar a sua plena compreensão.

Estreitamente vinculado a essa questão, avulta o problema da postura intelectual perante os desafios do conhecimento, a questão do método.

Além da concepção atomística do mundo, mas estreitamente articulada com ela, os gregos nos legaram o raciocínio abstrato, modo de pensar a partir de princípios para chegar a verdades que já estariam neles implícitas.

A filosofia tradicional reduz os processos lógicos de conhecimento à indução e à dedução. A filosofia contemporânea introduziu um terceiro que, sem ser um método no sentido de aproximação paulatina à verdade, e sendo muito menos aparente que os outros dois, é procedimento mental que não pode ser excluído: a intuição. Da mesma forma, pode-se também falar de um quarto processo: a dialética ou método dialético.

A indução conduz a um conhecimento de natureza geral a partir de dados particulares. Relacionando fenômenos, chega-se pela indução ao conhecimento de leis gerais que regem ou determinam essas relações.

O método indutivo é próprio das ciências da natureza e de algumas ciências sociais que têm como finalidade a definição de leis gerais que regem o comportamento das coletividades humanas, a sociologia e a antropologia. Consiste na observação e experimentação, sendo que seu procedimento final é a formulação de um princípio geral e básico que abrange os casos particulares observados e hipóteses formuladas, experimentadas e confirmadas. O conjunto desses princípios que expressam as regularidades constatadas nos fenômenos da natureza, constitui as *leis naturais* e ao ato gnósico produzido por meio da indução, levando à formulação das leis naturais, denomina-se *explicação.*

A dedução ocorre no sentido inverso, conduzindo o pensamento, com base em enunciados ou leis, ao conhecimento dos fatos particularizados que delas decorrem.

O método dedutivo é próprio das ciências matemáticas e da lógica. Consiste na demonstração de relações contidas em um princípio geral denominado *axioma,* que é evidente por si mesmo, ou em outro chamado *teorema,* um princípio geral que, não obstante consistir em um conhecimento *a priori,* necessita ser demonstrado. O princípio geral tomado como ponto de partida para a dedução não precisa ser necessariamente uma verdade em termos absolutos, pode se tratar de mera hipótese, tida por verdadeira para efeito de raciocínio. Nesse caso, o que importa é que as relações derivadas daquela hipótese sejam verdadeiras.

O ato gnósico da dedução, pelo qual se declara explicitamente o que antes estava implícito, chama-se *intelecção,* o qual constitui uma *intuição intelectual.*

A intuição consiste numa "revelação". Excluído o significado religioso da palavra, ela pode ser definida como o estado particular que leva ao conhecimento imediato e total das coisas, sem necessidade de recorrer aos procedimentos normalmente utilizados pela razão. Não se trata de um método no sentido rigoroso, visto não consistir em uma série de atos de razão, mas, sim, em um único ato cognitivo, suficiente, todavia, para que o objeto ao qual se refere resplandeça em sua plenitude.

É o processo de apreensão imediata, plena, total e absoluta dos fenômenos, sem necessidade de recorrer aos métodos indutivo e dedutivo. A análise desses métodos nos leva à conclusão de que, em ambos, o que realmente ocorre é uma sucessão indeterminada e constante de intuições. O conhecimento intuitivo, outrora desprezado pela ciência como pertencente à fantasia e à religião, ocupa hoje lugar de destaque na filosofia e na psicologia.[3]

O conhecimento religioso, descrito pelos teólogos como "revelação", transmuta-se, sob a perspectiva da crítica científica, em intuição. O conhecimento divino pelo qual Deus conhece o presente, o passado e o futuro é intuitivo, pois a necessidade de recorrer a processos dedutivos, indutivos ou dialéticos contradiz intrinsecamente a ideia de Deus, suprema perfeição. Também o conhecimento que o homem possa ter dos objetos metafísicos, como Deus, a "coisa em si", a "essência", a existência", o "ser", é apreendido pelo espírito de maneira intuitiva.

Outro campo pertencente ao reino da intuição é o dos valores. O conhecimento estético é intuitivo, do mesmo modo que o ético. O belo e o bom não se deduzem, mas se intuem, abstração feita dos fatores contingentes que lhes constituem substrato ou conteúdo. Os valores não precisam ser demonstrados ou experimentados: ou se os apreende, em um ato de imediata e total assimilação, ou não.

Como forma de conhecimento científico particular, a intuição somente pode ser explicada pela genialidade do sujeito cognoscente ou pela expressão mais prosaica da simples coincidência.

Denomina-se "intuicionismo" ao movimento filosófico que deu particular importância à intuição como fator de conhecimento, superando o pensamento filo-

---

3. RUGGIERO, Guido de. *Breve história da filosofia,* 1965, p. 365. Sobre Bergson e o intuicionismo, veja FRANCA, Pe. Leonel S. J. *Noções de história da filosofia,* 1987, p. 228. Também ACKER, Leonardo van. *A filosofia bergsoniana,* 1941; STÖRIG, Hans Joachin. *História universal de la filosofia;* MORA, José Ferrater. *Dicionário de filosofia,* 2000, vb. "intuição".

sófico e científico baseado exclusivamente na razão e na experiência. Henri Bergson é o representante dessa corrente que maior influência tem exercido.

As correntes filosófico-jurídicas que entendem ser a intuição adequada ao conhecimento do direito e à realização da justiça formam o "intuicionismo jurídico". François Gény e Petrazitski podem ser considerados intuicionistas. O primeiro, por entender que, para o conhecimento total do direito, é necessária uma operação complementar de natureza intuitiva, além dos métodos racionais. O segundo, por afirmar que os conceitos fundamentais do direito e a ideia de justiça se apresentam sob a forma de intuições emocionais.

A intuição, especialmente por sua referência à apreensão dos valores, é importante para compreender o método das ciências culturais, em que o valor entra na composição do objeto. É o método dialético ou dialética.

O método dialético consiste na apreensão de um objeto em seu desenvolvimento, em sua dinâmica, e não em seu estado estático. Para se conhecer um objeto, o procedimento tradicional e inerente ao próprio modo de pensar do homem ocidental é considerá-lo como se estivesse parado no tempo. Se para as ciências naturais e lógico-matemáticas tal procedimento é indispensável, para as ciências humanas, especialmente as culturais, esse processo fatalmente conduz a uma visão errônea dos fatos, pois a historicidade, o movimento no tempo e no espaço, é característica essencial da natureza humana.

A base ontológica do pensamento dialético é a evidência de que o ser não pode ser concebido fora do movimento ou em ausência de movimento.[4] Além dessa apreensão intelectual do movimento, contudo a dialética abstrai dos objetos as possíveis alusões atomísticas a partes componentes. Os objetos só podem ser plenamente conhecidos em função da totalidade em que estão imersos e de seu próprio todo imanente.

A noção de totalidade opõe-se à concepção de partes ou elementos que, não obstante, são conceitos relativos, pois têm sua razão de ser na referência ao todo, complexo, conjunto ou estrutura. Recupera-se, portanto, a noção de estrutura, em oposição à ideia de elementos combinados. Estes formam um todo, em que, embora possam ocorrer fenômenos diversos, cada fenômeno depende dos demais, e somente ocorre como tal em sua relação com o conjunto dos outros fenômenos. Mesmo tomado em separado, o fenômeno não é parte, mas o próprio todo.

O fundamento da totalidade, contrariamente à ideia de que a realidade possa ser constituída de partes justapostas, é o *princípio da imanência*, o qual afirma a unidade do ser. *Tudo é interior a tudo*, eis o princípio o qual se reflete gnosicamente na busca do conjunto, concebendo a experiência, não como aquisição de dados, mas como passagem do implícito ao explícito.

---

4. TELLES Jr., Goffredo da Silva. *O direito quântico:* ensaio sobre o fundamento da ordem jurídica, 1985, p. 47.

O conceito de totalidade que fundamenta a dialética nada mais é do que a projeção ontológica do princípio de imanência, pelo qual, se tudo é interior a tudo, *tudo interioriza tudo.*

A totalidade holística não exclui as individualidades, mas cada uma deve ser compreendida como abrangência, além de cada possível individualidade menor integrada à individualidade maior em que possivelmente esteja inserida. A estrutura, entendida como totalidade, não é, portanto, "conjunto de partes vinculadas em fundamentação unitária",[5] mas totalidade una, indivisível, imanente e irredutível.

O modo de conceber os objetos como totalidade opõe-se ao atomismo tradicional e identifica-se metodologicamente com o holismo, tratando de vislumbrar a estrutura total e dinâmica das coisas. Nesse sentido, a noção de "estrutura" envolve as ideias de "todo" e "movimento".

A dialética consiste precisamente na consideração ontológica e gnoseológica dos objetos sob o ponto de vista do movimento e da totalidade estrutural. No plano ontológico, a dialética envolve o ser objetivo como constitutivo de objetos cujo *eidos* consiste em um todo irredutível, em movimento extrínseco e intrínseco; no plano gnoseológico, como apreensão cognoscitiva desses objetos em sua dinamicidade e estrutura holística.

Os objetos se dialetizam, pois, de forma objetiva e subjetiva, e a dialeticidade é qualidade essencial do ser totalizado e movente. A dialeticidade objetiva é a própria dialeticidade imanente e transcendental; a subjetiva confunde-se com o ato gnósico referido à dialeticidade.

A dialética vem merecendo as atenções do pensamento filosófico contemporâneo. Nas ciências culturais, o que se objetiva é o conhecimento da realidade exterior mais o conhecimento dos valores que a informam, conhecimento esse que se dá mediante a intuição, sendo que o sujeito cognoscente estabelece intelectivamente uma relação constante entre o valor e a realidade, objetivando a compreensão total do objeto. O ato gnosiológico da *compreensão* é específico do processo dialético, do mesmo modo que a *explicação* é inerente ao método indutivo e a *intelecção,* própria do dedutivo.

Em uma visão de conjunto, o que foi estudado a respeito dos objetos, valores e métodos, pode ser visualizado no seguinte quadro das ontologias regionais, que se deve a Cossio.

A dicotomia, pensamento abstrato/pensamento dialético, é importantíssima para a compreensão da atual complexidade do direito. Basta adiantar que o modelo científico dominante no pensamento jurídico é o que se convencionou denominar "dogmática jurídica", que baseia seus métodos no pensamento abstrato. É necessário, portanto, assimilá-lo, para então compreender os modelos alternativos de saber jurídico, entre os quais a teoria tridimensional do direito e a teoria crítica do direito.

---

5. HUSSERL, Edmund. *Investigaciones lógicas,* 1967, p. 421.

Segunda Aula
As ciências jurídicas

Sumário: 1. Conceito e classificação das ciências jurídicas. 2. As ciências jurídicas diretas. 3. As ciências jurídicas indiretas. 4. As ciências jurídicas complementares.

1. Conceito e classificação das ciências jurídicas

O relacionamento intelectual característico do processo de conhecimento também se aplica ao direito, engendrando o conhecimento jurídico. Pode-se conceituá-lo como relação que se estabelece entre um sujeito cognoscente e o conjunto de fenômenos ocorrentes na experiência social, a que se convencionou denominar *direito.*

Sem a preocupação inicial com uma definição objetiva de direito, podemos afirmar que os três graus de abstração correspondentes ao conhecimento vulgar, científico e filosófico também se aplicam ao fenômeno jurídico.

Como conhecimento vulgar, o direito é percebido pelo cidadão comum, que vivencia a justiça e a injustiça, que conhece e respeita as leis e as instituições e que sabe que, muitas vezes, as leis não são cumpridas.

No sentido científico, o direito é o conjunto de conceitos a respeito de seu objeto, relacionados entre si de modo a formar um "sistema". Subjetivamente, ele se confunde com saber jurídico, o relacionamento entre seu sujeito cognoscente, o jurista ou operador do direito e o objeto de seu conhecimento, o fenômeno jurídico, por meio do sistema de conceitos que constitui a ciência do direito.

No sentido filosófico, o conhecimento jurídico corresponde ao mais alto grau de abstração, objetivando o estudo do direito do ponto de vista do que ele apresenta de absoluto e universal.

Relembremos que quatro são os fatores que interferem no processo de conhecimento: o sujeito, o objeto, o conceito e a linguagem. Esses fatores estão presentes no conhecimento jurídico: o sujeito, denominado "jurista", "jurisconsulto", "operador" do direito, metáfora infeliz atualmente adotada; objeto, denominado simplesmente "direito" ou "fenômeno jurídico"; os conceitos que reproduzem o direito na mente do jurista, denominados "conceitos jurídicos"; e a linguagem que os expressa e introduz uma mensagem, consubstanciada na norma jurídica.

A linguagem do direito compreende os enunciados linguísticos, que o expressam como normas de comportamento social, e os enunciados científicos, a doutrina jurídica, acerca dessas normas. No primeiro caso, linguagem; no segundo, metalinguagem.

O conhecimento jurídico pode, então, ser analisado sob o ponto de vista de cada um desses fatores, o que nos leva a considerá-lo em quatro planos ou dimensões: o plano lógico ou subjetivo, que corresponde ao ponto de vista do sujeito; o plano epistemológico ou conceitual, correspondente ao ponto de vista do conceito; o plano fenomenológico ou objetivo, que introduz o ponto de vista do objeto; e o plano linguístico ou semiológico, que enfoca o conhecimento sob o ponto de vista da linguagem. Considerando que as estruturas da linguagem têm sua correspondência com as estruturas de pensamento, o plano linguístico reduz-se ao plano lógico, podendo-se falar em ponto de vista lógico-semiótico do conhecimento jurídico.

O plano lógico nos leva a examinar as condições pelas quais esse conhecimento pode ser considerado verdadeiro ou falso. Essa tarefa corresponde à lógica do direito ou lógica jurídica, a qual se ocupa igualmente dos procedimentos intelectuais levados a efeito pelo jurista quando interpreta e aplica as leis.

Articulado com o plano lógico, o saber jurídico também pode ser analisado do ponto de vista da linguagem.

A ciência da linguagem denomina-se linguística e estuda as estruturas lógicas que estão na base de todos os idiomas, pelo que, esse enfoque pode ser reduzido ao plano lógico. As estruturas mentais são objetos ideais e, por isso, só podemos a elas nos referir por meio dos instrumentos da comunicação linguístico-semiótica.

Os seres humanos, entretanto, não se comunicam somente por meio da linguagem: utilizam-se de sinais ou signos de diversas espécies, inclusive o braille e o alfabeto em libras. Assim, a linguística é envolvida por uma ciência mais ampla, que se ocupa dos signos e da comunicação que por meio deles se estabelece. É a "semiologia" ou "semiótica", e a semiótica do direito trata da comunicação que se estabelece através do direito, mais apropriadamente, por meio das expressões linguísticas e semióticas da normatividade do direito.

A semiologia jurídica está intimamente relacionada com a lógica jurídica, pois ambas tratam de estudar as estruturas mentais básicas que tornam possível os raciocínios no âmbito da experiência jurídica e a consequente comunicação, por meio dos signos jurídicos. As leis publicadas no *Diário Oficial* são uma espécie de signo da comunicação jurídica, bem como os textos autorizados das leis, decretos, súmulas e prejulgados da jurisprudência etc. São signos jurídicos, também, certas convenções que induzem comportamentos no sentido determinado pelas leis, como os sinais de trânsito.

Visto sob o ponto de vista do conceito, o conhecimento jurídico nos leva a examinar a maneira como esses conceitos se articulam para formar um conjunto de conhecimentos, o qual constitui precisamente a ciência jurídica.

A forma de articulação dos conceitos segue um modelo ou paradigma. Os paradigmas científicos variam conforme o tipo de objeto, devendo-se indagar que paradigma é utilizado para estudar o fenômeno jurídico e se este é o mais adequado.

O estudo dos paradigmas é objeto de parte da filosofia denominada "epistemologia"; que pode ser definida como "teoria da ciência". Ao estudo dos paradigmas da ciência do direito denomina-se "epistemologia jurídica", a qual estuda não somente os modelos aceitos pelo senso comum dos juristas como também modelos alternativos de saber jurídico.

Pode-se adiantar que o paradigma dominante no saber jurídico é o que se convencionou denominar "dogmática jurídica", desenvolvido sob a influência da filosofia positivista. Parte do pressuposto de que o "ser" do direito se identifica com as leis. Há muita confusão em torno do conceito de dogmática, mas basta, por enquanto, saber que, segundo esse modelo, as normas jurídicas são encaradas como dogmas, independentemente de quaisquer conteúdos éticos ou sociais. O dogma do direito é a lei em sentido amplo, e a ciência que o estuda é uma dogmática da lei.

No entendimento vulgar e mesmo no senso comum dos juristas, quando se alude ao direito há uma referência implícita à dogmática, mas também se utiliza a designação "jurisprudência", ressalvado outro significado da palavra como "fonte do direito".

Finalmente, o ponto de vista do objeto nos leva às ciências objetivas do direito. Empregamos o termo "fenomenológico" não em alusão a um sistema filosófico, a fenomenologia, mas pela evidência de que o direito se apresenta como complexo de fenômenos da vida social. Nesse sentido, referimo-nos ao direito como forma de experiência humana, como "fenômeno jurídico".

A projeção do conhecimento jurídico para o plano objetivo suscita desde logo o problema da definição de seu objeto, o qual pode ser encarado sob dois aspectos: qual é o referencial semântico sobre o qual incidem a atividade cognoscente e os enunciados científicos dela resultantes; e qual ponto de vista especial deve prevalecer, considerando que o saber se compartimenta em ciências particulares.

Trata-se do problema da objetividade, pelo qual se entende que a verdade científica, conjunto de enunciados produzidos pelo conhecimento, deve corresponder ao que seu objeto é na realidade dos fatos.

Admitindo-se que toda ciência busca a verdade, é de se indagar acerca da objetividade da verdade jurídica, ou seja, a que verdade correspondem os enunciados científicos do direito e se tais enunciados correspondem ao que o direito efetivamente é.

Assim, a reflexão sobre a objetividade do direito envolve duas etapas: a primeira enfoca os dados que imediatamente possibilitam a vivência experiencial do objeto, e a segunda dimana da reflexão sobre esses dados, a partir dos quais ocorrem os dois níveis de abstração definidos como ciência e filosofia.

A ciência é conhecimento particularizado, com tendência a especializar-se à medida que novos conceitos, agrupados e sistematizados, atingem determinado grau de autonomia. A mesma especialização incide sobre o direito, que, assim, é objeto de diferentes ciências, cada qual examinando-o sob um ponto de vista específico.

Essa tendência à especialização se manifesta pela formação de novas ciências, que, a partir da jurisprudência, tendem a autonomizar-se. Esse conjunto de saberes constitui as *ciências jurídicas.*

A expressão "ciência jurídica" pode ser utilizada em sentido amplo e em sentido estrito. *Stricto sensu,* ela designa somente a jurisprudência; *lato sensu,* qualquer ciência que se ocupe do direito. A ciência jurídica *stricto sensu* é a nossa tradicional jurisprudência ou dogmática jurídica; as demais são ciências jurídicas *lato sensu.*

O estudo das ciências jurídicas tomadas em conjunto suscita desde logo o problema de sua classificação. Adotando por critério o modo direto ou indireto como o sujeito cognoscente se relaciona com o direito, consideramos três grupos: ciências jurídicas *diretas, indiretas* e *complementares.*

Ao primeiro grupo pertencem a *filosofia do direito,* a *sociologia jurídica,* a *história do direito* e o *direito,* como ciência jurídica *stricto sensu.* Essas quatro ciências têm por objeto principal o fenômeno jurídico, isto é, ao estudá-las, o sujeito dirige sua atenção diretamente para o direito. Daí a designação *ciências jurídicas diretas.*

Há outras, porém, que, ocupando-se a temas de natureza não propriamente jurídica como objeto principal, ocupam-se do direito como objeto secundário, porque seu objeto principal é definido pelas leis ou em função delas. E, assim, a pesquisa e o conhecimento do direito constituem pressupostos para o conhecimento de seus respectivos objetos principais. O objeto dessas ciências não é o fenômeno jurídico, mas um objeto definido pelo direito. Propomos denominá-las *ciências jurídicas indiretas,* dividindo-as em dois grupos: *autônomas* e *não autônomas.*

O primeiro grupo compreende ciências que não se relacionam diretamente com o direito, mas com um objeto definido pelo direito, e que adquiriram certa autonomia. Elas têm seu próprio objeto e encontram, em si mesmas, seus fundamentos científicos. São elas a *lógica jurídica,* a *política* e a *criminologia.*

O segundo grupo envolve algumas disciplinas referidas a objetos definidos pelo direito, mas que não obtiveram autonomia. Seus fundamentos epistemológicos são encontrados em outras ciências, jurídicas ou não. Sua principal característica é a interdisciplinaridade, pois constituem denominador comum de estudos históricos, sociológicos e psicológicos, integrando a maioria dos currículos dos cursos jurídicos, embora a tendência à especialização e ao enfoque técnico as ubique em espaços cada vez mais reduzidos. Referimo-nos ao *direito romano* e ao *direito comparado.*

Existe ainda um terceiro grupo de ciências jurídicas, denominadas *complementares*. Eram denominadas *ciências auxiliares do direito* e confundiam-se com algumas incluídas nos grupos anteriores, sem maiores preocupações com critérios de classificação. Semelhante denominação revela-se inadequada se considerarmos que, afinal, quaisquer ciências podem ser auxiliares para o trabalho do jurista, como a matemática e a contabilidade, tão necessárias para o cálculo de custas e honorários de sucumbência.

Trata-se de ramos científicos que não constituem nem especializações do direito que adquiriram autonomia nem ciências que o estudam sob ponto de vista diverso. São disciplinas científicas que, envolvendo aspectos técnicos de grande utilidade, fornecem elementos considerados valiosos para o trabalho do jurista. Desenvolvidas como reunião de estudos interdisciplinares, podem ser incluídas também em alguns estudos dedicados à pesquisa de aspectos parciais que não fazem parte da cultura jurídica propriamente dita.

Tal critério pode abranger quantidade bastante significativa de ciências particulares, pois o estudioso do direito pode encontrar subsídios a sua investigação em todas as ciências sociais e culturais, e mesmo nas ciências da natureza.

Classificação das ciências jurídicas

- Ciências jurídicas
  - diretas
    - filosofia do direito
    - sociologia do direito
    - história do direito
    - direito (ciência jurídica *stricto sensu)*
  - indiretas
    - autônomas
      - lógica jurídica
      - política
      - criminologia
    - não autônomas
      - direito romano
      - direito comparado
  - complementares
    - no plano lógico
      - semiologia jurídica
      - informática jurídica
    - no plano epistemológico
      - epistemologia jurídica
    - no plano fenomenológico
      - psicologia forense
      - medicina legal
      - antropologia criminal
      - ciência das finanças
      - economia política
      - etc.

Para superar tais dificuldades, propomos como critério de divisão das ciências jurídicas complementares o setor do conhecimento jurídico no qual ocorre a maior parte das respectivas investigações, ou seja, os planos lógico-semiológico, epistemológico e fenomenológico, articulados com as ciências jurídicas diretas ou indiretas da qual derivam. O desenvolvimento dessas ciências ensejou especializações dentro de cada uma, o que tem motivado o aumento quantitativo das disciplinas complementares.

Assim, ao plano lógico do conhecimento jurídico ligam-se a *semiologia jurídica* e a *informática jurídica,* que envolve a *tecnologia da informação jurídica.* Ao plano epistemológico, liga-se a *epistemologia jurídica,* pois o desenvolvimento dos estudos sobre paradigmas de saber tem levado à autonomia dessa parte da filosofia do direito, transposta para a teoria geral do direito. No plano fenomenológico, temos a *psicologia forense,* a *medicina legal* e a *antropologia criminal,* articuladas com a sociologia do direito e com a criminologia. Finalmente, com a política relacionam-se a ciência das finanças e a economia política. Todas se articulam com a jurisprudência, tendendo a constituírem especializações a serviço do direito.

2. As ciências jurídicas diretas

Trata-se de um conjunto de saberes diretamente relacionados com o direito: a filosofia do direito, a sociologia do direito, a história do direito e a dogmática jurídica, cada qual admitindo ramificações e especializações.

2.1. A filosofia do direito

Também denominada *jusfilosofia* ou *jurisfilosofia*, definição de minha preferência, corresponde à abstração de maior grau sobre o fenômeno jurídico. É conhecimento filosófico, porquanto dirige sua investigação para os problemas do ser, do conhecer e do comunicar, mas volta-se para a região específica do direito. Daí a definição dada à jurisfilosofia como conhecimento da realidade jurídica mediante o estabelecimento de relações com suas causas primeiras e princípios fundamentais de sua verdade, estudo da natureza universal do direito e de sua significação essencial para o homem e para a sociedade.

Vimos que a consideração das causas e fundamentos não exaure nem a ciência nem a filosofia, pois é a atitude intelectual do sujeito cognoscente, o grau de abstração envolvido, que caracteriza a ambos, não a natureza do objeto. Coerentemente com esse ponto de vista, considera-se a filosofia do direito como ramo do conhecimento filosófico que, submetendo o direito a um sistemático exame crítico-valorativo, integra as ciências jurídicas na unidade de seus princípios mais gerais, investiga a definição universal do direito, procura suas causas remotas e o analisa do aspecto de um ideal que se pretende alcançar. Para Reale, é "estudo crítico-sistemático dos pressupostos lógicos, axiológicos e históricos da experiência jurídica".[1]

Esse amplo objetivo envolve a indagação sobre o conceito de justiça e acerca dos valores do direito, bem como sobre os critérios de verdade de seus enunciados, sobre a universalidade das leis, a ética da advocacia e das profissões jurídicas, e sobre os valores e finalidades do direito.

Na história do pensamento filosófico voltado para o direito deve-se fazer referência a duas orientações opostas e extremadas: uma teológica e outra positivista.

A orientação teológica enfatiza a busca dos princípios fundamentais da justiça temporal e espiritual externa, derivados da natureza humana, da sociedade e de Deus, inspirados por Deus e conhecidos pela razão.[2]

A orientação positivista é mais avassaladora. O positivismo filosófico fizera da filosofia uma escrava das ciências, *ancilla scientiarum*, Relegando as investigações metafísicas à condição de forma antiquada de saber, o papel reservado à filosofia ficava reduzido à simples reunião dos resultados hauridos pelas ciências particulares, numa visão interdisciplinar que, sem deixar de ser científica, privilegiasse o conhecimento o mais geral possível do objeto.

Coerentemente com tal pressuposto, o positivismo jurídico põe em primeiro plano o estudo do que poderia ser considerado objetivamente existente no direito, ou seja, as normas de conduta estabelecidas coercitivamente pelo Estado, designadas como leis. Restaria à jurisfilosofia a visão mais geral dos conhecimentos hauridos em função desse estudo científico, positivo, do fenômeno jurídico, somatório dos resultados das ciências jurídicas.

Ultrapassada a visão positivista, entende-se hoje que a filosofia do direito corresponde ao estudo do que, no fenômeno jurídico, se apresenta de universal, comportando no mínimo três partes: *gnoseologia jurídica*, que envolve a epistemologia jurídica e a lógica jurídica; *ontologia jurídica*, compreendendo a axiologia jurídica e a diquelogia ou teoria da justiça; e a *ética jurídica*, que engloba a deontologia jurídica.

A gnoseologia jurídica estabelece os pressupostos mais gerais do conhecimento relacionado com o direito, os quais vão repercutir no estudo de outros pressupostos, menos gerais, estabelecidos pela lógica e epistemologia. Seu objeto é o estudo da natureza e dos limites do conhecimento jurídico.

A epistemologia jurídica estuda o conhecimento jurídico situado, tal como praticado pelas ciências jurídicas, ou seja, preocupa-se com o caráter científico do direito, podendo ser definida como uma *teoria da ciência do direito*.[3]

---

1. REALE, Miguel. *Filosofia do direito*, 2002, p. 279.
2. Idem.
3. COELHO, Luiz Fernando. *Teoria da ciência do direito*, 1974. Veja também MACHADO NETO, A. L. *Teoria da ciência jurídica*, 1975.

A lógica jurídica ocupa-se dos pressupostos de validade do pensamento jurídico, formando uma teoria da correção do pensamento jurídico. Estuda também as estruturas formais objetivas e abstratas das normas jurídicas, em correspondência com idênticas estruturas presentes nos procedimentos de interpretação e aplicação dessas normas.

Tendo experimentado extraordinário desenvolvimento no século passado, articulou-se com a linguística e a semiologia, vindo a constituir uma especialização, incluída entre as ciências jurídicas *lato sensu.*

A ontologia jurídica ocupa-se do ser jurídico e proporciona a definição universal do direito.

As respostas aos questionamentos sobre a essência universal do direito fizeram afluir o problema dos valores como integrantes dessa essência, dando azo ao desenvolvimento de uma terceira seção da jurisfilosofia, a axiologia jurídica. Inicialmente como parte da ontologia dedicada ao estudo desses valores, desenvolveu-se como estudo autônomo, envolvendo o problema da justiça. Goldschmidt e Ciuro Caldani denominam "diquelogia" ao estudo específico da justiça.[4]

A ética jurídica estuda os meios de realização dos valores jurídicos e do próprio direito como justiça. Envolve tanto a parte teórica de definição dos critérios axiológicos e diquelógicos que devem orientar a criação do direito, quanto os aspectos práticos relacionados com o exercício da advocacia e das profissões jurídicas. Esse aspecto corresponde à antiga denominação "deontologia jurídica": teoria e prática dos critérios morais referentes ao comportamento dos operadores do direito.

Não obstante ser o direito positivo o núcleo referencial de todo o saber jurídico, o pensamento jusfilosófico contemporâneo albergou a tese de que a especulação gnosiológica, ontológica, axiológica e ética deve ter por denominador comum o direito histórico, não o restrito às leis do Estado, como direito positivo dogmatizado, mas como produção específica de uma sociedade em dado momento histórico, o que implica a consideração de outras fontes de normatividade que se relacionam direta ou indiretamente com o direito positivo.

Tal consideração de ordem prática não constitui estudo à parte, mas atitude intelectual que se insere em todos os planos da pesquisa filosófica do direito. Nesse ponto, a filosofia do direito se afirma com notável dignidade, transparecendo aos olhos do jurista, do filósofo e mesmo do leigo, não como conjunto de especulações desprovidas de sentido prático, mas como instrumento de crítica adequada ao direito, obra do homem, com vistas a seu aperfeiçoamento e ao aperfeiçoamento da sociedade e dos seres humanos que a compõem.

---

4. GOLDSCHMIDT, Werner. *Introducción filosófica al derecho*, 1987; *La ciencia de la justicia* (Dikelogia), 1958; CALDANI, Miguel Angel Ciuro. *Filosofia de la jurisdicción*, 1998, esp. p. 82 e segs.; *Comprensión trialista de la relación entre derecho y legitimidad*, 1988, p. 39 e segs.

Podemos, em suma, definir a filosofia do direito como estudo organizado das estruturas universais objetivas e subjetivas do direito, bem como dos meios que levam à efetiva realização da justiça nas relações humanas.

2.2. A sociologia do direito

Sociologia é a ciência da sociedade. Sob essa terminologia genérica, agrupa-se uma infinidade de assuntos que constituem a temática fundamental de diversas ciências que, em razão desse objeto, se dizem "sociais".

A sociedade tem sido contemplada sob pontos de vista diversos, engendrando uma teoria geral da sociedade. Entre esses enfoques destaca-se o antagonismo entre dois extremos: uma teoria histórico-descritiva e uma teoria sociológico-analítica.

A primeira objetiva tão somente a observação e a descrição dos fatos ocorridos desde que a conduta humana se manifesta em forma associativa. A segunda visa à interpretação desses fatos, no intuito de chegar a suas causas e formular leis gerais que permitam prever o comportamento das comunidades sob determinadas condições.

A sociologia estuda o homem do ponto de vista de suas relações com os demais e procura descobrir as constantes do desenvolvimento das coletividades humanas. É ciência causal-explicativa, do mesmo modo que a física e a biologia, e preocupa-se com as causas dos fenômenos e com sua explicação empírica. Seus processos gnosiológicos partem da observação, já que a experimentação é afastada do campo da pesquisa sociológica, dadas as peculiaridades de seu objeto e, mediante a descrição das condições sociais do agrupamento humano considerado, chegam à formulação indutiva de "leis" gerais que regem os fenômenos observados.

Essa conceituação sumária da sociologia serve para situarmos a sociologia jurídica, já que se contesta o valor e mesmo a possibilidade de leis sociológicas, pois que o meio humano é imprevisível e não se presta à indução com a mesma segurança das ciências naturais.

A sociologia jurídica considera o direito como fato suscetível de investigação causal. Dentro dessa orientação, os fenômenos da experiência, os fatos que normalmente são apreciados do ponto de vista formal da jurisprudência, o são igualmente sob o critério da sociologia. Assim, a norma jurídica é estudada como resultado e reflexo da realidade social.[5] Deve-se, entretanto, advertir que direito como fato social do direito não deve ser encarado como se se tratasse de uma redução do jurídico, mas sim que a juridicidade corresponde a uma forma peculiar de nor-

5. ROSA, Felipe Augusto de Miranda. *Sociologia do direito*, 2001; SALDANHA, Nelson Nogueira. *Sociologia do direito*, 2003; MACHADO NETO, Antonio Luis. *Sociologia jurídica*, 1987, Capítulo V.

matividade, vinculada ao controle social dos comportamentos individuais e coletivos.

A própria juridicidade vista como fenômeno sociológico levou a identificar a sociologia do direito com a jurisprudência, pois a norma jurídica não seria mais do que uma forma de controle social, dotada de características especiais e forçosamente vinculada a outras formas de controle não estatal.[6]

Por trás da identificação das duas ciências, ou de sua absoluta separação, paira uma controvérsia filosófica a respeito do conceito do direito, em cujos extremos situam-se a escola clássica do direito natural e o historicismo jurídico, a primeira encarando o direito como fruto do livre-arbítrio, produto da razão, objeto de natureza puramente ideal e intelectual, e o segundo concebendo o direito como algo real, existente no tempo e no espaço, e como produto histórico elaborado espontaneamente por meio dos costumes e das leis.

Levada às últimas consequências, a posição historicista convergiu para o sociologismo jurídico, encarando o fenômeno do direito como fruto dos condicionamentos sociais e não como produto da criatividade intelectual.

2.3. A história do direito

O conceito mais simples de ciência da história a considera investigação e descrição de acontecimentos passados. Entre estes, alguns são vistos como de especial importância, por isso, são descritos como fatos históricos, e a história é atomisticamente considerada o conjunto de fatos históricos, uma crônica do passado. A moderna historiografia, porém, atribui à disciplina a função de explicar os acontecimentos, interpretando-os e estabelecendo suas relações mútuas, com vistas à descoberta de possíveis causas e sentidos de evolução.

O fato histórico em si é insuficiente, pois o historiador deve apreendê-lo, o que determina a necessidade de interpretá-lo em função do seu passado, presente e futuro. Assim, o historiador deve "transportar-se" para o tempo e o lugar do acontecimento e "vivenciá-lo" da maneira mais imparcial possível. Tal imparcialidade na interpretação histórica é, porém, uma impossibilidade epistêmica, pois o intérprete é, ao mesmo tempo, condicionado e fator condicionante. Em nome da autenticidade, portanto, aconselha-se o intérprete a deixar de lado a pretensa neutralidade e abraçar, livre e conscienciosamente, uma perspectiva filosófica para, por meio dela, fundamentar sua interpretação do acontecimento histórico.

O objetivo da história do direito é a interpretação do fenômeno jurídico em função do tempo.

O estudo dos fenômenos jurídicos do passado pode considerar um sistema jurídico em seu conjunto, suas fontes formais e os caracteres gerais que o identifi-

---

6. SALDANHA, op. cit.

cam do ponto de vista de seu desenvolvimento temporal. É a *história externa*, à qual se faz referência quando se trata, por exemplo, da história do direito brasileiro, do direito romano ou do direito canônico. Mas pode igualmente considerar os institutos jurídicos em separado e apreciar sua evolução, como vivência histórica dos grupos sociais reunidos em função das ideias e práticas que essas instituições representam. É a *história interna*, por exemplo, a história do contrato, da família, da propriedade, das corporações, das fundações etc. Em suma, a história externa é a da legislação, a interna, a das instituições.

A história do direito pode também considerar as correntes do pensamento jurídico, as ideologias e sistemas filosóficos, em suas relações com o direito positivo, e mesmo considerá-los em suas mútuas relações intertemporais. É o que se convencionou denominar *história do pensamento jurídico*.

Um capítulo da história do direito tem especial importância para a jurisprudência ocidental: a história do direito romano.

2.4. A dogmática jurídica

É a ciência jurídica *stricto sensu*, núcleo do saber jurídico, referencial de todas as ciências jurídicas. Ela abrange um aspecto teórico propriamente científico, na medida em que toma por objeto o fenômeno jurídico, e um aspecto técnico, que se manifesta na experiência jurídica profissional. Ao estudo da dogmática jurídica reservamos a próxima aula.

3. As ciências jurídicas indiretas

São especializações científicas que, embora não tratem propriamente do direito identificado no conjunto das leis do Estado, têm seu objeto conceituando, ainda que parcialmente, por essas leis. Algumas foram definidas como *autônomas* – a *lógica jurídica*, a *política* e a *criminologia*: outras, como *não autônomas* – o *direito romano* e o *direito comparado*.

3.1. Indiretas autônomas

3.1.1. A lógica jurídica

A lógica do direito leva ao exame das condições prévias para a validade dos enunciados e raciocínios do jurista. A epistemologia jurídica é estudo voltado não propriamente para o objeto "direito", mas para a ciência que o estuda. Trata-se de uma teoria geral do saber jurídico. Não se pode considerar a epistemologia jurídica, entretanto, uma ciência jurídica, o que não ocorre com a lógica do direito. Esta, juntamente com a semiologia jurídica, experimentou grande desenvolvimento, a ponto de constituir uma nova ciência, praticamente independente do direito e da própria lógica tradicional.

Vinculada à lógica jurídica desenvolve-se outra disciplina: a informática jurídica, abrangendo a tecnologia da informação jurídica.

No estágio atual, tal desdobramento da lógica vinculado ao desenvolvimento das técnicas de informação por meio de computadores cada vez mais sofisticados procura desenvolver novos sistemas especialistas em direito, que possibilitem verificar a consistência, completude e inexistência de contradições entre teses jurídicas e facilitar a calculabilidade que envolve as causas jurídicas em geral.[7]

3.1.2. *A política*

A política é a ciência do Estado. Situa-se entre as ciências jurídicas dotadas de autonomia epistêmica, porque seu objeto é definido pelo direito e seus pressupostos básicos estão delimitados principalmente no direito constitucional, bem como em leis e tratados internacionais. Do aspecto teórico, estuda a origem, as funções e a atividade do Estado. De um ponto de vista pragmático, converge para a arte ou técnica política, concebida como atividade para que o Estado cumpra com seus objetivos definidos na constituição e a ele atribuídos pelas ideologias políticas. Como teoria ou práxis, mescla-se com a ciência do direito, e também com a sociologia, a economia e a história. Ademais, envolve considerações de natureza ética e filosófica.

Desse entrelaçamento de várias ordens de conhecimentos sobre um mesmo fenômeno decorre certa dificuldade em definir o objeto formal da ciência política e fixar sua extensão, as fronteiras que a separam das ciências que tratam do mesmo fato. E foi justamente a necessidade de integrar numa ordem unitária os vários estudos que se processavam de maneira estanque provocou a formação da nova ciência. Não se pode apreender a realidade do Estado apenas observando isoladamente seus aspectos jurídicos, sociológicos, históricos ou filosóficos, mas reunindo todos esses elementos em um denominador comum, o político – vale dizer, o da capacidade do Estado de atingir os próprios fins e o exercício dessa capacidade.

Embora suas origens remontem à Antiguidade, sendo Platão seu grande precursor, a política se afirmou com autonomia científica somente no século XX, ao lado da ciência da administração. Isso porque a fixação de seu próprio objeto e de seus elementos componentes é tarefa da época contemporânea, embora precedida de notável elaboração especulativa, destacando-se as obras de Maquiavel, Grócio, Puffendorf, Hobbes, Rousseau, Locke, Saint-Simon, Karl Marx e mui-

7. ROVER, Aires José (org.). *Direito, sociedade e informática*, 2000; HOESCHL, Hugo C. "O ciberespaço e o direito". *Revista Trimestral de Jurisprudência dos Estados*, 1998.

tos outros. O desenvolvimento teórico do Estado é uma das páginas mais vibrantes da cultura ocidental.

Genericamente, o conceito de Estado pode abranger qualquer agrupamento humano que tenha um mínimo de centralização de poder, desde as hordas barbáricas até as nações modernas, passando pelas sociedades imperiais do mundo antigo e pelas comunidades feudais da Idade Média. A atual elaboração científica, porém, prefere se fixar no Estado moderno, formado na Europa ao longo dos séculos XIII a XV, forma de organização social que sucedeu às formas medievais.

Embora os postulados teóricos do Estado moderno já estivessem amadurecidos desde o século XV, por obra dos pensadores humanistas e renascentistas, sua organização jurídica se consolida na Europa desde o início do século XVII, com Estados territoriais mais ou menos delimitados, cada um com sua própria burocracia, exército, monarca absoluto e sistema financeiro. Uma ordem social que é aceita e respeitada pela população já contando com os fatores que mais tarde seriam estudados como "legitimidade". Tais eventos, mais a afirmação generalizada dos direitos exclusivos da propriedade privada, constituem as bases do Estado moderno.[8]

Sua forma jurídica, entretanto, se expressa com a paz de Westphalia, em 1648, que, ao pôr termo à Guerra dos Trinta Anos, ensejou a organização administrativa do poder centralizado na pessoa do soberano, firmando-se a característica hoje considerada essencial: a soberania.[9] A partir de então, a evolução do Estado seguiu a ideia de constituição e a doutrina do constitucionalismo, cujas origens remontam às revoluções burguesas que no século XIII, haviam eclodido na Inglaterra.

O estudo do Estado, tal como hoje se processa na ciência política, nasceu sob a forma de uma teoria jurídica disfarçada no direito constitucional, vindo a constituir a teoria geral do Estado, a *Allgemeine Staatslehre* da doutrina alemã. A teoria jurídica do Estado, entretanto, acabou por articular-se com a sociologia, fazendo nascer a *sociologia política,* e com a filosofia, engendrando a *filosofia política* – particularmente preocupada com a justificativa e as finalidades do Estado.

Pode-se afirmar hoje que uma cultura política que não ostente essa interdisciplinaridade é insuficiente e até mesmo perniciosa.

Valendo-nos da imagem proposta por Reale, o Estado parece uma pirâmide de três faces: uma social, uma jurídica e uma política, integradas dialeticamente na mesma unidade. Se a face jurídica, à qual corresponde o estudo do ordenamento normativo da instituição estatal,[10] fornece a base para a teoria do Estado e a consideração desse aspecto é essencial para sua conceituação. A política é uma ciência jurídica, não no sentido de que seu objeto material seja o direito, tal como

8. CROSSMAN, R. H. S. *Biografía del estado moderno*, 1992, p. 48.
9. PALLIERI, Giorgio Balladore. *A doutrina do estado*, 1969, p. 16.
10. REALE, Miguel. *Teoria do direito e do estado*, 2000, p. 115.

ocorre com ciências jurídicas diretas, mas no sentido de que contempla seu objeto próprio: o fenômeno estatal sob o aspecto formal da ciência do direito.

Não se deve, porém, confundir as duas ordens científicas: a ciência do direito ocupa-se do aspecto normativo do Estado, não somente enquanto é considerado um conjunto de normas, como também enquanto órgão produtor e aplicador de normas. O direito estuda o Estado-norma, o Estado-legislador e o Estado-juiz.

Nas faculdades de Direito brasileiras, o estudo do Estado é procedido pela teoria geral do Estado, suscitando-se a controvérsia em torno da nomenclatura dessa disciplina, que é mais do que um problema de conteúdo.

Nos países de língua inglesa, a disciplina do Estado denomina-se *Political Science*. Alguns autores consideram equivalentes as expressões "ciência política" e "teoria geral do Estado", ao passo que outros entendem que a ciência política tem o campo mais amplo. Sobre essa polêmica semântica, Reale opta pela denominação "ciência política", lembrando que o termo "política" é mais próprio aos povos latinos, embora a influência germânica tenha universalizado a teoria geral do Estado. Segundo esse autor, a palavra "política" é conservada em sua acepção restrita para indicar uma parte da teoria geral, a ciência prática dos fins do Estado e a arte de alcançá-los.[11] Dourado de Gusmão emite opinião coincidente com a de Vani Benfica: a teoria geral do Estado é parte da ciência política. Esta é uma ciência social que trata do Estado em todos os seus aspectos; aquela tem por objetivo o Estado como estrutura ou forma e subdivide-se em duas disciplinas: uma teoria jurídica e uma teoria sociológica do Estado.[12]

Não existem razões suficientes para separar a política da teoria geral do Estado. Tendo em vista sua interdisciplinaridade e que o conceito de Estado envolve sua definição pelo direito positivo e sua realidade como instituição, consideramos a ciência política em sentido abrangente. É um ramo científico que envolve a totalidade do fenômeno estatal, inclusive os aspectos práticos relacionados com a atividade política, como representação, partidos políticos e exercício do poder.

3.2. A criminologia

Os conceitos de "crime" e "criminoso" são fornecidos pelas leis penais, referindo-se a atos e pessoas, que passam a objetos de nova ciência jurídica: a criminologia, estudo do homem criminoso.

A construção da criminologia é fruto da notável evolução do direito penal, a partir da humanização das penas, em meados do século XIX, o que ensejou o desenvolvimento das ciências penais, que convergiram para a criminologia.

11. Idem.
12. GUSMÃO, Paulo Dourado de. *Introdução à ciência do direito*, 2003, p. 47.

Liderados por Cesare Beccaria, na Itália, e Ludwig Feuerbach, na Alemanha, a quem se atribui o princípio *nullum crimen sine lege,* os estudos levados a efeito por penalistas europeus, na esteira do movimento de humanístico, deram azo à formação das três escolas penais mais famosas e influentes, a italiana, a francesa e a alemã, denominadas, respectivamente, escola antropológica, teoria do meio social e escola sociológico-criminal.

Foi a escola antropológica, porém, iniciada por Lombroso, com sua teoria do criminoso nato *homo delinquens*, dotado de características físicas e psíquicas específicas, que deu início à nova ciência, objetivando o estudo do criminoso, suas peculiaridades e processos para sua recuperação. Finalmente, as causas sociais da criminalidade foram incorporadas ao objeto da criminologia.

Do mesmo modo que a política, a criminologia desenvolveu-se hodiernamente com foros de autonomia científica, em face da necessidade de agrupar, num estatuto epistêmico unitário e autônomo, a grande quantidade de dados sobre o crime e o criminoso oriundos de diferentes fontes científicas.

No estágio atual, os elementos propriamente técnico-jurídicos revestem-se de menor importância diante dos elementos psicossociológicos e antropológicos. Isso se deve, em parte, a uma mudança de atitude em face da delinquência, considerada enfermidade social, com suas causas profundamente vinculadas à estrutura econômica da sociedade. Leva-se em conta que crime e criminoso são produto de fatores genéticos, atávicos e sociais, de onde a ideia de que o criminoso, antes de ser considerado uma pessoa "má", que deve ser punido, deve ser considerado um "doente", que deve e merece ser tratado, curado e recuperado para a convivência social.

Relacionadas com a criminologia, desenvolvem-se duas outras disciplinas: a criminalística e o penitenciarismo.

A criminalística estuda o crime, as técnicas de que se valem seus autores para perpetrá-lo e os meios técnicos para desvendá-lo e descobrir-lhe a autoria.

A técnica policial hoje conta com instrumentos extremamente sofisticados, o que infelizmente não tem repercutido na diminuição da criminalidade.

Pertencem à criminalística os métodos policiais de perseguição criminal. Essa disciplina, porém, não se fixa apenas nos delitos e nas contravenções encarados como fato consumado. Aprofundando-se no conhecimento do fato delituoso e em sua repressão, procura sistematizar os meios de evitá-lo. Na esfera da técnica policial, a criminalística pretende orientar, de maneira científica, a prevenção ao crime.

Já o penitenciarismo volta-se para a pessoa do criminoso, a quem procura recuperar, com o fito de torná-lo novamente um cidadão útil à comunidade. É um conjunto de técnicas mais ou menos eficientes para esse objetivo e, do ponto de vista teórico, é o estudo e sistematização desses processos de reeducação. Surge como especialização da pedagogia, já que se trata, em última análise, da adequação de princípios e técnicas pedagógicas a um educando especialíssimo: o adulto criminoso.

Considera-se ainda que uma parte importante da pedagogia cuida da educação de excepcionais, no sentido pedagógico do termo, e não há por que deixar de considerar-se o criminoso um indivíduo psicologicamente excepcional.

É preciso advertir, contudo, que em nosso país essas técnicas ocorrem apenas na teoria, pois na prática os delinquentes, inclusive menores, são tratados como animais, por falta de investimentos na estrutura policial e na educação dos servidores a quem se atribui poder de polícia.

3.3. O direito romano

A cultura ocidental está edificada sobre três fundamentos: a filosofia grega, a religião cristã e o direito romano.[13] A base do direito ocidental é constituída pelas instituições jurídicas da civilização romana, desenvolvidas ao longo de mais de um milênio. Daí a importância do estudo da sociedade romana, sua história, filosofia, suas crenças, arte, literatura e direito.

Essa constatação histórica demonstra a importância para a cultura jurídica moderna do estudo do direito romano, razão pela qual ele deveria integrar a grade curricular dos cursos jurídicos. Entretanto, o que se observa é a tendência à eliminação desta disciplina, o que é lamentável.

Denomina-se "romanística" ao estudo interdisciplinar da cultura do povo romano, continuador da civilização helenística e base da civilização europeia.

Segundo Moreira Alves, direito romano é o conjunto de normas que regeram a sociedade romana desde as origens até a morte de Justiniano, em 565 d.C.[14] É o direito privado do povo romano que, após longa evolução, foi codificado por ordem do imperador Justiniano, de Bizâncio, em 533 d.C. Justifica-se o critério adotado pela importância histórica de Justiniano, imperador bizantino, no trabalho de consolidação e codificação do direito romano. Entretanto, a história do direito romano adentra a Idade Média e desenvolve-se até a fase denominada "recepção do direito romano".

Embora se saiba que Roma foi fundada em 753 a.C., a história dos primeiros reis e as circunstâncias em que a nação romana foi formada estão impregnadas de mitos e lendas. Sabe-se, porém, que a organização étnico-política compreendia a divisão do povo em duas classes: a dos patrícios, detentores do poder e titulares de todos os privilégios, e a dos plebeus, classe inferior e desprotegida. Além disso, havia uma numerosa população de escravos, não considerados pessoas.

---

13 IHERING, Rudolf Von. *O espírito do direito romano*, 1943. Em sentido diverso, questionador da temporalidade jurídica e da modernidade como movimentos simétricos e convergentes, FONSECA, Ricardo Marcelo. *Modernidade e contrato de trabalho – do sujeito de direito à sujeição jurídica*, 2002.

14 ALVES, José Carlos Moreira. *Direito romano*, 1969, p. 9.

A história do povo romano e de seu direito pode ser compreendida como uma luta perene para atenuação dessas diferenças e a afirmação dos direitos dos plebeus. Tal evolução pode ser acompanhada nos seguintes períodos: a) Período dos *mores* majorum, os costumes dos antepassados. b) Período do *jus scriptum*. Às normas estabelecidas mediante a escrita denominava-se *lex*. A primeira e mais importantes delas foi a Lei das XII Tábuas, elaborada pelos *decênviros* e aprovada pelos *comitia centuriata*, em 451 a.C. c) Período do *jus honorarium*. Era o direito contido nos editos dos pretores, encarregados de fornecer as fórmulas processuais para a questão a ser decidida pelos árbitros. d) Período científico. Alude ao trabalho dos jurisconsultos, os lídimos fundadores da ciência do direito. Entre os mais famosos destacam-se *Domitius Ulpianus*, assassinado em 228 d.C., a quem se atribui o enunciado dos *praecepta juris* (*honeste vivere, alterum non laedere, suum cuique tribuere*), e Gaio, igualmente do século II, autor de uma classificação tripartite das normas jurídicas (regras relativas às pessoas, à propriedade e às ações). e) Período justinianeu. Época da compilação de leis e opiniões dos jurisconsultos, mandada elaborar por Justiniano, no século VI da nossa era, contendo quatro livros: o Código, as Institutas, o Digesto e as Novelas. A reunião desses recebeu o nome de *Corpus Juris Civilis*, atribuído pelo romanista Dionísio Godofredo, à edição publicada em 1538. f) Período dos *studia generale*. Durante o período obscuro da dominação barbárica na Europa, o direito romano continuou a ser estudado nos conventos e nos *Studia Generale*, de onde surgiram as universidades.[15] g) Período da Escola de Bolonha. Compreende os trabalhos dos glosadores e pós-glosadores, do século XI ao XV. Entre os primeiros destacam-se Irnério, fundador da Escola, Búlgaro, Martinho, Hugo, Jacó, Varário, Azo e Accúrsio. Entre os pós-glosadores, Bártolo, Baldo, Paulo de Castro e Jasão; i) Período da recepção do direito romano. A partir do século XV, quando o direito romano passou a impregnar o direito das nações modernas como fonte subsidiária. Destacam-se nesse período os trabalhos da *Escola Culta*, francesa, e a orientação hermenêutica denominada *usus modernus pandectarum*. Destaca-se, igualmente, a Escola Elegante, que floresceu na Holanda.

No século XIX, o direito romano deixou de ser fonte direta do direito, na medida em que se promulgavam os códigos. Assim, seu estudo foi aos poucos sendo relegado à história do direito, com uma orientação semelhante à da Escola Culta: procurar restaurá-lo em sua pureza clássica. A essa orientação denomina-se *neo-humanismo* e parece catalisar a preferência dos romanistas contemporâneos.

---

15 SAVIGNY, Friedrich Karl von Savigny. *Geschichte des roemischen Rechts im Mittelalter*, 1815-1831; *System des heutigen roemischen Rechts*, 1840-1849. V. SCIALOJA, Vittorio. Prefácio à edição italiana de *Sistema*, de Savigny, 1886.

No Brasil, apesar do esforço isolado de romanistas de grandes méritos como Ebert Chamoun, Alexandre Correia, Vandick Londres da Nóbrega, Moreira Alves, Matos Peixoto e Aloísio Surgik, os estudos de direito romano têm sido relegados a um plano secundário, como se nosso país não fosse um dos herdeiros da secular tradição jurídico-romana.

3.4. O direito comparado

O direito comparado desenvolveu-se, como tentativa de reestruturar o saber jurídico como ciência universal, a despeito da compartimentação de seu objeto, decorrente das fronteiras geopolíticas. Nesse contexto, o repensar dos fundamentos do direito, em função da metodologia engendrada pelo direito comparado, representou um dos esforços mais profícuos para a superação do vetusto ceticismo epistemológico que minimizava o caráter científico dos estudos jurídicos, relegando-os a mera técnica de persuasão, simples exercício de um jogo argumentativo.

O ponto de partida do direito comparado é o fato de o Estado não ser mais que acidente histórico, mutável de acordo com as influências ecológicas, demográficas, econômicas e de ordem subjetiva que condicionam o desenvolvimento histórico das ordens jurídicas nacionais. Seu objeto releva da confrontação entre situações reguladas por diferentes sistemas normativos. Não se confunde com a simples legislação comparada, entendida como confrontação, aproximação e cotejo de instituições de diferentes Estados, com o fito de anotar suas discrepâncias e determinar analogias, com vistas à aproximação ou reconciliação de legislações diversas ou, ainda, objetivando a solução de contenciosos, em que as fontes tradicionais do direito local sejam consideradas insuficientes para os dirimir.

O direito comparado é muito mais amplo. Seu objeto é constituído pelo conjunto das fontes do direito, com a finalidade de descobrir as constantes de sua evolução. E, assim, a disciplina se afirma com foros de autonomia científica, pois, não se restringindo à mera contemplação e descrição dos ordenamentos estrangeiros, pretende relacionar as correntes do pensamento com as regras de direito e práticas judiciais e extrajudiciais, reconstituir as relações dos diversos institutos entre si, no que elas possuem de perene, bem como as relações desses institutos com a política geral dos povos. A objetividade científica do direito comparado não se limita à dogmática, mas envolve a interdisciplinaridade própria das ciências jurídicas.

O método comparativo tem algumas nuanças que o distinguem da metodologia concernente ao estudo de um único ordenamento jurídico, histórico ou estrangeiro, ou de coleções de fontes jurídicas estranhas, ou ainda de situações casuísticas. Inicia com a apresentação de pontos comuns e dessemelhanças, considerando-se várias ordens jurídicas. Tal método envolve uma contínua confrontação das normas jurídicas nacionais e estrangeiras, consideradas dentro da estrutura social, produto da evolução histórica e do aglomerado das aspirações materiais e tendências espirituais da época, no país ou no conjunto de nações tomadas como referência. Assim, as regras de direito interessam ao comparatista, menos em sua expressão normativa, do que na medida em que manifestam posições doutrinárias e indicam soluções a problemas comuns das sociedades, do Estados e das nações.

Além disso, o direito comparado estuda os fatores históricos, sociais, ambientais e políticos, entre outros, que produzem diferenças entre os direitos de cada povo, bem como levam à unificação, tais como, invasões bélicas, colonização e colonialismos de todo tipo, influências culturais etc.

A grande contribuição do direito comparado à moderna ciência do direito é a classificação dos ordenamentos jurídicos, os quais são agrupados em "famílias de direito" ou sistemas jurídicos. Quando se fala em classificação, afasta-se a conotação analítica do conceito de sistema e almeja-se tão somente a reunião dos diferentes ordenamentos positivos em torno de características comuns, tais como, gênese histórica, influência religiosa, ideologia e objetivos políticos. Na verdade, não há consenso entre os comparatistas a respeito dos critérios de classificação, mas somente ensaios de aproximação de caracteres comuns.

Por isso, em vez de falar em "sistemas" jurídicos, parece mais adequada a terminologia proposta por René David, "famílias" de direitos, as quais se constituíram ao longo dos séculos em virtude dos aludidos fatores de diversificação e nivelamento. O autor distingue cinco grandes famílias, com base na influência preponderante das respectivas civilizações: sistema ocidental, compreendendo o grupo romano-germanista e o anglo-americano, sistema soviético, sistema muçulmano, sistema hindu e sistema chinês.[16] Mas não tem sentido falar hoje em sistema soviético, em face do fim da União Soviética e derrocada do socialismo no Leste Europeu. Mas é possível aludir ao sistema chinês, com características aproximadas ao direito da antiga URSS.

A contemporaneidade convive com novo fator de nivelamento. É o fenômeno da globalização, que, articulado com o crescente domínio da informática em todos os setores, está levando as nações a uma unificação de seus direitos positivos, com vistas a estereotipar os modelos econômicos, a pretexto de facilitar o intercâmbio internacional de pessoas, bens e serviços.

Tal fato, de suma importância para o atual desenvolvimento do saber jurídico, parece repercutir no resgate do direito comparado, como instrumental teórico através do qual a ciência do direito, de dogmática nacional, volta a ter alcance universal.

16 DAVID, René. *Les grands systèmes de droit contemporains*, 1964.

4. As ciências jurídicas complementares

A aproximação inicial às ciências jurídicas complementares decorre da consideração dos planos do conhecimento jurídico já estudados. Tal como o plano objetivo nos proporciona a visão das ciências jurídicas diretas e indiretas, os planos lógico e epistemológico constituem aproximação a essa objetividade.

Correspondendo ao plano fenomenológico, temos a *psicologia forense*, a *ciência das finanças*, a *economia política*, a *medicina legal* e a *antropologia criminal*.

A primeira, também denominada *psicologia judicial*, é especialização da psicologia a serviço da técnica judicial. Vincula-se à sociologia jurídica e à criminologia, incluindo em seu objeto a observação dos fatores psicossociais que interferem nas decisões jurídicas, especialmente as judiciais, e também os fatores que contribuem para os níveis de criminalidade.

Quanto à economia política, refere-se aos fatores que produzem a riqueza de um país. Intimamente ligada à administração pública e às possibilidades e limites da ingerência do Estado na administração privada, a economia política se ocupa das condições pelas quais, numa sociedade, num país ou Estado, ocorrem a produção, circulação e consumo de bens e serviços.

Ligada à economia política, a ciência das finanças estuda as técnicas de administração dos recursos públicos e privados, incluindo toda espécie de movimentação financeira. Quando se trata de finanças públicas, ocupa-se da administração dos recursos oriundos das receitas do Estado, orçamentários e extraorçamentários. Tratando-se de finanças privadas, estuda as técnicas de movimentação dos recursos de empresas privadas, com vistas à otimização de resultados das respectivas aplicações, ou seja, ao lucro na produção de bens e serviços. A ciência das finanças envolve a *contabilidade*, pública e empresarial.

A medicina legal era chamada "*jurisprudência médica*", arte de relatar em juízo os assuntos objeto de perícia médica. Compreendia a deontologia médica, subdividida em deontologia clínica e forense, tendo por objeto o estabelecimento de regras éticas de conduta profissional do médico, como clínico e perito.

Hodiernamente, o conceito de medicina legal é mais abrangente e refere-se, sobretudo, à técnica de colocar a serviço da administração da justiça os conhecimentos físicos, naturais e biomédicos auferidos nas várias especializações da medicina.

A antropologia criminal é desdobramento da criminologia. Procura, pela análise antropológica e genética, a definição dos caracteres e tendências ligadas à prática de delitos. Estuda também, no plano da história da humanidade, a evolução dos povos do ponto de vista de certas práticas consideradas, hoje, contrárias à consciência de sociedades que se julgam melhor ordenadas, *well ordered societies*, tais como canibalismo, incesto, tortura e pena de morte.

No plano lógico desenvolve-se a semiótica do direito, a informática jurídica e a tecnologia da informação jurídica.

Outras disciplinas complementares vinculam-se a outras ciências jurídicas. A ciência das finanças articula-se com a economia política, a antropologia criminal e a estatística criminal, com a criminologia.

Relacionadas com o direito financeiro, desenvolve-se a ciência das finanças e a própria economia política.

À medida que se verificam avanços na ciência e na técnica do direito, novas ciências auxiliares se desenvolvem, por exemplo, a imensa caudal de estudos ligados à tecnologia da informação jurídica e a própria medicina legal, que se vê enriquecida com os progressos da genética e da biologia.[17]

---

17 *V.* estudo do autor intitulado "Clonagem reprodutiva e clonagem terapêutica: questões jurídicas". In: *Revista CEJ*, mar. 2002, p. 37-44.

Terceira Aula

A dogmática jurídica

Sumário: 1. A objetividade científica do direito. 2. O direito na classificação das ciências. 3. As divisões da ciência do direito. 4. A enciclopédia jurídica. 5. Direito público, direito privado e direito social. 6. Os ramos do direito positivo.

1. A objetividade científica do direito

A expressão "dogmática jurídica" para designar a ciência jurídica *stricto sensu* revela-se inadequada para a abrangência de seu objeto, mas mantém-se por força da tradição.

A ciência do direito pode ser definida como investigação metódica e racional do fenômeno jurídico e sistematização dos respectivos conhecimentos, no contexto de um paradigma de saber previamente definido. Para defini-la partimos do conceito de ciência, considerando-a sob um ponto de vista objetivo e subjetivo.

O elemento objetivo é o conjunto de conhecimentos, reputados verdadeiros porque devidamente demonstrados e experimentados, ou evidentes, em torno de fatos ou acontecimentos, denominados genericamente *fenômeno jurídico.* Esses fatores se expressam mediante enunciados linguísticos.

O elemento subjetivo é o conjunto dos fatores psíquicos que relacionam o "eu" cognoscente ao fenômeno jurídico, através de método apropriado. A esses fatores de natureza psicológica que caracterizam a atitude racional do cientista-jurista é que se denomina *pesquisa, investigação* ou *estudo.*

A questão da objetividade científica do direito tem provocado muita confusão.

Desde que se instalou na mentalidade acadêmica a separação entre o mundo da natureza e o mundo da liberdade, o ser e o dever-ser, o direito passou a ser definido como ciência do dever-ser, em contraposição às ciências do ser, as da natureza. Mas o direito só pode ser considerado ciência do dever-ser no sentido de que se ocupa de um objeto que consiste num dever-ser, isto é, na atribuição de certo sentido, definido pelas normas, aos atos de comportamento social. Não existe ciência do dever-ser, o que existe é ciência de um ser, o direito, cuja essência é um dever-ser.

Não se trata de mero jogo semântico, pois a confusão é reflexo de outra, a que se estabelece entre os enunciados do direito, as normas jurídicas, com os enunciados das ciências jurídicas, os quais se referem metalinguisticamente às normas. O discurso do direito compõe-se de enunciados deônticos, prescritivos, o discurso da ciência do direito compõe-se de enunciados descritivos. O que se descreve, entretanto, é o conteúdo prescritivo estabelecido pelas normas jurídicas.

O objeto da ciência do direito é constituído pelas normas jurídicas, as quais, efetivamente, enunciam que o comportamento dos homens tem um sentido ideal, cuja realização depende da adesão livre da vontade de quem a norma se direciona, ou seja, está condicionada ao uso da liberdade de cada um.

Além disso, a norma jurídica se confunde com seus enunciados. Tanto a estrutura lógica das normas, quanto seus enunciados linguísticos, têm por núcleo a noção de sentido, a ideia do dever. Mas isso não transforma o conhecimento que se tem dessas normas, bem como seus enunciados, em enunciados do dever-ser. As normas são algo distinto do conhecimento voltado para sua decifração. Se considerarmos que o direito se identifica com sua linguagem, a ciência do direito é metalinguagem, um discurso sobre determinada linguagem.

Em suma, objetivamente, a ciência do direito, tal como as demais ciências que tratam do mesmo objeto, é ciência do ser, descritiva do dever-ser do direito.

A essa altura convém um parêntese, para acompanharmos a formação histórica do objeto da ciência do direito.

Muito embora o sentido do direito, mesclado com a religião e com o sentimento de justiça, seja inerente ao homem desde os primórdios, não se pode falar em *ciência* do direito antes da elaboração técnica levada a efeito pelos romanos.

Com a elaboração das leis romanas, com efeito, a ciência do direito foi se desenvolvendo nesse sentido de aperfeiçoamento epistêmico, até a obra dos glosadores. Algumas etapas desse processo podem ser assinaladas como indicadoras desse aperfeiçoamento: a concessão de *jus respondendi* aos jurisconsultos pelo imperador Augusto, o florescimento das escolas dos proculeianos e sabinianos, a obra dos jurisconsultos Paulo e Ulpiano, e o desenvolvimento da jurisprudência bizantina, culminando com a obra jurídica de Justiniano.

A partir do *Corpus Juris Civilis,* o desenvolvimento da ciência do direito continuou ligado ao direito romano, mesmo após a queda do Império Bizantino, até o século XVI, quando o jusnaturalismo racionalista abre novas perspectivas, que vão culminar na autonomia científica do direito frente à moral e à filosofia. A ciência jurídica desse período foi marcada pelas escolas dos glosadores e pós-glosadores, pela escola culta francesa e pela corrente do *usus modernus pandectarum.*

Paralelamente aos estudos romanísticos medievais, formava-se outro movimento jurídico, o direito canônico, originário das práticas, usos e costumes das comunidades religiosas cristãs, o qual veio a constituir o direito da Igreja Católica romana.

A elaboração milenar desse direito religioso constitui importante capítulo no desenvolvimento da ciência jurídica. Suas principais fases foram marcadas pelos Concílios da Igreja, especialmente o Segundo de Niceia, em 787, onde se constituiu o *jus canonicum* pela compilação dos cânones anteriores. A posterior elaboração do direito canônico é marcada pelo *Decretum* de Gratianus, pelo *Liber Sextus Decretalium,* de Bonifácio VIII, e, finalmente, pela promulgação do *Corpus Juris Canonici,* por Bento XV, em 1917.

Deve-se assinalar também a contribuição dos povos bárbaros que habitavam a Europa central e que sofreram a dominação romana. Como os conquistadores respeitavam os usos e costumes locais, estes vieram a constituir importante fonte histórica do direito moderno.

Esse processo milenar de elaboração histórica culmina com o movimento da codificação das leis, fruto do racionalismo e do Iluminismo, concepções que impregnaram a mentalidade científica dos séculos XVII e XVIII.

Com o advento dos códigos, reunião de normas jurídicas sobre tema específico numa lei única, constituída de centenas e até milhares de artigos, consolidou-se a ideia de que o direito é o conjunto das leis do Estado, e que a ciência do direito é a interpretação dessas leis com vistas à sua efetiva aplicação aos casos concretos de conflitos na sociedade.

Além da denominação *ciência jurídica* em sentido estrito, consagraram-se as expressões *dogmática jurídica* e *jurisprudência.*

O primeiro termo é insuficiente em seu significado, para abarcar a totalidade de conceitos que o direito pretende abranger. Embora se mantenha por força da tradição, trata-se do uso equivocado da palavra "dogma", a qual se refere aos fundamentos de uma seita, religião ou ideologia, quando se afirma a existência de "verdades" a serem aceitas independentemente de prova. É matéria de crença e fé e, com sua aceitação pelos crentes ou seguidores, os dogmas fundamentam conhecimentos e práticas deles derivados.

Na linguagem do direito, dogmática jurídica significa a construção do saber jurídico a partir da lei. O dogma do direito é a lei, a regra de conduta intersubjetiva integrada no direito positivo, este identificado com as normas produzidas pelo Estado.

É claro que o saber jurídico vai muito além do estudo do direito positivo, mas a predominância da mentalidade positivista fez com que o senso comum dos juristas e operadores do direito expurgassem de sua disciplina considerações de natureza filosófica, ideológica, religiosa e sociológica, ou mesmo ética, entendendo que tais considerações pertencem à filosofia e às outras ciências, mas não à ciência do direito.

Um juiz imbuído dessa mentalidade entende que sua missão profissional e institucional é aplicar as leis, independentemente de outros valores, tais como justiça e equidade. Vale a expressão *dura lex sed lex.*

Tal entendimento vem sendo ultrapassado entre os operadores do direito, sendo preferível a palavra "jurisprudência", que evoca as origens romanísticas do direito e o sentido que a palavra tem em outros idiomas. A ciência denominada "Jurisprudência" é bem mais ampla, e envolve, além da dogmática jurídica propriamente como teoria do direito positivo, o estudo do Estado como teoria jurídica do Estado e a teoria geral do direito.

Nos países em que o sistema jurídico é derivado do direito romano, a palavra "jurisprudência" é comumente usada para definir o conjunto de decisões judiciárias que, por força de sua repetição, pelos juízes e pelos tribunais, confirmadas as mais das vezes nas instâncias superiores, incorporam-se à tradição jurídica e dificilmente são contrariadas por sentenças e decisões posteriores. Nesse sentido, ela fixa o conteúdo das leis e de outras normas jurídicas, interpreta-as e preenche-lhes as lacunas. Conceituada portanto como *doutrina dos tribunais*, a jurisprudência é de extraordinário valor nos países da *common law,* dado o princípio do *precedente,*[1] e vê-se impregnada de importância crescente nos países romanísticos, onde é uma das fontes formais do direito.

Embora não se conteste, de modo geral entre os cultores das ciências humanas, o caráter científico do direito, há que registrar certa corrente, aparecida em meados do século XIX, que negava o caráter de ciência aos estudos jurídicos. Foi representada por Kirchmann que, em conferência pronunciada em 1847, na Universidade de Berlim, refutou a dimensão científica que se pretendia dar ao direito. Entre seus argumentos, apontava o atraso considerável do saber jurídico em comparação com as demais ciências, as quais, durante o século XIX, experimentaram grande progresso. Tal atraso não seria devido aos juristas, nem mais nem menos capazes do que os demais cientistas, mas à mutabilidade do objeto de seus estudos. Enquanto é possível uma ciência da natureza apoiada em leis e princípios constantes, o mesmo não sucede com o direito, pois que "*bastariam duas palavras do legislador para transformar bibliotecas inteiras em lixo*".[2]

Essa postura constitui um *ceticismo jurídico epistemológico* e não se confunde com o *ceticismo jurídico axiológico,* tendência a negar a possibilidade de fazer justiça ou a própria existência desta, com fundamento, entre outras coisas, na relatividade espácio-temporal dos valores sociais.

O ceticismo epistemológico foi motivado em grande parte pela postura positivista de reduzir todo conhecimento ao ponto de vista das ciências naturais, ne-

---

1. RUSSO, Eduardo Angel. *Teoría general del derecho*, 1997, p. 236 segs.
2. KIRCHMANN, Julius Hermann von. "El caráter a-científico de la llamada ciencia del derecho". In: *La ciencia del derecho*, p. 251 segs. *V.* PERTICORE, Giacomo. Introdução à edição italiana de Kirchmann, *Il valore scientifico delta giurisprudenza*, 1964. Na mesma edição, WOLF, Erik. *Il carattere problematico e necessario della scienza del diritto.*

gando validade a tudo o que não estivesse rigorosamente baseado na observação, na experiência ou no cálculo lógico.

Por outro lado, o ceticismo é produto da concepção atomística do universo, perante a qual a contínua evolução dos institutos e a instabilidade permanente das normas de conduta são algo contraditório.

A construção da objetividade científica do direito segue os passos de paulatina aproximação filosófica ao direito como algo apto a refletir as conceituações que poderiam ser realizadas a partir da metodologia científica. Tal objetividade pode ser acompanhada em algumas etapas relevantes, em que a filosofia kantiana exerce o papel de divisor: antes de Kant, o fenômeno jurídico era encarado do ponto de vista religioso ou ético e as normas jurídicas confundiam-se com as religiosas e morais. A separação, a partir de Kant, entre o mundo da natureza, condicionado pelas leis da matéria e da vida, e o mundo da liberdade, propiciaria o impulso inicial de uma evolução epistemológica que culmina com a tentativa de Kelsen de transformar o direito numa ciência "pura", cujo objeto fosse próprio do direito e não se confundisse com outros, tais como os da ética, da sociologia e da história.

O pensamento jurídico de Kant tem raízes na divisão estabelecida por Thomasius entre o direito e a moral: aquela seria disciplina do *forum externum*, dizendo respeito à vida social; esta, a do *forum internum*, referindo-se à consciência.

Partindo dessa separação, concluiu Kant pela existência de duas ordens normativas a regerem a vida ética: a norma moral, disciplinando a conduta frente à consciência e dotada de sanções precárias, como o arrependimento e a simples reprovação do círculo social, e a norma jurídica, disciplinando a conduta frente à sociedade e dotada de sanções efetivas, como as penas corporais e as pecuniárias. Daí a identificação entre o direito e a faculdade de constranger.[3]

Estabelecida a independência do direito no contexto das demais formas de regulação da conduta, um segundo passo na construção da objetividade científica é representado pela escola histórica do direito.

Inicialmente com Montesquieu e Burke, mais tarde com Hugo e Savigny, firmou-se a convicção de que o direito não é algo abstrato a ser pesquisado no campo da metafísica, mas algo ligado à realidade da vida, que acontece na história.

A propósito da polêmica que manteve com Thibault a respeito da conveniência ou inconveniência da codificação do direito alemão, reconhece Savigny que o jurista não cria o direito, mas apenas traduz em normas escritas o direito vivo, latente na alma do povo, um direito que se forma através da história desse povo, como resultado de suas íntimas aspirações, e de fatores ecológicos.[4] Para Savigny,

---

3. KANT, Immanuel. *Metaphysik der Sitten,* Leipzig: Modes und Baumann, 1838, p. 31.
4. SAVIGNY, Karl Friedrich von. *Da vocação do nosso tempo para a legislação e a Ciência do Direito,* 1814. In: *La ciencia del derecho,* ob. cit., p. 29.

a codificação poria em risco este processo natural, tornando o direito algo artificial, e fazendo com que deixasse de corresponder às aspirações da nação.

Tal atitude, prevalecente à época no mundo germânico, teve repercussões epistemológicas, na medida em que o setor da juridicidade foi deslocado de um espaço metafísico, em que a religião, o misticismo e a filosofia influenciavam a metodologia da pesquisa, para o continente da história, no qual a pesquisa empírica e a análise dos fatos constituíam o modelo científico.

Outro importante passo na construção da objetividade do saber jurídico é constituído pelo positivismo filosófico, de Auguste Comte, que tomou de forma avassaladora a elaboração científica e filosófica posterior relativa ao fenômeno jurídico.

Respeitadas as diversas direções que tomou o positivismo, há que se estabelecer, como característica comum, a atitude de considerar vã toda atividade do espírito que sobrepassasse a observação dos fenômenos. Aplicada ao direito, tal concepção rejeita a busca de um direito natural e limita o conhecimento jurídico ao estudo das legislações positivas, consideradas fenômenos que se desenvolvem no tempo e no espaço.

O pensamento jurídico positivista desenvolveu-se em torno das seguintes orientações: voluntarismo, objetivismo, sociologismo e formalismo.

A direção voluntarista identifica as leis com a vontade do soberano ou do Estado. Suas mais enérgicas expressões foram a escola analítica inglesa, a *analytical school,* de Austin e a concepção teleológica de Ihering. A primeira afirmava que as leis são ordens do soberano e que o papel do jurista é analisá-las a partir de um rigoroso método científico. A segunda, que o direito é objeto de uma luta constante e que a vida jurídica é a política da força.

O objetivismo jurídico de Léon Duguit representa uma tentativa de superar o voluntarismo sem deixar de lado as teses positivistas básicas. Esse autor viu o conteúdo e fundamento das normas jurídicas na interdependência social que caracteriza toda a sociedade, manifesta como solidariedade social, motivo por que sua doutrina é também chamada *solidarismo jurídico.*

O sociologismo afirma que o direito é fato social que, como tal, deve ser estudado pelo método utilizado nas ciências da natureza: da observação para chegar às causas.

A escola sociológica representou de início a continuação das ideias de Montesquieu contra o ceticismo axiológico de Montaigne e Pascal. Constitui, do mesmo modo, desenvolvimento da concepção histórica do direito. Entretanto, somente no alvorecer do século XX é que a sociologia jurídica se impôs, pela obra de Durkheim.

A tese central de Durkheim configura a "pressão social" como causa dos fenômenos humanos, afirmando que as manifestações superiores do pensamento não são produtos do indivíduo, mas de uma consciência coletiva.

O pensamento de Durkheim fez-se sentir imediatamente em dois juristas que muito influíram a ciência do direito do início do século XX: Maurice Hauriou, criador da teoria da instituição, e Georges Gurvitch, o qual desenvolveu o tema central da sociologia de Durkheim, de que o direito é produto espontâneo da vida social.

Além dessas escolas europeias, o sociologismo repercutiu nos Estados Unidos, através da escola de jurisprudência sociológica, de Oliver Holmes e Roscoe Pound.

Se a concepção historicista acentuou o fato de a ciência do direito tratar de objetos reais, o conjunto das doutrinas positivistas, além de reforçar o suporte científico da tese historicista, propiciou o desenvolvimento da técnica jurídica, dando à dogmática a coerência lógica que a equiparou às demais ciências, pela seriedade metodológica e certeza intrínseca dos seus conhecimentos.

É com Hans Kelsen, porém, que o positivismo jurídico encontra sua mais refinada expressão. Suas ideias estão contidas em sua *Teoria pura do direito*, a qual estabelece os fundamentos da orientação positivista denominada *formalismo jurídico*, indicando uma direção original do positivismo que pretende dar ao direito fundamentação científica adequadamente elaborada. A expressão "formalismo" alude à tentativa de restringir o estudo do direito a seus aspectos formais, calcados na metodologia rigorosamente fundada na lógica formal, sem atender ao conteúdo material das regras de direito.

A intenção da obra de Kelsen é construir uma teoria do direito expurgada de todos os elementos não jurídicos, ou, nas palavras do autor, "purificada de toda a ideologia política e de todos os elementos de ciência natural, uma teoria jurídica consciente da sua especificidade porque consciente da legalidade específica do seu objeto".[5]

Eliminados os elementos de natureza ideológica e sociológica, restou, como objeto específico da jurisprudência, a norma, entendida, não como imperativo segundo a tradição voluntarista, mas como um elemento de caráter lógico, uma estrutura hierárquica de juízos. Daí a expressão "formalismo", pois a investigação científica fica voltada para a forma normativa do direito e não para seu conteúdo ideológico.

O conhecimento científico do direito é então dirigido às normas jurídicas; Kelsen estabelece assim o conceito de ciência normativa, não a que prescreve normas, mas a que as conhece. Por outro lado, fixando as categorias de conhecimento do "ser" e do "dever-ser", fundamenta a concepção de ciência normativa como ciência do "dever-ser", cujo objeto é expresso mediante juízos em que a cópula é o *dever-ser* (*sollen*), e não o *ser*. Os juízos do ser expressam as relações necessárias do

5. KELSEN, Hans. *Teoria pura do direito*, 1987, Prefácio, p. V.

mundo da natureza, e os juízos do dever-ser as relações imputativas do mundo da liberdade.

Nessa evolução, o culturalismo vem a constituir a superação dessas duas atitudes opostas, o direito como ciência de fatos e o direito como ciência de normas. Ou um estatuto abstrato, ou um estatuto concreto, e isso foi obtido pela atribuição ao direito de uma qualificação como objeto cultural, o que será estudado ao tratarmos do conceito universal do direito.

Convém entretanto enfatizar que, na atualidade, o problema da objetividade científica do direito volta ao centro das discussões a partir das teses do neopositivismo, que, contando com o desenvolvimento da filosofia da linguagem, estabelece o postulado de que só é científico o que puder ser verificado, empírica ou analiticamente.

O culturalismo vem assim representar uma terceira via, pois, se o direito não comporta nem comprovação empírica nem demonstração analítica, postula-se a busca de caminhos alternativos, os quais se consubstanciam no pensamento dialético.

À guisa de conclusão, resta, porém, a certeza de que já não existem fundamentos para manter qualquer forma de ceticismo concernente à dignidade científica do direito. Qualquer que seja a compreensão que se tenha de seu objeto, este sempre será dotado de características especiais que o identificam como categorias jurídicas, entre os demais objetos. Além disso, a mutabilidade espácio-temporal das normas jurídicas, que outrora serviu de motivo para demonstrar a não cientificidade do setor jurídico, hoje em dia é encarada justamente como peculiaridade do objeto. Este deve ser cientificamente considerado sob condições e processos de pesquisa próprios, que pouco ou nada têm em comum com outras ciências, as quais não podem servir de paradigma para a jurisprudência.

2. O direito na classificação das ciências

Embora a expressão "dogmática jurídica" tenha se imposto, em virtude do modelo positivista que prevalece na ciência do direito, a opção pela palavra "jurisprudência" responde a dois objetivos: resgatar a dignidade científica dos estudos jurídicos, um tanto abalada pela prevalência da cosmovisão positivista e dogmática, e restabelecer o sentido original da jurisprudência como ciência.

Através dos capítulos anteriores, analisamos o conhecimento jurídico e suas diversas compartimentações nas chamadas ciências jurídicas, com destaque para a jurisprudência, cujo objeto procuramos identificar.

Voltamos agora ao ponto inicial, o conhecimento jurídico, considerado em outro plano, não mais em si mesmo, mas no plano geral dos conhecimentos, com vistas a uma definição de seu lugar no contexto da sistemática geral das ciências.

A classificação mais comum das ciências as agrupa em duas categorias, ciências naturais e ciências do espírito. Os fundamentos dessa classificação foram sistematizados no século XIX por Bentham e Stuart Mill, servindo de base para a divisão do trabalho didático nas universidades.[6] A jurisprudência pertencia às ciências do espírito e era estudada juntamente com a teologia e, mais tarde, com a sociologia, economia política,[7] história política, história da civilização, psicologia e filosofia.

Essa ubiquação fez com que os métodos e conceitos utilizados nas ciências naturais fossem excluídos das ciências jurídicas. Isso, não obstante, durante o século XIX ocorreu uma reviravolta radical, quando os cientistas do espírito, deslumbrados com os progressos das ciências experimentais, efetuaram a transposição daqueles métodos e conceitos para seus próprios estudos.

Eis alguns exemplos de como ocorreu essa transposição. Em psicologia, os trabalhos de Wundt e Stumpf introduziram processos experimentais, abrindo caminho para a psicanálise. A sociologia, com a obra de Spencer e Schaffle, passou a ser concebida como o estudo de um corpo orgânico, a sociedade, em analogia com os estudos da natureza orgânica. Finalmente, a obra de Durkheim, *Règles de la méthode sociologique,* introduziu em sociologia conceitos próprios da biologia, chegando a considerar as manifestações da vida social como normais ou patológicas.

Como sói acontecer nos grandes movimentos intelectuais, não souberam, ou não puderam, aqueles cientistas, manter o equilíbrio, esquecidos de que as especificidades do seu objeto não se prestavam a uma total assimilação dos procedimentos das ciências naturais. Entretanto, verificaram-se alguns êxitos, com exceção talvez do direito, quando a impossibilidade de aplicação dos métodos experimentais e processos indutivos provocou o movimento do *ceticismo jurídico*, na Alemanha do século XIX.

A jurisprudência logo sentiu os efeitos desse movimento. Assim, Gierke nos apresenta uma teoria *orgânica* dos contratos; e Ihering, em sua obra clássica *A finalidade no direito,* fala em *mecânica social;* com *O espírito do direito romano,* Ihering inaugura a transposição para o direito do método da história natural, materializando de certa forma o jurídico e submetendo-o a uma regularidade científico-natural.

Tal transposição dos conceitos das ciências naturais para o jurídico não passou todavia de mera aparência, o que não impediu a errônea atitude de querer extrair princípios materiais do que era pura forma. Mas essa postura se revelou inadequada, pois o direito, fenômeno espiritual, é estranho aos conceitos das ciências naturais; o erro cometido engendrou consequências nefastas, servindo a transpo-

6. GERMANN, O. A. *Grundlagen der Rechtswissenschaft*, 1950, p. 212 e segs.
7. Idem, ibidem.

sição para fundamentar doutrinas políticas anti-humanidade, como a *teoria do espaço vital*, da *supremacia da raça* e outras que ainda surgem vez por outra.[8]

Não bastasse a constatação de que o fenômeno jurídico não se presta à consideração explicativo-causal das ciências naturais, a própria pesquisa nesse campo encarregou-se de evidenciar o erro, comprovando que, mesmo biologicamente, existe considerável diferença entre homens e animais. O homem, notadamente em sua vida intrauterina e nos primeiros anos, apresenta desenvolvimento biológico especial, totalmente diferente do desenvolvimento biológico dos animais. Estes estão aptos para a vida exterior logo após o nascimento, enquanto o homem ao nascer é um animal biologicamente inacabado, embora dotado de uma adaptabilidade aberta[9] que o conduz às formas de vida social. A criatividade livremente espiritual é decorrente do próprio instinto.[10]

Outra classificação, que traz a assinatura de Windelband, divide as ciências em generalizadoras e individualizadoras; aquelas incluem o que é válido para todos e para tudo, pesquisam o geral e o regular; estas, o que somente é válido para determinada categoria de objetos, estudam o especial, o anormal e o singular; protótipo da primeira espécie são as ciências naturais, da segunda, a história. Segundo essa perspectiva, a jurisprudência é ciência individualizadora, pois, ainda que lide com leis que se presumem válidas para todos, essa generalização não o é no sentido das ciências naturais, pois seu objeto é uma ordem jurídica determinada, um objeto histórico.

A classificação que veio a ser mais prestigiada foi a positivista. Auguste Comte introduziu o critério da hierarquia entre as ciências, conforme apresentassem elas, progressivamente, maior generalidade e menor complexidade no trato de seu objeto e nas relações de uns objetos com os outros. Dessa maneira, foram as ciências classificadas na seguinte ordem: matemática, mecânica, astronomia, física, química, biologia e sociologia. Em idêntico sentido, Spencer: matemática, mecânica, física, química, astronomia, geologia, biologia, psicologia e sociologia.

Em tais sistemas, o direito ocupa o lugar de parte da sociologia, o que não corresponde às dimensões do objeto, pois o conjunto das ciências jurídicas ultrapassa a consideração puramente sociológica.

Na verdade, o que pretendeu Comte foi estabelecer as bases para o tratamento científico da sociedade, o que o torna o criador da sociologia. Mas a tarefa a que se propôs foi tentada por Durkheim.

Outro critério de classificação, finalmente, procura identificar as tarefas de cada ciência sob um ponto de vista eminentemente prático. Temos então ciências

8. WOLF, Erik. *El problema del derecho natural*, 1960, p. 128.
9. MACHADO, João Baptista. *Antropologia, existencialismo e direito*, 1965, p. 3 e segs.
10. PORTMANN, Adolf. *Zoologie und das neue Bild des Menschen*, apud MACHADO, João Baptista, op. cit., p. 4.

descritivas e explicativas, as quais estabelecem e explicam o que aconteceu de fato ou foi observado, e as ciências crítico-valorativas e normativas, que determinam o que deve acontecer, entendido como sentido imputativo e não causal.

Se considerarmos a tendência em considerar determinadas ciências exclusivamente descritivas e explicativas, como as ciências naturais, a sociologia, a psicologia, bem como outras exclusivamente normativas e práticas, como as disciplinas técnicas, a medicina, a engenharia, a farmácia, a política econômica, a pedagogia etc., podemos classificar as ciências jurídicas em torno dessa linha de separação, segundo as respectivas finalidades. Assim, a história do direito e a sociologia jurídica são descritivo-explicativas de maneira prevalecente, enquanto a política do direito é normativa. Com a devida ressalva, também a jurisprudência é normativa enquanto seu objeto é o estabelecimento do direito positivo e a fixação das normas que *de lege lata* devem valer.

Pelo que vimos, a redução da jurisprudência a uma categoria científica estanque pode proporcionar uma visão errônea das reais dimensões do seu objeto. Além disso, para situar o direito no quadro geral dos conhecimentos, torna-se necessário apreciar em conjunto os critérios propostos para a classificação das ciências, pois o direito, consistindo em um fenômeno da vida espiritual, é ao mesmo tempo uma ciência individualizadora, cultural e normativa.

Daí que, para a localização adequada deste ramo do saber, é preferível utilizar como critério a metodologia prevalecente em cada grupo de ciências. Considerando a divisão dos objetos conforme a região ôntica à qual pertencem, as ciências se classificam em três tipos: *dedutivas* – matemática e lógica – correspondente ao método de estudo dos objetos ideais; *indutivas* – física, química, biologia e ciências naturais – cujo método se aplica aos objetos naturais; e *dialéticas* – ciências sociais em geral, inclusive as jurídicas – as quais espelham a cosmovisão dialética da sociedade, valem-se do método dialético e ocupam-se de objetos culturais.

Outra nomenclatura dimanada do mesmo critério permite classificar as ciências como *naturais*, *ideais* e *culturais*.

A inclusão do direito entre as ciências culturais decorre de duas premissas: a primeira é a que conceitua a cultura como o lugar do *valioso*, setor da natureza em que os valores se realizam; a segunda, a definição do direito como objeto de cultura.

3. As divisões da ciência do direito

Considerada a ciência do direito dentro da sistemática geral dos conhecimentos humanos, vejamos sua sistemática interna.

A jurisprudência compreende no mínimo três divisões: *teoria geral do direito*, *teoria jurídica do Estado* e *teoria do direito positivo*.

A teoria geral do direito reporta-se ao estudo do direito em sua universalidade, procurando definir os elementos que, no fenômeno jurídico, não estão circunscritos pelas fronteiras geográficas das normas nacionais, mas pretendem validade universal.

Pretende que seus conceitos estejam na base de todos os ordenamentos jurídicos positivos. Assim, de um lado, trata de elaborar uma *teoria da norma,* estudo que compreende a investigação da normatividade como forma exterior dos atos de conduta, definindo os caracteres das normas de direito e sua classificação. Envolve a pesquisa do direito objetivamente considerado, como ordenamento jurídico, suas fontes formais e os procedimentos de interpretação, integração e aplicação das leis, objeto da hermenêutica jurídica. Por outro lado, pretende elaborar uma teoria das interferências intersubjetivas de conduta, compreendendo o estudo da relação jurídica, seus elementos e tipologia. De certa forma, apresenta pontos comuns com o direito comparado, mas neste prevalece o enfoque dogmático, ainda que sua pesquisa seja sociológica e histórica, enquanto na teoria geral o enfoque tende a ser filosófico e analítico, objetivando a elaboração de princípios que poderão constituir pressupostos dos sistemas jurídicos em geral.

Pode-se, portanto, dividir a teoria geral do direito em três partes: *teoria geral da norma jurídica, teoria geral da relação jurídica* e *hermenêutica jurídica.*

A teoria jurídica do Estado refere-se a este como o órgão próprio das normas jurídicas, o que as cria, aplica e faz cumprir, e ainda, que executa as sanções previstas para a hipótese do não cumprimento. Dentro deste ponto de vista, relacionado com a norma de direito, é que o Estado se constitui em objeto de estudos de uma especialização da jurisprudência.

Há sempre o risco de uma confusão entre a teoria jurídica do Estado e a teoria geral. Esta é bem mais ampla e confunde-se com a ciência política, envolvendo noções de natureza sociológica e filosófica, administração e direito constitucional.

A teoria jurídica do Estado estuda seu objeto como específico da ciência do direito e pode traduzir-se numa aplicação da dogmática jurídica ao fenômeno estatal. Seu campo abrange desde a natureza do Estado como sujeito e objeto de direito e sua fonte de produção, até os diferentes modos de exercício do poder. Articulado com o direito público, são próprios dessa disciplina conceitos como os de paraestatalidade, supranacionalidade, territorialidade, soberania, divisão e independência de poderes.

Estuda igualmente as formas contemporâneas de organização estatal e suas tendências. A Organização das Nações Unidas (ONU), as organizações comunitárias tipo União Europeia e Mercosul, as organizações internacionais de Estados integram seu objeto.

Parte importantíssima da teoria jurídica do Estado é a investigação das formas de positividade das normas por ele estabelecidas e da possível coexistência de vários ordenamentos dotados de diferentes graus de positividade, dentro de um mesmo território estatal.[11] Esta pesquisa poderá levar ao próprio conceito de Estado e à sua identificação ou distinção com o direito. Outra implicação de tal ordem de investigação poderá conduzir a uma avaliação em termos jurídicos das sociedades formadas para fins ilícitos, à luz do direito positivo, ou da juridicidade de tais entidades.

A teoria do direito positivo parece inicialmente a própria essência do conhecimento científico do direito, pois estuda o sistema jurídico delimitado pelas fronteiras geográficas nacionais e circunscrito por fatores sociológicos e históricos. É a parte do saber que corresponde à dogmática jurídica.

Esta não considera a universalidade do objeto que estuda, mas fixa-se em determinado direito positivo circunscrito por critério geopolíticos. Em relação ao direito brasileiro, considera separadamente cada um dos ramos que constituem o direito público, o direito privado e o direito social do Estado brasileiro, bem como o desenvolvimento de cada um desses ramos através da jurisprudência e da doutrina. Cada ramo vem a constituir então uma disciplina jurídica. Mas o direito brasileiro é ainda considerado em seu conjunto, com características que o individualizam, que o distinguem de outros ordenamentos e que o aproximam dos demais sistemas jurídicos da família romanista.

Por razões de ordem histórica, sobretudo, dada a tradição que vincula o direito brasileiro ao sistema desenvolvido na Europa continental sob a influência do direito romano, estuda-se a teoria do direito positivo com base na divisão bipartite que agrupa os ramos do direito em dois grandes grupos, o direito público e o direito privado. As matérias jurídicas são apresentadas de maneira praticamente estanque, com perda da visão de conjunto do direito positivo e da consideração sistemática da jurisprudência como um todo, isto com grande prejuízo para o ensino jurídico nacional e para a cultura jurídica tupiniquim.

4. A enciclopédia jurídica

A visão orgânica e sistemática do direito positivo tem sido geralmente prelecionada na parte da disciplina de introdução denominada *enciclopédia jurídica*. Essa matéria é definida por Machado Neto como *epistemologia jurídica regional*, encarregada de examinar as possibilidades e os pressupostos de cada um dos ramos ou especializações do direito.[12]

A denominação *enciclopédia jurídica* é antiga e já serviu para rotular a disciplina introdutória dos estudos de direito. Já em 1638 veio a lume uma *Encyclope-*

---

11. REALE, Miguel. *Teoria do direito e do estado*, 2000.
12. MACHADO NETO, A. L. *Compêndio de introdução à ciência do direito*, p. 238.

dia Juris Universi, escrita por Hunnius, valendo ainda citar a *Syntagma Juris Universi,* de Gregorio de Tolosa, e o *Speculum Juris,* de Guglielmo Duranti (1275), de idêntica orientação.

Modernamente, a *enciclopédia jurídica* centralizou os estudos de Filomusi Guelfi, que a considerava verdadeira ciência a tratar do direito sob um ponto de vista unitário, síntese orgânica dos vários ramos do direito.[13] Trata-se de aplicação do postulado positivista sobre o papel da filosofia como *ancilla scientiarum.*

Como parte da introdução ao direito, a *enciclopédia jurídica* objetiva a visão de conjunto dos vários ramos em que o direito se classifica, tomando o seu conteúdo material como critério de classificação. Além disso, representa uma introdução a cada um desses ramos.

Não obstante essas tentativas de considerá-la estudo unitário autônomo, o conteúdo da enciclopédia jurídica confunde-se com a própria dogmática, no sentido de que esta comporta sua divisão em dogmáticas especiais, correspondendo a cada um dos ramos do direito positivo. Neste caso, a teoria geral do direito poderia constituir uma dogmática geral, mas o objeto dessa disciplina é muito mais amplo.

A divisão do direito em especializações é consequência da crescente complexidade das relações jurídicas, propiciada pelo desenvolvimento da civilização, o que exigiu regulamentação progressivamente maior, qualitativa e quantitativamente, das situações sociais.

A história da civilização nos revela que os sistemas jurídicos da antiguidade são gerais, surgindo, já num estágio adiantado de desenvolvimento dos povos, a técnica de produzir normas jurídicas por matérias especializadas. Mesmo entre os romanos, a quem se deve a distinção entre o público e o privado, os corpos legislativos aparecem como sistemas gerais: o *jus civile,* próprio dos cidadãos romanos, o *jus gentium,* comum aos povos não romanos e o *jus naturale,* o direito que a natureza ensina a todos os animais, *quod natura omnia animalia docuit*, as regras derivadas da natureza e que pairavam acima das divisões entre os povos.

O processo de divisão do direito adquire contornos nítidos na Idade Média, com a distinção entre o direito civil e o canônico, incrementando-se com o desenvolvimento autônomo do direito comercial, do direito penal e do direito internacional. Já nos tempos modernos surge o direito do trabalho, tendendo a uma diversificação cada vez maior.

Nos países da Europa continental, a divisão entre o público e o privado é basilar e corresponde a um autêntico esquema condicionador do pensamento jurídico. É a *summa divisio.*

Já na Grã-Bretanha a divisão do direito leva em conta a formação histórica das normas elaboradas através do costume, a *common law*, e outras introduzidas pelo antigo tribunal da chancelaria do rei, normas denominadas *equity.*

13. AFTALIÓN, OLANO e VILANOVA. *Introducción al derecho*, p. 97.

Quando se fala em direito privado tem-se em mira sobretudo o direito civil, mas também o direito comercial e certas normas de direito industrial e bancário, bem como direito do trabalho. A propósito, frequentemente, sobretudo nas atividades legislativas, a expressão direito civil, ou *lei civil*, é empregada não somente no sentido das regras jurídicas desta espécie válidas para todos os cidadãos, mas também abrangendo todo o campo do direito privado.

Ao direito público pertencem o direito do Estado em geral, abrangendo o direito constitucional e o administrativo, bem como o internacional público e o impropriamente chamado direito internacional privado, que de fato é a dogmática voltada para os conflitos de leis no espaço, o chamado "direito interterritorial".

Pertencem ainda ao direito público o direito penal, o direito processual civil e penal, e alguns desdobramentos do direito administrativo, como o direito fiscal, subdividido em financeiro e tributário. Os limites não são bem nítidos e, com o desenvolvimento da administração governamental, o direito público passa a ocupar-se de inúmeras relações tradicionalmente vinculadas ao privado. É o que ocorre com o direito sindical, o aeronáutico e o da navegação, e com a legislação bancária, sob a égide do planejamento econômico governamental.

Qual o alcance, porém, dessa oposição entre o público e o privado? Ela representa muito mais que um mero princípio de organização e tem reflexos na prática jurídica, assumindo especial significado para as decisões sobre determinadas questões de aplicação e interpretação do direito. Assim, na administração governamental *indireta*, assume especial relevância a definição da natureza jurídica pública ou privada de seus órgãos, pelas consequências no que concerne às suas obrigações fiscais e tributárias e regime de pessoal. Um dos problemas emergentes é a da natureza jurídica das fundações instituídas pelo Estado.[14]

5. Direito público, direito privado e direito social

A separação entre o público e o privado e a divisão do direito positivo em ramos é característica dos sistemas jurídicos romanistas. Encontra suas origens nos romanos, sendo a definição exarada por Ulpiano no primeiro livro do Digesto a exposição mais expressiva do entendimento que se tinha de ambos: *Publicum jus est quod ad statum rei romanae spectat, privatum quod ad singulorum utilitatem pertinet.*[15] O direito público diz respeito à organização da coisa pública, a *res romana*, o privado, ao interesse dos particulares.

---

14. FRANCO SOBRINHO, Manoel de Oliveira. *Fundações e empresas públicas*, 1972; OLIVEIRA, José Lamartine Corrêa de. "A Parte Geral do Anteprojeto do Código Civil Brasileiro". In: MP, 1973, item 4.1.

15. Digesto, I, 1, 52, *De justitia et de jure.*

Todos os sistemas influenciados diretamente pelo direito romano mantiveram essa separação entre uma ordem jurídica referida à coisa pública e outra referida às relações privadas. Os diversos ramos do direito positivo que se foram historicamente formando seguiram esse critério, os ramos do direito público tendo o Estado como denominador comum e os ramos do direito privado referindo-se à pessoa particularmente considerada.

Trata-se de fato histórico, cujos fundamentos não são tão simples como à primeira vista parece, ainda mais se considerarmos que no mundo moderno aos poucos desaparece a fronteira entre o individual e o estatal. Ante a insuficiência da distinção tradicional herdada dos romanos, passa a ser problema central a determinação de um critério capaz de fundamentar científica e racionalmente a divisão bipartite.

As dificuldades para estabelecer a separação entre o público e o privado decorrem da inexistência de fronteiras nítidas entre os interesses do Estado e os dos particulares, que frequentemente se confundem. Existem atos jurídicos emanados de pessoas tipicamente de direito público, que assumem formas peculiares ao direito privado. Além disso, frequentemente o Estado intervém nas relações entre particulares como se fora um particular e no mesmo plano de igualdade jurídica, por exemplo, acionista de uma empresa.

No plano ideológico, à medida que se hipostasia o Estado como entidade real, pode-se aludir a organismos sociais intermediários, como a família, os sindicatos, as grandes organizações empresariais mundiais, que integram os indivíduos e assemelham-se ao Estado, sendo contudo considerados entidades privadas.[16]

Mas a maior dificuldade para a distinção é mais prosaica. É a mera constatação de que tal divisão é meramente histórica e, não sendo necessidade lógica nem ontológica, pode deixar de ser adotada, se a evolução da ciência jurídica se fizer no sentido da unificação ou admitir novos critérios de divisão. É o que ocorre na atualidade, com o crescente desvanecimento do Estado como órgão próprio da nomogênese jurídica, em face do fenômeno da globalização e da crescente informatização das relações jurídicas.

Sobre esse problema, as opiniões repartem-se entre os que admitem a distinção e os que a negam. Os primeiros subdividem-se entre os que fundamentam a distinção no conteúdo material das respectivas normas e aqueles que adotam critérios puramente formais. Chamaremos ao primeiro grupo *teorias substancialistas* e ao segundo *teorias formalistas.*

Podemos classificar entre as substancialistas a *teoria do interesse*, a *teoria teleológica* e a *teoria da conduta*.

A primeira é derivada da distinção romana. Seu fundamento é a contraposição entre o interesse geral, identificado com o do Estado, e o particular, conside-

---

16. COELHO, Luiz Fernando. *Saudade do futuro*, 2001.

rados necessariamente opostos, reflexo da oposição entre o indivíduo e a coletividade.

São evidentes as dificuldades para separar e opor ambas as esferas de interesse. No plano prático, isso se torna cada vez mais difícil, entre outras razões, pela impossibilidade de hierarquizar os interesses dos indivíduos e das várias organizações que compõem a sociedade, como a família, as associações, os sindicatos, os partidos políticos e as entidades paraestatais. Donde certa tendência a relativizar a oposição e conferir-lhe elasticidade, estabelecendo como fundamento da distinção o interesse prevalecente. O direito público privilegiaria o interesse geral, sem descurar dos interesses dos particulares, o privado daria maior ênfase ao individual.

Ora, saber em determinada relação jurídica se está em jogo o interesse coletivo ou se é o individual que deve ser tutelado, depende muito mais do intérprete, de seu ponto de vista pessoal, do que do conteúdo das normas e das relações jurídicas.

Acresce que hoje em dia já não se identifica o interesse da sociedade com o do Estado, pois ocorrem interesses coletivos e difusos que muitas vezes são e devem ser exercidos contra o interesse do Estado, ao menos de seus representantes. A proteção dos direitos humanos, as exigências da preservação ambiental e do patrimônio cultural, a proteção da sociedade contra a corrupção e a bandalheira de agentes públicos que colocam a administração a seu serviço, tudo isso está a identificar interesses sociais que apenas em parte coincidem com os do Estado, numa sociedade complexa e democrática.

As deficiências da teoria do interesse motivaram a busca de outros critérios.

Savigny e Stahl identificaram-no no critério teleológico, a prevalência das finalidades das regras de direito. O direito público tem como fim o Estado e, no privado, o Estado é apenas um meio para atingir o seu fim, os indivíduos; estes, em relação ao direito público, são considerados secundariamente, como membros da organização social, ao contrário do privado, que os considera individualmente. Assim, certas relações jurídicas têm por fim a satisfação das necessidades individuais, ao passo que outras procuram estabelecer a união dos homens sob um mesmo governo, fazendo-os viver nessa unidade. Do mesmo modo, Ahrens, embora considere o indivíduo como fim último do direito, leva em consideração o fim imediato, o Estado e o indivíduo, para o público e o privado respectivamente. Também Ihering vincula-se a esta corrente, quando classifica as regras de direito conforme se destinem a proteger os interesses do indivíduo, da sociedade e do Estado; sua concepção finalística aparece nas entrelinhas da sua concepção da propriedade individual, social ou pública.

A concepção finalista não resolve o problema da participação do Estado nas organizações típicas de direito privado, como as sociedades comerciais e as fundações, nem o dos atos jurídicos praticados pelo Estado sob formas peculiares ao direito privado, no qual o Estado se torna o fim, no mesmo plano de igualdade dos indivíduos, de normas jurídicas privadas; outras objeções põem em relevo as falhas da concepção finalística, de maneira tão incisiva quanto à da doutrina do interesse; a existência de fins públicos substancialmente diferentes dos fins privados é dubitável da mesma maneira como se questiona a existência de interesses individuais; além disso, a determinação dos fins de direito não é absoluta, mas condicionada a critérios ideológicos e personalistas, não podendo, por conseguinte prestar-se como fundamento da *summa divisio*.

Abandonando os critérios tradicionais do interesse e o da finalidade, alguns autores têm procurado estabelecer como critério distintivo o tipo de conduta normativamente conceptualizada. Observa Saraiva que, na existência exterior do homem, distinguem-se como fenomenologias bem diferenciadas as simples relações entre indivíduos e a integração desses em comunidades. A relação se manifesta na existência interpessoal ou interindividual em que os indivíduos, obedecendo ao princípio da autonomia, a rigor interdependência, das vontades, renunciam à sua autonomia na medida em que aceitam a lei externa; a integração, ao contrário, é própria da existência transpessoal, caracterizada pela dependência e pela heteronomia em grau progressivamente maior, na proporção em que ocorre a substituição da existência em si (moral), pela existência em função dos outros (direito). Ora, em termos extremados, a existência interpessoal é o reino do direito privado, o qual objetiva a relação de interdependência dos sujeitos; a existência transpessoal é o reino do direito público, com o fito de integrar o indivíduo nas estruturas sociais. Assim como, na relação lógica de extensão e compreensão, quanto maior for aquela menor será a compreensão dos seus elementos, quanto maior for a estrutura integrativa menor será a autonomia dos seus membros, passando gradualmente da moral (autonomia) para o direito privado (heteronomia relativa ao grau de interdependência) e desse para o direito público (heteronomia absoluta e dependência). Isso explica as dificuldades em efetuar a colocação, no direito privado ou no direito público, das instituições intermediárias entre o indivíduo e o Estado, como a família e os sindicatos, por exemplo.[17]

Mais numerosos são os critérios baseados na forma assumida pelas relações jurídicas. As teorias que os acatam denominam-se, por isso, formalistas.

O primeiro destes critérios tem sido a natureza das relações jurídicas. A esta corrente filia-se uma plêiade de renomados juristas, entre os quais, Radbruch, Thon, Jellinek, Enneccerus, García Máynez e Legaz y Lacambra. As relações estabelecidas pelas normas jurídicas podem ser de duas espécies: coordenação e subordinação.

---

17. SARAIVA, José H. *Lições de introdução ao direito*, 1962-1963, p. 257.

As primeiras, cujos sujeitos estão em pé de igualdade, são estabelecidas pelo direito privado, as segundas, onde um dos sujeitos aparece revestido de autoridade ou *imperium*, constituem o âmbito do direito público.

Dentro dessa concepção, afirma-se que as normas de direito público atribuem ao Estado a faculdade de aplicar a sanção, na hipótese de inadimplemento, agindo de ofício, o que não ocorre com as de direito privado, cuja sanção deve ser requerida ao Estado pelos particulares. Os ordenamentos jurídicos contemporâneos deixam entrever a deficiência deste critério em inúmeras situações previstas no direito criminal, no qual a ação processual penal somente se instaura a pedido dos interessados, muito embora tenham as autoridades conhecimento do fato criminoso. Além disso, existem sanções civis que somente se aplicam, na maioria dos casos, a pedido do particular, como a indenização pelo prejuízo sofrido em decorrência do inadimplemento de uma obrigação contratual.

Bastante prestigiada tem sido a tese de Korkounov sobre as normas distributivas e adaptativas: o direito privado, que poderia chamar-se direito distributivo, objetiva a repartição dos bens entre os indivíduos e o direito público, ou direito adaptativo, a adaptação das coisas ao uso comum.[18] Observa Bunge que, muito embora a teoria de Korkounov se aplique preferentemente aos direitos patrimoniais, pode abranger todas as espécies de direitos subjetivos. A teoria é, porém, obscura no concernente ao direito penal, pois a aplicação de sanções criminais aos indivíduos são atos distributivos, embora de direito público. O que ocorre, declara Aftalión, é que em toda relação jurídica aparecem elementos distributivos e adaptativos coimplicados.[19]

O mesmo Aftalión propõe critério bastante próximo ao de Jellinek, pois coloca ênfase na situação de superioridade em que o Estado se encontra no mundo jurídico.

A possibilidade de determinar unilateralmente a obrigatoriedade de certas condutas é que caracteriza o Estado como sujeito de direito público; são, portanto, de direito público as normas que regulam diretamente o uso da coação, estabelecendo sua licitude ou ilicitude, como também as normas que estabelecem os órgãos e os procedimentos de criação de normas obrigatórias, independentemente de todo consentimento por parte do obrigado. Por exclusão, infere-se que as normas de direito privado são as que não entram em nenhuma das categorias compreendidas na conceituação do direito público. O critério adotado por Aftalión tem a vantagem de basear-se em situações fáticas e, portanto, poder adaptar-se às mutações históricas; não oferece, todavia, segurança científica que possibilite justificar a necessidade da *summa divisio*, além do fato de que nada impede que, ar-

---

18. KORKOUNOV, N. M. *Cours de théorie générale du drot*, 1914.
19. AFTALIÓN, OLANO e VILANOVA, op. cit., p. 505.

tificialmente, se criem normas destinadas ao direito privado utilizando-se dos procedimentos peculiares ao direito público.

O critério da autonomia e heteronomia do direito tem estado mais ou menos implícito em diversas correntes do pensamento jurídico e jurisfilosófico de orientação contratualista, especialmente Kelsen.

Este considera o direito substancialmente uno, mas, em face da necessidade prática da distinção, preconiza como critério o modo de constituição do dever jurídico. No direito público, que se funda no princípio da heteronomia dos sujeitos, o dever jurídico é estabelecido por determinação do Estado, o que não ocorre com o direito privado, fundado na autonomia, em que o dever jurídico se constitui pelo concurso de ambos os sujeitos, em igualdade de condições.

Outro critério formalista diz respeito ao modo como as normas jurídicas se fazem valer. O direito público se aplica por ato da administração pública, *ex officio*, enquanto o direito privado se aplica por ato dos próprios interessados; assim diz-se que o público é cogente, ou coercivo, ao passo que o direito privado é em princípio de natureza dispositiva, *jus dispositivum*. Ora, tal critério não encontra amparo nos fatos da vida jurídica, pois um número considerável de disposições privatistas é considerado *jus cogens*.

Muitos juristas reputam essa distinção entre o direito público e o privado eivada de inconveniências, seja por não estar suficientemente amparada em fundamentos científicos, seja por não corresponder à realidade da vida jurídica. Assim, a tese do direito uno e indivisível vai ganhando adeptos. De Los Rios considera que o público e o privado nada mais são do que aspectos diversos e modos de consideração do mesmo fenômeno. Adolfo Posada demonstra que ambos os compartimentos se referem aos indivíduos, que são os únicos e verdadeiros sujeitos de direito e que, embora a distinção entre as duas esferas assuma certa relevância, não responde a exigências universais e permanentes, nem constitui um critério adaptável a todas as circunstâncias.[20]

A concepção institucionalista de Hauriou e Rénard igualmente conduz à unificação das duas esferas. As instituições, instrumentos de criação jurídica autônoma, aparecem tanto no público quanto no privado, chegando Rénard a preconizar um direito constitucional privado, referindo-se à organização das instituições de direito privado.

Também Duguit constata uma unidade substancial entre ambos os compartimentos. Sendo suas fontes essencialmente as mesmas, seu estudo requer o mesmo espírito de justiça e idêntica metodologia. Não existem pessoas ou atos de direito público ou privado, pois somente os indivíduos são sujeitos de direito, e os atos jurídicos emanam da mesma vontade humana.[21]

20. Idem, ibidem.
21. DUGUIT, Léon. *Traité de droit constitutionnel*, 1921.

A tese da unidade substancial do direito tem sido reforçada pela própria evolução das instituições jurídicas, pois muitas delas não comportam mais o enquadramento dogmático no esquema bipartite tradicional. Na verdade, a unidade do direito depreende-se simplesmente do caráter histórico da *summa divisio*, pois nada impede que ocorra o abandono dessa classificação e que outros critérios sejam adotados. A divisão bipartite é apenas uma classificação a mais, além de inúmeras outras que têm sido propostas, entretanto, cercada de um maior prestigiamento, por razões históricas que nada têm de essenciais.

No mundo atual, a vida jurídica torna-se cada vez mais complexa e tende a ignorar a presença do Estado em muitos tipos de relações jurídicas. Novos ramos do direito parecem afastar-se de sua subordinação ao direito positivo, instalando-se autêntico pluralismo na criação de novas normas. Isso, não obstante, aceita a necessidade de estabelecer-se um critério distintivo, por coerência com o sistema jurídico ao qual pertencemos, cuja positividade gira em torno desses dois aspectos, é preferível considerar o tipo de conduta tutelada, a qual caracteriza relações interpessoais e relações de integração.

O direito privado é a disciplina jurídica do relacionamento das pessoas dotadas do mesmo grau de autonomia e interdependência, e o direito público, a disciplina jurídica da integração da pessoa nas organizações sociais que a ultrapassam.

A existência de organizações intermediárias entre o indivíduo e o Estado, as quais no mundo atual tendem a autonomizar-se do ponto de vista de suas relações com o Estado, este mesmo considerado uma organização integrativa de indivíduos, leva a admitir o direito social como *tertium genus*.

Partindo do pressuposto de que a divisão bipartite responde às atuais necessidades didáticas e da práxis forense, sem embargo da existência de aspectos que possam ser considerados de direito público ou privado nos institutos de cada ramo, oferecemos o seguinte esquema:

- *Direito público*: internacional público, internacional privado, constitucional, administrativo, penal e processual.
- *Direito privado*: civil, comercial, trabalhista.

A distribuição dos ramos obedece ao sentido do desenvolvimento histórico das instituições. Entretanto, o direito civil, embora tenha se formado posteriormente ao comercial, é tido como o direito privado por excelência. Tal precedência deve-se ao processo de racionalização do direito, que procurou construir o direito privado a partir de princípios analiticamente inferidos do direito natural racionalista. Sendo o contrato civil uma lei entre as partes, os outros tipos de contrato seriam também vistos como especificações da regra geral, o *pacta sunt servanda* do contrato civil. Deve-se porém observar que que o conteúdo do *jus civile* romano era extremamente diverso do que hoje constitui o direito civil. Os outros ramos do direito privado destacaram-se do direito civil para regrar as relações de determinadas classes de sujeitos, assim, de modo geral, os comerciantes e os trabalhadores subordinados, restando o direito civil como autêntico *jus commune*, aplicando-se subsidiariamente nas situações ocorridas fora do âmbito do comercial e do trabalhista.

Devem ser registradas algumas tentativas de sistematização dos ramos do direito que se afastaram da *summa divisio*, direito público e direito privado.

O romantismo alemão do início do século XX, a partir da ideologia da "alma do povo", do "espírito da nação", levou a uma classificação das matérias do direito em três partes, incluindo entre as duas tradicionais uma terceira, formada pelo direito das corporações ou direito social, compreendendo a regulamentação jurídica de associações, empresas, sindicatos e assemelhados.

Esse direito das pessoas coletivas reveste-se de caráter especial, porquanto envolve regras de organização e hierarquia análogas às do direito público, e estabelecem com as pessoas naturais relações de subordinação. Por outro lado, os fundamentos jurídicos dessas relações e das formas de organização pertencem ao do direito privado. Tal classificação procurou colocar no devido lugar, dentro da sistemática do direito, os resultados do desenvolvimento da jurisprudência no século passado; este *devido lugar* era encarado romanticamente com um certo saudosismo histórico, remontando-se ao papel que as coletividades desempenharam na Idade Média, e que o direito moderno traduziu em termos de público e privado.

A criação de um *tertium genus* respondeu ao surgimento de novos ramos do direito, entre os quais o direito aeronáutico, o do espaço cósmico, o direito da educação, o da energia atômica etc. Adotando esse ponto de vista, Martin Perez, adota a seguinte classificação:[22]

- Direito público: internacional público, político ou constitucional, administrativo, penal e processual em suas diversas formas.
- Direito privado: civil, mercantil e internacional privado.
- Direito misto: do trabalho, econômico penal e privado, pretendidos direitos de classe (profissional e sindical, corporativo), aeronáutico, do espaço cósmico, da energia atômica.

Esta opinião, que encontra eco nos estudos contemporâneos do direito, é fundada principalmente no fato de que a divisão em ramos responde a uma tradição do estudo e do ensino do direito. A consideração dos ramos domina a especialização científica, a divisão didática em matérias e a separação das regras jurídicas em códigos, servindo ainda para dividir a competência dos tribunais.

22. PEREZ, Pascual Martin. *Manual de introducción a la ciencia del derecho*, p. 230.

No mesmo sentido, Afonso da Silva considera o direito social, compreendendo o trabalhista e o previdenciário, um meio-termo entre o direito público e o privado.[23]

Mas há outras razões de natureza substancial que levam ao abandono da divisão bipartite.

Um dos fundamentos da separação entre o público e o privado é a atribuição ao Estado de *jus imperii* que o coloca em plano superior ao dos indivíduos e organismos intermédios. Assim, diz-se que o interesse do Estado, por identificar-se com o da coletividade, prevalece sobre os interesses individuais. Essa postura ideológica repercute na prática, por exemplo, atribuindo-se aos atos administrativos presunção *juris tantum* de legalidade e veracidade, com inversão do ônus da prova e concedendo-se privilégios processuais aos representantes judiciais do Estado. Entretanto, na medida em que se amplia o âmbito de exercício dos direitos subjetivos, com a admissão de direitos difusos, ocorre a tendência a restringir o *jus imperii*, entendendo-se que o interesse maior da coletividade prevalece sobre o do Estado.

A noção de interesses difusos, aliada à maior importância atribuída aos direitos humanos e aos de cidadania, repercute num dos pressupostos basilares do direito público, a separação tripartite dos Poderes do Estado. O que antes era separação no sentido de independência e ausência de subordinação, torna-se cada vez mais integração e, com a independência que hoje se concede ao Ministério Público e aos tribunais de contas, estrutura-se um quarto Poder, independente dos demais, com a atribuição de fiscalizar as ações dos membros dos outros Poderes e zelar pelos interesses da coletividade, defesa dos direitos humanos e da cidadania e outros.

Daí a existência de três ordens de relações jurídicas: as que envolvem o Estado como *jus imperii*, correspondendo ao direito público, as que envolvem as relações estritamente privadas, o direito privado, e as que envolvem direitos difusos e interesses comunitários, *direito social*. Este compreende os direitos do trabalho, da previdência pública e privada e o direito consumerista.

Nos países anglo-saxões atribui-se importância menor às divisões imperantes no direito continental e, por razões também de ordem histórica, classifica-se basicamente o direito em *statute law*, que corresponderia ao direito legislado, e *common law*, correspondente ao direito consuetudinário, judicial ou de precedentes. Como já vimos, a principal diferença entre o sistema anglo-saxão e o romanista está no modo de conceber-se a regra de direito. Em nosso sistema, como um comando geral e abstrato, acima das situações concretas e, na *common law*, como regra atuante ao nível das situações concretas.

---

23. SILVA, José Afonso da. *Curso de direito constitucional positivo*, 1993, p. 35.

6. Os ramos do direito positivo

Para uma visão de conjunto dos ramos do direito positivo, podemos considerar o seguinte:

- Pertencem ao direito público, o constitucional, administrativo, penal, financeiro, tributário, o internacional, envolvendo o público e o privado, e o processual, subdividido em processual civil, processual penal e processual trabalhista.
- Pertencem ao direito privado, o direito civil, o comercial e o empresarial, abrangendo o direito bancário e o securitário.
- Pertencem ao direito social, o trabalhista, o previdenciário, abrangendo o público e o privado, e o consumerista.

Ramos do direito positivo

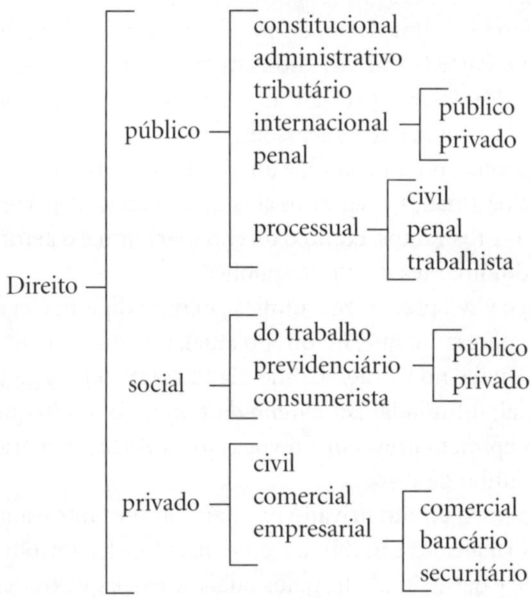

Os ramos do direito público abrangem de modo geral as situações nas quais se faz abstração das individualidades e se trata a coletividade como um todo. Contempla-se o tratamento jurídico das entidades internacionais e supranacionais, bem como a vida da nação em seus vários aspectos. Contempla-se também o ilícito penal e o processo, que dizem igualmente respeito à sociedade global, tendo sido ultrapassada, na história da civilização, a época em que a persecução ao crime era exercida pelo particular, por meio das várias formas de vingança privada admitidas nas sociedades primitivas e medievais.

Procuraremos a seguir, sinteticamente, conceituar cada um dos ramos do direito, apresentados no esquema *supra*.

O direito civil, núcleo do direito privado, disciplina as relações interpessoais, em igualdade de condições. Regulamenta a personalidade individual e coletiva ou institucional, através das noções de pessoas físicas ou naturais e pessoas jurídicas ou morais. Estabelece as condições em que as pessoas atuam como sujeitos de direitos subjetivos e obrigações, como titular de um patrimônio que podem adquirir e transmitir *inter vivos* e *mortis causa* e como fundadoras e membros de uma família.

No direito civil brasileiro, o antigo Código Civil, de 1916, além de uma Parte Geral relacionada com as pessoas, os bens e os fatos jurídicos, destacava as normas especiais relativas à família, às coisas, às obrigações e às sucessões.[24] A introdução de uma Parte Geral no Código Civil e nas outras codificações respondeu historicamente à necessidade de definir conceitos gerais subjacentes às valorações jurídicas especiais.

O novo Código Civil Brasileiro, de 2002, que entrou em vigor a 11 de janeiro de 2003, mantém a Parte Geral, dividida em três partes: das pessoas, dos bens e dos fatos jurídicos. Na Parte Especial, trata sucessivamente das obrigações, da empresa, das coisas, da família e das sucessões.

O direito comercial, ou mercantil, é um direito da classe dos comerciantes, reunindo as normas destinadas a regrar os atos de comércio. A partir do direito mercantil formam-se outros ramos, como o direito marítimo e o aeronáutico, os quais têm aspectos predominantes de direito público.

O novo Código Civil preconiza a unificação num diploma legislativo único de toda a atividade empresarial que, no direito atual, está disciplinada de maneira esparsa no Código Civil e no Código Comercial. Essa matéria está tratada no Livro II da Parte Especial, intitulada, *Do Direito da Empresa*, sendo que as disposições transitórias do anteprojeto preveem a revogação da Parte Primeira do Código Comercial, de 25 de junho de 1850.

Destaca-se no novo direito privado brasileiro importante transformação ideológica. Contra o formalismo e individualismo da antiga lei, introduzem-se os princípios da eticidade e da socialidade, pelos quais se exige que os negócios jurídicos sejam firmados, interpretados e executados com probidade e boa-fé, respeitando-se os usos do lugar de sua celebração.[25]

Além disso, a lei civil absorve algumas das novas teses que procuram afastar a prevalência da vontade individual sobre o interesse social, tal como a teoria do

---

24. Código Civil Brasileiro, Lei n. 3.071, de 1º de janeiro de 1916.
25. REALE, Miguel. *Visão geral do Novo Código Civil*, 2001.

abuso do direito e a da desconsideração da pessoa jurídica, conhecida como a *disregard doctrine*.[26]

O direito do trabalho formou-se durante o século XIX, no contexto da Revolução Industrial.

A situação precária da classe operária evidenciava a ineficácia dos princípios tradicionais do direito civil, especialmente em matéria contratual, quando aplicados às relações entre patrão e empregado; e o direito do trabalho constituiu uma resposta jurídica à necessidade de proteger o assalariado contra os abusos que a concentração de riqueza nas empresas industriais propiciava. Surgiu, assim, como direito de classe, a dos trabalhadores, entendidos como tais as pessoas que exercem trabalho subordinado.

O rápido desenvolvimento do direito trabalhista e a extensão de seus princípios a outras categorias de trabalhadores levaram à paulatina formação de outro ramo, o direito sindical, cuidando especialmente da organização jurídica das instituições que almejavam a reunião de trabalhadores para a defesa de interesses comuns. Por outro lado, dentro do direito administrativo desenvolveu-se um ramo relacionado com o direito trabalhista, no sentido de estar igualmente vinculado à proteção das classes menos favorecidas: o direito previdenciário, o qual se articula com o direito securitário. A reunião de ambos forma o direito da seguridade social.

Dada a interdisciplinaridade dessas ramificações do direito do trabalho, bem como suas articulações com o direito público e o privado, muitos autores, entre os quais o destas aulas, preferem resumir todos esses ramos sob uma única nomenclatura, o direito social,[27] embora alguns falem em direito misto. Outros, porém, os colocam no direito público, dada a importância crescente que assume para a atividade do Estado contemporâneo, a proteção das relações de trabalho, cujas normas tendem a transformar-se em *jus cogens*, deixando de ser consideradas dispositivas, caráter que herdaram da filiação originária da matéria trabalhista ao direito civil.

Dentro do direito público, as normas reguladoras da atividade do Estado devem ser consideradas no âmbito interno e externo, como partícipe da comunidade internacional.

O direito internacional público regulamenta as relações entre Estados soberanos, como membros da sociedade internacional. É o direito dos tratados e das organizações internacionais e supranacionais, sendo que atualmente assume particular interesse o direito das comunidades econômicas, especialmente o da União Europeia. Esta se desenvolve com tal rapidez que já se manifesta a tendência a for-

---

26. GONÇALVES, Oksandro O. *A desconsideração da personalidade jurídica no novo Código Civil*. In: *Jurisprudência Brasileira*, 2002, p. 9-15.
27. CESARINO Jr. Antonio Ferreira. *Direito social brasileiro*, 1963.

mar uma federação dos antigos Estados europeus, com economia integrada e moeda única, jurisdição própria e centralização governamental para as decisões mais importantes. Pode-se mesmo falar em direito europeu no mesmo sentido em que se fala no direito das nações. Igual tendência preside a formação de um direito do Mercosul, servindo a União Europeia de modelo para outras organizações internacionais semelhantes.

O direito internacional privado regula e estuda as formas de solução de conflitos de leis no espaço. Muitos autores o inserem no direito privado, pois os conflitos interterritoriais de leis ocorrem geralmente em torno de relações entre pessoas de diferentes nacionalidades, dando a falsa impressão de que esse ramo do direito é uma especialização do direito civil. Por outro lado, no direito brasileiro as principais normas solucionadoras de conflitos de leis estão na Lei de Introdução às normas do Direito Brasileiro.[28] Mas não são as relações em si o objeto desta disciplina, mas as soluções que a ciência jurídica propõe ao problema dos conflitos de leis, inclusive as condições sob as quais o juiz pode aplicar a lei estrangeira nas lides sob sua jurisdição, problema da extraterritorialidade das leis. Por isso tem sido acerbamente criticada a nomenclatura tradicional, pois o chamado direito internacional privado não é nem internacional nem privado; como denominação mais adequada, propõe-se direito interterritorial, pois se preconiza a aplicação dos princípios dessa disciplina, inclusive para a solução de conflitos de legislação entre Estados ou províncias de uma federação.

O direito constitucional estuda e regulamenta a estrutura do Estado, conceituando juridicamente o tipo adotado pela nação, define a forma de governo e as relações interestatais no âmbito federativo. É também a especialização que define os direitos e garantias individuais, os direitos humanos, bem como as condições básicas de exercício dos direitos da nacionalidade e da cidadania, os direitos políticos.

Na atual Constituição brasileira, de 1988, destaque deve ser dado às cláusulas pétreas, as quais não podem ser objeto de revisão constitucional.

O direito administrativo disciplina a atividade do Estado e o desenvolvimento da organização estatal com vistas ao cumprimento de suas finalidades.

Diversas ramificações têm-se destacado do direito administrativo, tais como, o direito financeiro, o tributário e o econômico. Pretende este abarcar todas as formas de intervenção estatal no domínio econômico privado, inclusive com um aspecto penal, no objetivo de restabelecer a ordem jurídica perturbada por delitos econômicos, por exemplo, lavagem de dinheiro e evasão de capitais.

O direito penal regula a faculdade atribuída ao Estado para apurar e punir os crimes e contravenções, sendo que estas constituem atos criminais de menor gravidade. Sendo monopólio do Estado a aplicação das sanções às infrações às leis

28. Decreto-lei n. 4.657, de 4 de setembro de 1942, com a redação dada pela Lei n. 12.376/2010.

penais, este ramo tipifica os atos delituosos, objetivando a defesa da coletividade. Procura-se destarte restabelecer a ordem perturbada por tais atos.

Finalmente, o direito processual, também chamado judiciário, refere-se à atividade dos órgãos do Poder Judiciário do Estado, juízes e tribunais, no sentido de tornar formalmente efetiva a realização do direito. Este aspecto motivou a expressão *direito adjetivo*, com que se identifica o caráter acessório e instrumental do direito processual,[29] em relação aos demais ramos, cujas regras constituem direito substantivo ou material.

Tradicionalmente, o direito adjetivo é dividido em processual civil e penal, tratando respectivamente dos processos de conhecimento e execução relacionados com lides de natureza cível e com o julgamento dos que cometem infrações criminais. Incluem-se também normas relativas ao processo cautelar, visando prevenção de atos que possam representar dano ou perigo aos direitos das pessoas.

Com a complexidade crescente das novas ramificações do direito substantivo, surgem novas especializações do direito processual. Uma destas é o direito judiciário do trabalho, que já goza de autonomia, embora seus pressupostos fundamentais estejam calcados no processo civil, o qual se aplica subsidiariamente.

Estes, os ramos tradicionais e que normalmente constituem as disciplinas nas Faculdades de Direito do país.

---

29. DINAMARCO, Cândido Rangel. *A instrumentalidade do processo*, 2003; PAULA, Jônatas Luiz Moreira de. *Teoria geral do processo*, 2002, p. 148 segs.

Quarta Aula
O conceito do direito

Sumário: 1. O conceito linguístico e ontológico do direito. 2. Idealismo e realismo. 3. Normativismo e institucionalismo. 4. Jusnaturalismo e juspositivismo. 5. A compreensão dialética do direito.

1. O conceito linguístico e ontológico do direito

Independentemente do conhecimento técnico ou científico que possamos ter do direito, sabemos quase intuitivamente que se trata de algo bastante familiar, presente em nossas vidas desde que nascemos, que nos acompanha durante toda a existência e produz efeitos mesmo após a morte. O nascimento, a infância, a adolescência, a maioridade, o matrimônio, a constituição da família, a fundação de uma empresa, a organização de uma sociedade, a aquisição de bens para consumo, a compra e venda de um imóvel, a utilização de um meio de transporte, o recebimento de uma herança etc., são exemplos de fatos corriqueiros de nosso dia a dia em que o direito se faz presente. O furto de um relógio, o roubo de um banco, o homicídio, o julgamento de um acusado, a penalidade que lhe é imposta etc., são outros tantos exemplos que nos revelam quanto o direito nos envolve.

Vulgarmente, entendemos o direito como sinônimo de lei. Após alguma vivência e leituras, as pessoas leigas acabam por entender que o direito é o conjunto das leis de um país. Mas quando ingressamos na Faculdade de Direito, esta simples noção já não satisfaz, pois o acadêmico de primeiro ano de imediato se depara com uma disciplina que, atualmente, leva o nome de "introdução ao estudo do direito", e que era chamada "introdução à ciência do direito".

Sabe-se então que o direito é objeto de um saber que se pressupõe científico, o que, desde logo, suscita dois enfoques de análise: em que consiste esse objeto e como acessamos ele através de nosso conhecimento. Trata-se do problema epistemológico, o da cientificidade do saber jurídico, articulado com o problema ontológico, o do conceito universal do direito.

O entendimento ontológico situa-se paralelamente ao linguístico, pois os sinais e as palavras que representam o direito nem sempre coincidem com o que a pesquisa ontológica propõe. Esses sinais e palavras espelham o entendimento usual, concreto e prático, que o senso comum tem desse objeto, revelado na linguagem e nas expressões semióticas geralmente empregadas para aludir ao direito como experiência.

A pesquisa ontológica considera o aspecto filosófico, especulativo, e dedica-se à busca dos universais inerentes ao conceito do direito. A pesquisa semiótica e linguística examina as expressões do fenômeno jurídico na experiência concreta dos povos e no senso comum das comunidades regidas pelo direito.

Na pesquisa ontológica, as diversas orientações doutrinárias existentes apontam para alguns dualismos e antinomias suscitadas pelo pensamento filosófico ao longo da história. O primeiro desses dualismos já foi estudado na primeira aula, o que opõe a concepção holística do universo à concepção atomística tradicional. Outra, a que propõe, ao lado do conceito universal, o conceito usual. Tal dualismo tem seus fundamentos na oposição entre essencialismo e existencialismo como posições filosóficas que convergem para a prevalência, seja de um significado ontológico, seja linguístico-semiológico para o direito.

O essencialismo é voltado para a busca da essência universal das coisas, uma substância, algo que permanece imutável sob as aparências mutáveis. O existencialismo, ao contrário, trata de superar essa procura do essencial, ou, ao menos, recusa-lhe a prevalência na objetividade do saber e atém-se aos sentidos usuais que defluem da forma, aparência ou expressão exterior através das quais os objetos chegam ao conhecimento. Trata-se de explorar a existência dos objetos.

Do mesmo modo, outras antinomias se apresentam a partir de uma pré-compreensão que define o direito como fato social, gerando uma tendência a estudá-lo sob o ponto de vista sociológico, ao qual se contrapõe um ponto de vista filosófico, especulativo. Como enfatiza Bronze, se o direito nos dirige deveres e imputa responsabilidades, podemos sempre perguntar-nos com que fundamento o faz. O mesmo autor indica ainda a possibilidade de uma perspectiva epistemológica, pois o direito é um objeto que *está aí*, aberto ao nosso conhecimento.[1]

A aparente oposição entre subjetivismo e objetivismo igualmente radica numa pré-compreensão.

O subjetivismo coloca o indivíduo como denominador comum dos problemas científicos do direito, enquanto o objetivismo erige o direito em centro e razão de ser da vida social.

Tais antinomias repercutem no conceito do direito, o que leva a duas direções de pesquisa: a busca da essência do direito, de um sentido ontológico universal que a jusfilosofia lhe atribui, e o exame dos significados práticos com que o direito é vislumbrado na experiência. Ou seja, podemos referir-nos ao significado on-

1. BRONZE, Fernando José. *Lições de introdução ao direito*, 2002, p. 11.

tológico do direito ou a seu significado linguístico-semiológico. Em que consiste o ser jurídico e em que consiste a experiência jurídica?

Todas estas perspectivas induzem a outros dualismos e antinomias próprios do saber jurídico, os quais orientam posicionamentos doutrinários opostos: idealismo *versus* realismo, normativismo *versus* institucionalismo e jusnaturalismo *versus* juspositivismo.

2. Idealismo e realismo

Existem duas possibilidades extremas de encarar ontologicamente os objetos do conhecimento: como objetos reais ou ideais, isto é, ou se trata de objetos pertencentes a uma categoria de realidade ou a uma categoria de idealidade.[2]

Os objetos reais têm sua própria existência, independentemente da vivência que deles se possa ter. Os ideais, ao contrário, não têm existência por si, e deles somente se pode predicar uma "existência" na medida em que o homem os vivencia intelectivamente, isto é, os reduz a produtos da razão, tais como ideias, conceitos e abstrações. Os objetos reais constituem o mundo da natureza, os ideais, o mundo do espírito.

O direito pode ser concebido tanto como objeto real, parte do mundo natural, das coisas concretas, quanto como objeto ideal, parte do mundo da razão, das coisas abstratas.

Como objeto real, o direito é ubiquado no mundo dos fatos. Tal compreensão acha-se subjacente às pesquisas sociológicas, entendendo-se o direito como manifestação da vida social e sujeito às leis naturais da causalidade que regem os fenômenos da natureza.

A repercussão epistemológica dessa atitude é identificar o estudo do direito como sociologia jurídica e, por outro lado, aprofunda-se o conhecimento dos fatores naturais que intervêm na experiência jurídica, de caráter psicológico, antropológico, linguístico e social de modo geral. Metodologicamente, enfatiza-se a utilização na pesquisa jurídica de elementos de fato e procedimentos adequados para os estudar, tais como a observação, a estatística e a indução, procurando identificar o que realmente ocorre na vida social sob a aparência da juridicidade. Daí a expressão *realismo jurídico* dada ao conjunto dessas teorias. Elas respondem à pergunta "em que consiste o direito" a partir do que realmente acontece no mundo dos fenômenos, em função dos aludidos fatores psicológicos, antropológicos, linguísticos, sociológicos e outros.

---

2. GOLDSCHMIDT, Werner. *Filosofía, historia y derecho*, 1953, p. 102; TERAN, Juan Manuel. *Filosofia del derecho*, 1977.

Além dessa conceituação realista, pode-se identificá-lo como fenômeno da natureza, ou seja, como objeto *natural*. Dizemos então que o direito é constituído por regras de comportamento, cujas bases estão presentes na natureza, seja porque dimanados de um ser sobrenatural, a vontade divina, seja porque a razão simplesmente os descobre mediante a observação da natureza. Esta corrente, que pode ser denominada *realismo naturalista*, converge para uma das versões do *jusnaturalismo* ou teoria do direito natural, a ser adiante estudada.

A expressão "realismo jurídico" não tem somente o sentido ontológico ora tratado, pois comporta ainda um sentido metodológico, o qual será estudado ao tratarmos da interpretação do direito.

Outra concepção entende o direito como objeto ideal. Chamemos a essa corrente *idealismo jurídico*. Para os idealistas, o direito só se manifesta como abstração, ideia. As leis são vistas como produtos da razão, elaborados de acordo com certas finalidades, também racionais. Podemos adiantar que é a concepção dominante, a qual identifica o direito simplesmente como norma, e esta como uma abstração. É claro que existem variantes, pois a norma pode também ser definida no sentido realista, como *vontade* ou *ordem* do Estado, do legislador, do soberano, do povo, etc. Mas as teorias idealistas em geral afastam tais elementos de fato e prendem-se às expressões meramente formais da norma, ou seja, ao seu elemento lógico, abstraindo os aludidos fatores sociológicos.

Como objeto ideal, o direito tem sido tradicionalmente definido como sistema de imperativos, com função atributiva.[3] Assim, o objeto da ciência do direito seria constituído pelos meios de torná-los eficazes, ordens emanadas de uma autoridade, o Estado, e garantidas coercitivamente.

A teoria imperativista apoia-se em longa tradição, o que se explica em parte pelo fato de o conhecimento vulgar do direito ocorrer comumente sob a forma de ordens que devem ser cumpridas, e também porque uma das vertentes da teoria do direito civil enfatiza a vontade individual como essencial aos chamados direitos subjetivos, dos quais trataremos adiante.

Entretanto, sob o ponto de vista ontológico, identificar o direito como vontade ou imperativo implica deslocá-lo do mundo ideal para o dos objetos reais, simplesmente porque vontade e imperativo são fatos, objetos psicofísicos, inconfundíveis com a norma que os expressa no plano das ideias e no da linguagem.

As expressões mais prestigiadas do idealismo e do realismo são, respectivamente, o normativismo jurídico de Kelsen e o institucionalismo jurídico de Hauriou e Rénard, as quais constituem antinomias para onde convergem as posturas idealistas e realistas, no plano da ontologia do direito.

---

3. GOLDSCHMIDT, Werner. Op. cit., loc. cit.

3. Normativismo e institucionalismo

As posturas idealistas e realistas convergem para duas correntes aparentemente opostas: normativismo e institucionalismo. São modos diversos de encarar o fenômeno jurídico, como norma e como instituição, as quais não se opõem necessariamente, mas se completam, eis que contemplam aspectos do mesmo objeto.

O normativismo acentua o aspecto formal, a aparência exterior do fenômeno jurídico, na medida em que ele se confunde com um tipo de norma que rege a conduta.

O institucionalismo enfatiza o aspecto material, a matéria social a que as normas se referem, formando organizações a que se dá o nome de "instituição". Para uns, o direito é forma lógica, abstrata, para outros, é a própria experiência social.

Ambas as orientações pressupõem, todavia, uma concepção filosófica, o positivismo, que engendrou o positivismo jurídico.

O positivismo filosófico havia excluído como não científicas as investigações que não se ativessem à realidade dos fatos. Segundo essa orientação, a única possibilidade de fazer ciência do direito seria o estudo do direito positivo.

Por outro lado, a busca de um conceito universal, ainda como reminiscência da era da Ilustração, levara a investigação para além das considerações meramente filosóficas, para a procura do átomo da juridicidade, de sua menor partícula, a qual pudesse dar-se conta da infinita variedade das expressões históricas do direito. Para a busca deste "átomo", o qual encerraria a pesquisa do universal jurídico, duas direções foram adotadas: de um lado, autores que viram na expressão lógica do direito, a norma, sua essência universal; de outro, as organizações sociais dotadas de alguma consistência e tendentes a permanecer ao longo do tempo.

A primeira direção engendrou o normativismo jurídico, a mais refinada forma de positivismo. É concepção que define o direito como norma, uma espécie dentro do gênero das normas sociais de comportamento, expressa linguisticamente como "lei". As normas mais ou menos espontâneas de organização que, anteriormente, se delineiam sobre o tecido social, não se situam no plano jurídico e não devem ser objeto da atenção do cientista do direito. Da mesma forma, a preocupação com a justiça das leis passa a plano secundário.

Como consequência da tese, o normativismo conduz à construção da ideia do direito a partir do Estado, porque é no Estado que reside à fonte da própria juridicidade. Tal concepção revela-se na definição bastante simples de direito, proposta por Ihering, o direito como "conjunto de normas, em virtude das quais, num Estado, se exerce a coação".[4]

Conceituado o direito como norma, há dois modos de concebê-la: como imperativo e como juízo.

---

4. IHERING, Rudolf von. *A evolução do direito,* 1956, p. 256.

O modo imperativista corresponde à tradição voluntarista do direito civil, que vê fundamentalmente em toda norma uma vontade, real ou fictícia, que tanto pode ser de Deus, da providência divina, como do Estado, do soberano, ou do povo. O direito como expressão da vontade do povo envolve o conceito de *democracia*.

O direito seria assim um sistema de comandos, ordens dirigidas à conduta social.

O imperativismo está subjacente na escola analítica inglesa e nos enciclopedistas da Revolução Francesa, especialmente Rousseau, quando fundamenta a ordem pública na vontade do povo.

A teoria do juízo é a desenvolvida por Kelsen na *Teoria pura do direito*, publicada em 1934, e *Teoria geral do direito e do Estado*, de 1945.

O ponto de partida da teoria pura é a consideração epistemológica de que o direito, enquanto ciência, deve ser depurado dos elementos pertencentes a outras regiões do saber. Assim, procede Kelsen a duas purificações: a primeira, antijusnaturalista, separa do campo jurídico toda ideologia e quaisquer considerações de natureza política e moral; a segunda, antissociológica, procura afastar do direito as ciências naturais e a sociologia. Esta última tarefa conduz à separação *ser* e *dever-ser*, entre causalidade e imputação, entre ciência causal-explicativa e ciência normativa. A sociologia e as ciências naturais enfocam o comportamento dos homens como ocorre em realidade, o direito como realmente se apresenta, enquanto a ciência do direito, definida como normativa, que ao mesmo tempo prescreve e estuda normas, considera o direito como *deve ser*.

Praticadas as depurações anti-ideológicas e antissociológicas, resta a *norma* como objeto próprio do direito, não encarado não como ordem ou imperativo, mas como juízo hipotético, uma proposição formal composta de dois elementos ligados pela cópula *dever-ser*. Deve-se assinalar que o autor da teoria do juízo, Hans Kelsen, paradoxalmente parece haver-se convertido postumamente à teoria imperativista, pois, em obra póstuma, em que de certa forma corrige sua "teoria pura", entende que toda norma de conduta pressupõe uma vontade.[5]

Dado A deve ser B. Eis a fórmula lógica da norma jurídica, em que **A** representa o ilícito, condição jurídica da sanção, representada por **B**. A sanção, por conseguinte, é elemento essencial da norma, enquanto enfocada sob o ponto de vista da jurisprudência.

Todos os conceitos jurídicos fundamentais são deduzidos da estrutura lógica da norma, isto é, além do conceito de ilícito e de sanção, os conceitos de dever jurídico e direito subjetivo, pessoa natural e pessoa jurídica, bem como outros, como o Estado e a ordem jurídica. Esta é descrita pelo jurista como sistema escalonado de normas, em que umas recebem a sua validez de outras, até a norma constitucional primeira.

5. KELSEN, Hans. Op. cit.

É basilar na teoria kelseniana a concepção de uma constituição hipotética ou norma fundamental - *Grundnorm* -, pressuposto lógico que, à semelhança das hipóteses matemáticas que se constituem em fundamento de sistemas, confere a coerência necessária ao conjunto normativo-positivo, vale dizer, constitui-se em hipótese cuja validade é pressuposta, a fim de que todo o sistema tenha validade.

O Estado é a própria ordem jurídica, confunde-se com o direito, o mesmo ocorrendo com o conceito jurídico de *pessoa:* tanto a natural quanto a jurídica são plexos de normas, dentro do sistema que as envolve.

Considera-se todavia a existência de comunidades jurídicas pré-estatais, primitivas, em que o direito é formado consuetudinariamente. A diferença entre esse tipo de comunidade e a estatal é tão somente o grau de centralização dos órgãos produtores de normas individuais e gerais, havendo uma tendência histórica que conduz o sistema jurídico, desde a extrema descentralização, nas comunidades primitivas, para a extrema centralização, no Estado moderno. Todo Estado é, portanto, ordem jurídica, embora nem toda ordem jurídica seja Estado.

Idêntico argumento serve para explicar o direito internacional, já que a inexistência de órgãos legislativos, a predominância do costume como fonte e a aplicação de sanções em forma de represália ou guerra, ao arbítrio dos Estados, não passam de repetição da situação primitiva do direito, com grau máximo de descentralização. Além disso, Kelsen rechaça o dualismo tradicional de duas ordens jurídicas, uma internacional e outra nacional. Para ele, o direito internacional é parte da ordem jurídica nacional, livremente acolhida por esta como direito político externo.

A concepção kelseniana é um normativismo abstrato e idealista. A crítica filosófica mais contundente que lhe é dirigida assinala que essa teoria, ao reduzir o universal jurídico a um objeto ideal, a norma "pura" em seu formalismo abstrato, destrói o que no direito existe de essencial, a matéria social regulada. E assim, sua teoria pura não é teoria do direito positivo, mas lógica do direito.

Ao normativismo abstrato opõe-se o normativismo dialético, que, embora concedendo que o direito se reduz à norma, define-a em função de seus conteúdos concretos.

Além do normativismo, a filosofia positivista engendrou outra posição doutrinária relativa ao conceito de direito, espelhando preocupação mais sociológica. É o institucionalismo jurídico manifesto na "teoria da instituição", expressa por Hauriou e Rénard, na França, e por Santi-Romano e Cesarino Sforza, na Itália. O institucionalismo de Rénard converge para uma doutrina jusnaturalista, a qual denominou-se "*direito natural de conteúdo progressivo*".

A posição institucionalista procura identificar o direito em momento anterior ao de sua definição pela norma, e busca a gênese do jurídico num plano que se situa anteriormente à existência do Estado. A sociedade em si não é amorfa, não se apresenta completamente isenta de ordenação normativa. É, pelo contrário, realidade já estruturada, e a estrutura pré-jurídica impõe-se aos membros do grupo social, embora sem o caráter formal e regular que resulta de seu enunciado e garantia pelo Estado. Por isso, o Estado, ao criar normas jurídicas, não cria o direito, pois este já existe anteriormente, a norma estadual o declara mas não o faz nascer.

É a reafirmação da concepção historicista do direito, de que ele se desenvolve segundo um processo natural e, antes de sua elaboração racional pelo legislador, já existe de forma latente no espírito do povo e se manifesta através do costume.

A organização social pré-jurídica constitui uma estrutura que não pode ser decomposta em suas partes sem que ela própria desapareça, um todo, um complexo unitário determinante do Estado e do direito. É a essa estrutura pré-jurídica que se atribui o nome de *instituição*.

Instituição é toda formação cultural resultante da experiência coletiva, os modos de pensar, sentir e atuar que o indivíduo encontra preestabelecidos e cuja transmissão se efetua geralmente por via da educação. São os condicionamentos sociais, os fatores de alienação do indivíduo. Essa constatação sociológica é à base da teoria da instituição.

Trata-se fundamentalmente de uma reação contra a concepção atomística da sociedade e do direito. O atomismo vê na realidade uma adição de elementos simples. Na sociedade, um conjunto de direitos subjetivos, de relações jurídicas ou de normas jurídicas. A teoria da instituição reage em ambos os sentidos: nem a sociedade é simples conjunto de indivíduos, nem o direito mero conjunto de normas.

A sociedade é constituída por estruturas, instituições, as quais têm uma existência e realidade distintas das dos indivíduos que as compõem. Essa realidade da estrutura projeta-se nos seus próprios elementos componentes. Dessa forma, o Estado é uma estrutura integradora de estruturas menores, as instituições.

O direito não é apenas o somatório dos direitos subjetivos ou conjuntos de normas. Estes são, quando muito, elementos do direito. Anteriormente a eles, porém, existem as estruturas, esquemas de comportamento social cuja realidade não depende de ter sido ou não declarado pela norma jurídica. O direito de família traduz-se numa série de direitos subjetivos e deveres jurídicos e exprime-se em determinado conjunto de normas. Mas a instituição família é anterior a tais normas e é pelo fato de a instituição existir que as normas foram elaboradas. O mesmo se pode dizer do Estado: antes do Estado realidade jurídica, há o Estado instituição.

O Estado é a instituição mais eminente, mas não absorve as demais, como a família, a Igreja, as associações profissionais etc. Esse conteúdo está tão arraigado à ideia de instituição que os movimentos de reforma social são geralmente repelidos sob o pretexto de atentarem contra as instituições. A manutenção do *statu quo* é obtida a pretexto de "respeito às instituições".

Com as contribuições trazidas pela antropologia estruturalista de Lévi-Strauss, a teoria da instituição ganha mais um reforço, afastando o perigo, ainda consequência da mentalidade atomística e mecanicista que tem dominado a pesquisa jurídica, de considerar-se cada instituição como átomo da sociedade, analogamente ao atomismo normativista. Pelo contrário, a concepção estruturalista da sociedade exige que ela seja vislumbrada no seu todo, o que importa a compreensão dialética do fato social interpretado conceitualmente.

Em Lévi-Strauss, o conceito de estrutura, embora baseado na observação empírica, assume conteúdo lógico: não se trata de *estrutura social* entendida como realidade empírica, mas de *modelos* que o cientista constitui intelectivamente a partir da observação das relações sociais.

Em Husserl, a estrutura é categoria ontológica, de natureza real, diferentemente do modelo estrutural de Lévi-Strauss. Esse autor ensina que o modelo verdadeiro é aquele que, sendo o mais simples em tudo, poderia responder à condição de não utilizar outros fatos além dos considerados, e de dar conta de todos os considerados.[6] As possibilidades de tais modelos são inúmeras, já que consistem em esquemas lógicos de interpretação das relações que se possam estabelecer entre os fatos.

Há um paralelismo entre os *modelos*, segundo os quais Lévi-Strauss interpreta os fatos, e o esquema escalonado de normas utilizado pela moderna lógica jurídica, a partir do normativismo kelseniano, para interpretar a conduta. A diferença está em que o modelo tem dimensão temporal, relacionando fato com fato e sinal com sinal, e somente se justifica na história, enquanto a *pirâmide normativa* é esquema inteiramente abstrato, sem nenhuma referência ao real. O fato de dirigir-se ou não à norma positiva ou a atos concretos de comportamento social é irrelevante, pois se justifica como simples conceito *a priori*.

Como a instituição, estrutura pré-jurídica, pode ser objeto de pesquisa segundo o método preconizado pela antropologia estruturalista, a noção de modelo vem enriquecer o institucionalismo com horizontes mais amplos de compreensão, pois enseja novo dimensionamento da instituição no sentido da história, de que não cogitaram Hauriou, Rénard e seus seguidores.

4. Jusnaturalismo e juspositivismo

Entre as concepções ontológicas definidas como realistas, mencionou-se o realismo naturalista como uma de suas versões, identificando o fenômeno jurídico como manifestação da natureza e levando à busca dos fatores naturais que o condicionam, ou seja, das causas e motivações naturais do direito.

Tal entendimento corresponde a uma das mais antigas concepções acerca do direito, denominada *jusnaturalismo*, a *teoria do direito natural*, afirmando que as

6. ESCOBAR, Carlos Enrique. Op. cit., p. 11.

leis derivam de princípios fundamentais já implícitos na natureza das coisas. Atribui-se às normas de direito, às leis, aos regulamentos, aos contratos, às sentenças, a tudo o que expressa a normatividade jurídica, essa condição de estarem baseadas na natureza em geral e na natureza humana ou, pelo menos, entende-se que as regras do direito positivo devem sujeitar-se aos postulados do direito natural.

A versão clássica desta teoria admite a razão como descobridora dos direitos. É um direito natural "racionalista".

Mas há outra corrente, que reconhece a existência de uma ordem jurídica anterior ao ser humano e ao Estado, mas que decorre, não propriamente da natureza, mas de Deus ou de uma entidade metafísica, a providência divina, os deuses ou alguma razão universal, como o "*logos*" dos estoicos. Nesse caso, os direitos fundamentais são "revelados" a pessoas privilegiadas que têm o dom de comunicar-se com a divindade. São os profetas e os santos, ou pessoas que se dizem tais, e que pretendem transmitir regras de comportamento individual e social supostamente ordenadas por Deus. Tais regras têm o caráter de normas religiosas, mas muitas vezes são também jurídicas, pois o Estado que as impõe o faz a pretexto de obediência às leis superiores, mandamentos de Deus. Ao direito natural que se manifesta na natureza, mas que decorre da divindade, denomina-se direito natural "metafísico", aludindo a palavra "metafísico" ao que está "além do físico".

Entretanto, a doutrina do direito natural afirmou-se na tradição histórica a partir da oposição entre duas universalidades, a natureza e a cultura. Desse dualismo surge a oposição entre duas ordens normativas: uma decorrente da natureza, independente da vontade humana, outra, criada pelos homens. Assim, a expressão "*direito positivo*" alude ao conjunto de regras estabelecidas pela autoridade competente, o Estado, dotadas de coercitividade. E *direito natural* alude ao que é direito por natureza, seja porque Deus o quis – direito natural metafísico – seja porque está implícito no próprio ser, competindo ao homem descobri-lo por meio da razão – direito natural racionalista.

Na cultura jurídica ocidental esta oposição surge com a ideia de que o direito natural é ordem normativa superior, à qual o direito positivo deve estar subordinado. Daí o sentido teleológico que muitos atribuem ao direito natural, a ideia de que se trata de uma ordem jurídica ideal, uma *utopia*, a ser realizada por meio da cultura.

Direito natural significa "o que é direito por natureza", em oposição ao fabricado pelo homem, o positivo. É o que os homens já encontram, dádiva dos deuses ou implícito na natureza, e não o produzido pela atividade humana. Nesse sentido, natureza opõe-se a cultura.

Isso não significa que toda noção de direito natural derive necessariamente do conceito de natureza. Se admitirmos que o direito possui uma essência, um *eidos* universal e a-histórico, se considerarmos que existe uma categoria jurídica "pura" que conserva sua identidade independentemente das mutações históricas das leis humanas, temos um direito natural derivado do conceito de direito, isto é, um direito que é conforme sua essência ideal e que pode inclusive servir de critério valorativo para o positivo: a legitimidade da ordem jurídica positiva radica então na razão inversa de seu afastamento daquela essência ideal.

A dependência do conceito de direito natural em relação ao conceito de direito não contradiz a definição de que o natural se constitui em *direito dado*, por oposição ao positivo *fabricado*, pois a mesma tradição jusnaturalista entende que a essência universal não é algo que se constrói intelectivamente, mas algo que se "descobre" por meio da redução dos elementos variáveis do direito.[7]

Compreendido o que seja direito natural, deve-se entender por *jusnaturalismo* a ideia de que o direito positivo tem como finalidade e limite a realização do natural. Na contraposição entre os dois planos, o da natureza e o da cultura, esse parece necessariamente subordinado àquele.

Ao jusnaturalismo opõe-se o juspositivismo. Não se trata porém de um essencialismo ontológico que reduz o direito ao "positivo". Embora se possa vislumbrar tal essencialismo na concepção imperativista, que identifica a essência do jurídico com a vontade, a postura positivista é sobretudo de caráter epistemológico, eis que circunscreve o saber jurídico ao conhecimento do positivo, negando hierarquia científica ao estudo do direito natural.

A corrente do pensamento contemporâneo denominada *neopositivismo* ou *positivismo lógico* nega ao direito uma realidade ontológica que transcenda os simples enunciados linguísticos que os expressam. Coerentemente, parece contraditória a ideia de uma natureza-essência genética ou logicamente anterior ao direito como experiência, que explique ou justifique sua normatividade.

O relacionamento entre o direito natural e o positivo constitui critério pelo qual se divide este último em *jus conditum,* aludindo ao direito que já foi criado – do latim, *conditum,* criado, fundado – em oposição ao *jus condendum,* o direito que deve ser criado, expressões equivalentes a *lex lata,* lei que já foi proposta, e *lex ferenda,* lei que deve ser proposta – do latim, *latum,* levado, proposto. Utilizam-se ainda as expressões *jus constitutum*, o direito que já se encontra definido, e *jus constituendum,* o direito que deve ser constituído.

O conceito de direito natural não coincide com o de *jus condendum.* Esta expressão latina alude ao direito que se entende ser necessário ou vantajoso legislar, o que pode resultar de considerações jusnaturalistas, mas também de meras considerações de oportunidades de política legislativa que nada têm a ver com o direito natural. Além disso, um princípio de direito natural não deixa de sê-lo por encontrar-se enunciado numa norma jurídica, ao passo que uma construção de

---

7. Sobre a dependência da ideia de direito natural em relação ao conceito de natureza e ao de direito, *v.* WOLF, Erik. *El problema del derecho natural*, 1960; SOUZA, José Pedro Galvão de. *O estado de direito* – Primeiras Jornadas Brasileiras de Direito Natural, 1980.

jure condendo perde esse caráter e transforma-se em *jus conditum* logo que for transformada em lei.[8]

5. A compreensão dialética do direito

A visão de conjunto das concepções sobre o ser jurídico leva a algumas observações, através das quais se pode firmar uma posição doutrinária sobre o conceito ontológico do direito.

Inicialmente, parte-se da crítica às teorias que espelham os dualismos e as antinomias suscitados nessa investigação, pois espelham a concepção atomística que conduz o saber à busca de conceitos universais. Só que essa busca descamba para a elisão de aspectos históricos importantes, os quais todavia podem ser compreendidos através do pensamento dialético.

A dialética consiste justamente nessa visão dos objetos do conhecimento em sua totalidade e dinamicidade imanentes, o que a metodologia tradicional omite.

Em relação ao direito, a dialética procura integrar as diversas visões parciais numa compreensão muito mais abrangente, totalizadora e dinâmica, vale dizer, *dialética*. E assim, a primeira manifestação da dialética do direito vem a ser uma diferente classificação dos objetos do conhecimento, ressaltando-se uma classe de objetos cuja essência é justamente caracterizada pela dialeticidade. Esses objetos denominam-se *culturais*, sendo o *culturalismo* o conjunto das teorias que os definem como tais, e o *culturalismo jurídico*, a teoria que conceitua o direito como objeto cultural. Trata-se de um culturalismo fenomenológico, porque lança seus fundamentos na filosofia de Edmund Husserl, denominada *fenomenologia*, notando-se igualmente a influência de outra caudal importantíssima, a axiologia ou *filosofia dos valores*.

A filosofia dos valores leva à consideração de que a conduta humana é uma constante realização de valores, os quais, na dimensão jurídica, assumem o caráter de bilateralidade próprio das relações sociais. A partir da axiologia procura-se a compreensão dessa conduta em função de sua constante referência aos valores, evitando restringir a análise do fenômeno jurídico à explicação causal, própria das ciências da natureza, ou à intelecção racional, própria das ciências do espírito, ditas também "ideográficas".

O pensamento dialético amplia a tipologia dos objetos acessíveis pelo saber, o que faz mediante a incorporação de dois novos tipos, os objetos metafísicos e os culturais, completando-se os quatro tipos estudados na primeira aula.

Esta classificação quadripartite dos objetos do conhecimento tem implicações metodológicas.

---

8. SARAIVA, op. cit., p. 47.

Os objetos naturais, sendo dotados de concreção e neutros ao valor, são acessíveis pelo método empírico-indutivo, sendo a explicação o ato próprio de seu conhecimento.

Os objetos ideais, igualmente neutros ao valor, mas desprovidos de concreção, tendo existência puramente ideal como produtos de abstrações, sujeitam-se ao método racional-dedutivo, com vistas ao ato gnoseológico de intuição intelectual ou intelecção.

Os objetos metafísicos não são propriamente acessíveis por determinado método, revelando-se aos sujeitos através do que, na linguagem das religiões, se denomina revelação, a qual consiste na experiência mística de seres privilegiados, tais como santos, profetas e iluminados, ou que se consideram como tais. Na verdade, se ocorre a experiência cognoscitiva do transcendental, trata-se de uma intuição.

Caracterizando-se pela presença dos valores, os objetos culturais somente são acessíveis em sua totalidade, a qual inclui substrato e valor, através do pensamento dialético, já que os valores não são cognoscíveis pelos métodos racionais de conhecimento.

O direito pode ser definido em função dos quatro tipos de objetos estudados na primeira aula. As concepções que o definem como puro fato, no plano da sociologia ou mesmo das ciências naturais, como fenômeno sujeito às leis da causalidade, pressupõem o entendimento de que o direito é um objeto natural. Já as concepções idealistas, as quais negam ao direito algum tipo de concreção, como o normativismo abstrato de Kelsen, o definem como objeto ideal. E a corrente do jusnaturalismo metafísico, que considera a existência de um direito natural como emanação de uma vontade metafísica, pressupõe a existência de um ordenamento jurídico transcendental, acima das leis dos homens.

Dentro do culturalismo fenomenológico, o direito pode ser definido como fenômeno social cuja totalidade envolve um substrato e um valor, e cuja dinamicidade não comporta quaisquer reducionismos dualistas ou antinômicos. Para alguns autores, o substrato do direito é a conduta humana social. Entende-se que é da essência do direito a incidência de valores ideais de caráter ético, os quais cada uma delas procura especificar, mas que convergem para a justiça. Esta não se reduz à norma, conforme a tradição aristotélica, nem à virtude, segundo a tradição platônica, mas consiste num valor, o qual adere aos comportamentos sociais e às normas que os regulam.

A controvérsia sobre a possibilidade ou não de um objeto ideal ser substrato de valores transmite-se à ontologia jurídica.

Sem minimizar a importância das várias expressões do culturalismo, privilegiamos a teoria tridimensional do direito, de Miguel Reale, não somente por se tratar de uma filosofia brasileira – com o que nos livramos do complexo de "Caramuru", que leva ao desprezo da produção nacional e à louvação do que é estrangeiro, por medíocre que seja – mas também porque representa a mais importante síntese do culturalismo da tradição jusfilosófica ibero-americana.

A teoria tridimensional do direito afirma que o fenômeno jurídico não pode ser abstratamente concebido como norma vazia de conteúdo, mas, sim, como experiência concreta, forma de vida social em que se combinam três fatores: o fato, constituído por relações sociais reguladas pelas normas de direito, a norma que regula tais relações, e o valor, fator que se articula com os dois anteriores. Essa articulação não deve, entretanto, ser compreendida como justaposição ou somatório de elementos estanques, mas como implicação de cada fator com os outros dois, num processo de recíproca exigência e intercomplementaridade, que revela uma "dialética de complementaridade".

Quanto aos valores, além daqueles de conteúdo social centrados na justiça, tais como liberdade, igualdade, ordem, paz, segurança etc., propõe Reale a pessoa humana como valor supremo e fonte de todos os valores.

Entender o direito como objeto natural ou metafísico é aceitar a inexorabilidade da natureza ou da divindade, independentemente de qualquer valoração. Os objetos naturais e os ideais são neutros ao valor, e o deslocamento do direito para o espaço da cultura implica sua identificação com um ou mais valores. Entende-se que a realização do direito como algo concreto, presente na vida humana, importa a realização da justiça, seja nas atitudes e ações de quem faz as leis, as interpreta e aplica, seja no conteúdo destas, pois se aceita que sua finalidade é realizar o valor justiça, o que implica a realização da pessoa humana em sua enteléquia.

Em suma, o direito é fenômeno que ocorre na sociedade e manifesta-se através de normas de conduta. O fenômeno jurídico é o conjunto das normas jurídicas de uma sociedade em dado momento histórico, as quais expressam os valores aceitos pela comunidade por elas regida. Entretanto, alguns valores incorporam-se à consciência da sociedade, vindo a constituir *constantes axiológicas*. São os valores da democracia, do estado de Direito e do respeito aos direitos humanos, além daqueles que outrora constituíram a bandeira das grandes revoluções e movimentos sociais, como a liberdade e a igualdade.

Assim, o direito é localizado no mundo da cultura como objeto passível de vivência empírica, na medida em que os valores e as normas que os expressam incidem sobre os comportamentos sociais e sobre as próprias organizações sociais, num movimento dialético constante e imanente. Este objeto é tridimensional, na medida em que qualquer abstração de um de seus componentes, seja a norma, seja o valor, seja a conduta, sói destruí-lo como ser jurídico. Quanto à incidência dos valores, é irrelevante se o substrato ontológico é a norma ou a conduta, pois somente a visão holística, mediante o método dialético, possibilita o pleno acesso cognoscitivo ao direito, o qual é continuamente revivido toda vez que uma lei é criada ou aplicada.

Esta consideração final tem repercussões importantíssimas na teoria da interpretação das leis, como se verá.

O direito objetivo, dialeticamente vinculado à conduta social e aos valores que permanentemente sobre ela incidem, em vez de ser fator de retardamento e entrave ao processo de positivo desenvolvimento social, transforma-se em verdadeiro fator de civilização, antecipando-se aos acontecimentos e preparando as condições formais da renovação social.

Com tais reflexões, o problema ontológico da juridicidade direciona-se para o pensamento dialético, quando se constata que o direito, além de fenômeno social, é fato cultural que deve ser compreendido em sua estrutura e dinamicidade.

Estruturalmente, o direito é complexo tridimensional: é norma, é fato social e é valor. A norma se expressa como linguagem, envolvendo pensamento e comunicação. O fato se expressa como relação social, cujos termos respectivamente envolvidos são as pessoas. O valor se expressa como justiça, momento culminante de uma escala axiológica que envolve todos os valores de conteúdo social, tais como a paz, a ordem, a segurança e a solidariedade.

Mas a juridicidade dos três ingredientes só é possível como dialética de implicação. A relação social se juridifica em função da norma, e esta só é jurídica porque estabelece bilateralmente direitos e deveres. E ambos formam o substrato ontológico dos valores. Por isso, pode-se predicar a justiça e a injustiça, tanto das ações inerentes à relação, quanto das normas que a regulam.

Apenas para efeito de melhor compreensão, pode-se pensar em termos de elementos que constituem o fenômeno jurídico: elemento normativo, elemento relacional e elemento axiológico. A consideração de cada elemento isolado da estrutura é epistemologicamente viável somente como objeto de um estudo lógico, sociológico e filosófico, não em termos de ciência do direito. Não obstante, tem fundamento também a consideração do conjunto norma-valor-relação do ponto de vista da lógica, da sociologia e da filosofia. A ideia de fato sociológico-jurídico não exclui a normatividade e a valoração como integrantes do fato em sua essência.

O normativismo abstrato, ao reduzir o fenômeno jurídico à norma, reduz a própria jurisprudência à simples lógica jurídica.

Por isso a jurisprudência desenvolve-se no sentido de um normativismo dialético, concebendo a juridicidade da norma como sua referência efetiva a conteúdos de conduta bilateral.[9]

A estrutura tridimensional do direito se evidencia na simples constatação de que a sociedade lhe é imanente. O famoso brocardo *ubi societas, ibi jus* significa que o direito só existe em função da sociedade. Se, por hipótese, ocorresse o desa-

---

9. REALE, Miguel. *O direito como experiência – introdução à epistemologia jurídica*, 1992, p. 187.

parecimento da humanidade, o direito com ela deixaria de existir, muito embora permanecessem os códigos, as leis e os regulamentos, expressões escritas das regras de direito. Em conclusão, a juridicidade consiste precisamente na referência atual a uma relação social.

O aspecto relacional da estrutura jurídica põe em relevo o fato de que o direito não se refere ao indivíduo, mas à comunidade. Para que haja direito é necessária a existência de pelo menos duas partes; aqui reside precisamente a bilateralidade e atributividade da norma jurídica, as quais consistem em vincular o direito sempre a duas partes, uma das quais é titular de um direito subjetivo, a outra, do dever jurídico correspondente; pelo caráter de atributividade, a norma jurídica *atribui* a outrem a faculdade de exigir o seu cumprimento.

A relacionalidade se comunica da mesma forma ao elemento axiológico da estrutura jurídica, pois somente são jurídicos os valores que incidem sobre a comunidade no seu todo. Os valores puramente individuais podem ser éticos ou religiosos, não jurídicos; a justiça só tem significado quando referida a outro; ninguém é justo consigo próprio, só se pode ser justo com os demais; o mesmo se pode dizer dos valores que, em certas épocas da história da humanidade, foram prevalentes, como a solidariedade, o bem-estar social, a segurança, a paz mundial, a harmonia, a cooperação etc.

Por sua dinamicidade, os aspectos normativo, relacional e axiológico estão em referência constante e concreta. Não basta a existência de uma tríade na estrutura, é necessário que os três fatores estejam em ação, um atuando sobre os outros dois e recebendo a atuação deles, para que a juridicidade se concretize. A única maneira de conceber-se a formação de três fatores que não existem isoladamente, mas somente integrados em uma estrutura unitária, que é um todo, é fundamentar essa unidade estrutural numa atuação mútua e constante dos referidos fatores; aqui, a estrutura pressupõe a dinamicidade e vice-versa.

A dinamicidade espácio-temporal do fenômeno jurídico tem sido estudada como historicidade, o fato de que o direito ocorre na história e está sujeito às condições próprias do lugar e do tempo. Com efeito, essa dinamicidade espácio-temporal explica as correlações entre a ordem social e o direito positivo, e proporciona um critério seguro para a solução do problema da positividade, pois o direito somente é positivo na medida em que ocorre como fenômeno em determinada época e lugar.

A dinamicidade ôntica consiste na imbricação efetiva que ocorre entre os três fatores estruturais do fenômeno jurídico, norma-valor-relação e o processo mesmo de desenvolvimento do direito, segundo as forças que lhe são imanentes. À luz da teoria tradicional, essas forças se manifestam como norma ou como relação.

A dinamicidade ôntica explica essa concreção da norma. Abstrair do fenômeno o seu movimento imanente conduzirá ao normativismo abstrato, com evidente inadequação à realidade do fenômeno que se denomina *direito*. Pela dinamicidade ôntica, a norma se concretiza, o que equivale à sua realização enquanto dotada de juridicidade.

A dinamicidade lógica se manifesta no ato gnosiológico pelo qual o espírito capta a dinamicidade espácio-temporal e ôntica do objeto do conhecimento. Este ato gnosiológico se denomina *compreensão* e distingue-se da *explicação*, pela qual as ciências da natureza reduzem os fenômenos às suas causas e *leis*, e da *intelecção*, ato de captar as relações lógico-matemáticas dos objetos ideais. A explicação e a intelecção são o resultado, respectivamente, dos dois processos metodológicos básicos do conhecimento, o dedutivo e o indutivo. A compreensão é resultado do método dialético, próprio dos objetos culturais.

Os objetos culturais não exaurem a compreensão; se os objetos da natureza podem ser encarados em sua dinamicidade, vale dizer, do ponto de vista do seu desenvolvimento e de acordo com as leis que lhe são imanentes, e enquanto objetos da natureza, e se é logicamente possível uma dinamicidade dos objetos classificados como ideais, a compreensão afigura-se como a captação dessa dinamicidade pelo sujeito cognoscente.

A compreensão, finalmente, é uma estrutura de intuições. Se considerarmos que o espírito pode movimentar-se, de intuição em intuição, até completar-se a estrutura, colocaremos em relevo toda a dinamicidade que a compreensão implica.

A dialeticidade do direito assume assim dois aspectos; se encarada objetivamente, põe em relevo a estrutura e dinamicidade do fenômeno jurídico; subjetivamente, configura a metodologia para a captação pelo espírito de sua dialeticidade objetiva.

Tais considerações levam a rejeitar qualquer ontologia que exclua do fenômeno jurídico sua dialeticidade, bem como a considerar metodologia própria da ciência do direito os processos de pesquisa que, relacionando dialeticamente a norma, o valor e a relação, conduzam à compreensão da juridicidade do fenômeno como algo dotado de concreção.

O primeiro caminho para analisar o conceito de direito é acessar aos significados proporcionados pela linguagem ordinária, a qual proporciona a percepção que o senso comum tem do fenômeno jurídico.

Nas línguas modernas, o vocábulo "direito" e seus correspondentes encerram a ideia de coerência com o que é certo, o que não se desvia de um objetivo identificado com a verdade e o bem. Não obstante, a palavra compreende diversas acepções, algumas delas antagônicas e até mesmo impróprias. O significado mais comum envolve a ideia de direito como norma, e corresponde ao que se chama *direito objetivo*, *direito positivo*, *ordem jurídica* e *ordenamento jurídico*. Outra acepção corrente é a equivalente a *direito subjetivo*, o direito como faculdade. Além dessa aparente oposição entre o objetivo e o subjetivo, o senso comum abriga outra oposição, entre os fatos sociais que compõem a matéria do direito e a tradução normativa desses fatos. É o significado da expressão *matéria de direito* em contraposição a *matéria de fato*. Outra acepção, algo imprópria, é a expressão *pagar direitos*. Finalmente, em outro sentido, a palavra equivale a *direito natural*.

A linguagem forense consagrou as expressões *matéria de direito* e *matéria de fato*, situação *de direito* e situação *de fato*, funções *de direito* e funções *de fato*, verdade *de direito* e verdade *de fato*, estas duas equivalentes às expressões *verdade substancial* e *verdade formal*.

O alcance dessas expressões indica que nem sempre o que ocorre na realidade corresponde ao que acontece no mundo jurídico. Às vezes a conceituação que o direito faz de um acontecimento não tem apoio nos fatos verificados e pode inclusive contrariá-los, como ocorre nas presunções e ficções. Outras vezes, trata-se apenas de uma separação, que a própria ordem jurídica recomenda, entre o ocorrido no mundo da natureza e a interpretação desta ocorrência que se dá no campo judiciário e doutrinário.

Em suma, é questão de fato apurar o que aconteceu, é questão de direito verificar o que a lei determina.[10]

Tal distinção está na base de outra, fundamental em matéria de processo, quando se fala em verdade *real* e verdade *formal*. Considera-se que a verdade real é a que, no processo, coincide com os fatos, e verdade formal a que, embora não necessariamente correspondendo aos acontecimentos da vida real, é todavia suficiente para fundamentar a convicção que o juiz manifesta na sentença. Além disso, diz-se que a verdade real prevalece no processo criminal, ou seja, se houver dúvidas quanto à autoria de um delito reputa-se o réu inocente; ao contrário, diz-se que a verdade formal é prevalecente no processo civil, eis que a prova dos autos é tão somente a necessária para amparar a sentença.

As expressões *pagar direitos, direitos alfandegários, direitos de transmissão* etc. constituem exemplo de um fenômeno linguístico bastante comum, denominado *sinédoque*, que consiste em expressar, na linguagem, o efeito pela causa ou a causa pelo efeito. Direito significa então, por sinédoque, imposto, taxa, tributo ou contribuição, que têm sua causa no direito. Embora sejam expressões impróprias, são irrelevantes para o conceito do direito.

Em outra acepção, a palavra "direito" é empregada com dois significados distintos: para aludir às normas jurídicas que regulam os comportamentos na sociedade e para identificar as possibilidades que elas concedem às pessoas para a realização de atos de conduta obrigados, permitidos ou não proibidos. São os dois sentidos fundamentais do direito, como norma de agir – *norma agendi* – e como faculdade de agir – *facultas agendi*. No primeiro caso se diz "direito objetivo", no segundo, "direito subjetivo". Daí a definição de Vicente Ráo: o direito é um "sistema de disciplina social fundado na natureza humana, que, estabelecendo, nas relações entre os homens, uma proporção de reciprocidade nos poderes e nos deve-

10. SARAIVA, José H. Op. cit., p. 57.

res que lhes atribui, regula as condições existenciais e evolucionais dos indivíduos e dos grupos sociais e, em consequência, da sociedade, mediante normas coercitivamente impostas pelo poder público".[11] Em sentido idêntico, define Gropalli: o direito é "complexo de normas, de regras, de princípios de delimitação das ações humanas, social, exterior, intersubjetivo, que, por um lado, como expressão de um ser, impõem a obrigação de determinados comportamentos e prescrevem a sua exigência e, por outro lado, atribuem poderes e faculdades, quer nas relações entre os cidadãos entre si, com vista a prestações recíprocas ou à utilização dos bens".[12]

O direito objetivo, como sistema de normas de conduta, faz parte de um contexto normativo muito mais amplo que abrange toda a existência humana individual e social. É o conjunto de comandos aos quais os homens se submetem, das diversas formas de controle social da conduta, cujo conteúdo normativo é dado pela religião, pela moral, pelos usos e costumes sociais e pelo direito, a mais refinada dessas formas.

A oposição do direito objetivo ao direito subjetivo pode ser explicada mais pela semelhança vocabular que pelo rigor técnico. No entanto, o significado mais condizente com o conteúdo da expressão *direito objetivo* envolve a referência a situações concretas nas quais o direito-norma é aplicado. Frequentemente utilizada como sinônimo de direito positivo, a expressão alude simplesmente ao direito tal como se apresenta, o direito como objeto. É expressão de amplo sentido, envolvendo os significados de outras expressões de acepções mais restritas, entre as quais direito positivo e sistema jurídico.

O direito subjetivo se insere, da mesma forma, num contexto formado por todas as faculdades humanas, as quais constituem o quadro geral das condições existenciais do homem. Tais faculdades não são, todavia, caracterizadas de maneira tão sistemática como as formas de controle social ou, pelo menos, não se elaborou ainda uma classificação das faculdades humanas que tenha obtido adesão irrestrita por parte dos especialistas.

A compreensão do direito subjetivo como *facultas agendi*, bem como as controvérsias sobre em que as faculdades humanas consistem, engendrou grande discussão sobre a noção de direito subjetivo, as quais serão estudadas ao tratarmos dos conceitos jurídicos fundamentais.

No consenso popular, a acepção comum da palavra "direito" diz respeito a um sistema de leis impostas coercitivamente à conduta dos indivíduos dentro de uma comunidade, geralmente delimitada por critérios geográficos e políticos. Destarte, fala-se em "direito brasileiro", "direito alemão", "direito dos Estados Unidos" etc., e emprega-se a palavra "lei" sem maior preocupação de precisar-lhe o significado. Para designar o direito assim considerado, a jurisprudência utiliza as expressões

11. RÁO, Vicente. *O direito e a vida dos direitos*, 1952, p. 195.
12. GROPPALI, Alessandro. *Introdução ao estudo do direito*, 1968, cap. III, n. 2.

direito objetivo, direito positivo, ordem jurídica e *ordenamento jurídico*, todas equivalentes a *sistema normativo*.

Ressalvado o alcance da expressão *direito objetivo* em contraposição a direito subjetivo, o direito positivo refere-se ao conjunto das leis de um país, *postas* pelo Estado. É o direito posto, o *jus positum*.

O termo "positivo" vulgarizou-se em decorrência da influência da filosofia positivista, cuja razão de ser era a preocupação com a realidade, entendida como tudo o que estivesse ao alcance da razão através da experiência empírica e do raciocínio abstrato. Direito seria, por conseguinte, o conjunto de fenômenos observáveis que se constituem em ordenação da vida social e que se distinguem das ordenações de natureza diversa por causa de suas características especiais. Direito seria a norma, a lei, donde a oposição, no enfoque positivista, entre o direito considerado positivamente e o considerado metafisicamente.

A origem do direito, suas causas, embora constituam capítulo do seu estudo como fenômeno social, são irrelevantes para a positividade. Direito positivo é simplesmente o observável. Ele é constituído pelas leis de um país dimanadas do Estado, através de seus órgãos normativos e completadas pelos costumes, pelos conceitos jurídicos, pelas decisões das entidades dotadas do poder de julgar, dito "jurisdição", proposições de caráter doutrinário e valores mais ou menos definidos através dessas proposições. A positividade pressupõe que todas essas instâncias de normatividade são absorvidas ou ao menos toleradas pelas leis.

Corresponde não somente ao conjunto de normas de direito, como também à elaboração científica referente à sua criação, interpretação e aplicação. Tal significa que o conteúdo do direito positivo não se exaure no que é definido pelas leis, mas se completa pela sua conceituação, pelo trabalho doutrinal e pelos princípios de ordem geral que constituem os comandos mais elevados e menos sujeitos à mutabilidade que lhes é peculiar, bem como princípios que, todavia, se integram no sistema normativo e lhe proporcionam coerência.

O direito positivo é objeto da dogmática jurídica. Num sentido filosófico, ele resulta da perspectiva de dois planos normativos: um da natureza e um da cultura. Ao primeiro, corresponde o direito natural, o que é direito por natureza, independentemente de qualquer intervenção consciente; ao segundo, corresponde o direito positivo, o criado pelo homem.

Na tradição do pensamento europeu, o positivo aparece subordinado ao natural. Este é revelado ao homem ou descoberto por ele e deve ser acatado pelas leis humanas. Atualmente, o conteúdo da expressão ultrapassa o seu sentido originário, para envolver a dialética que a referência normativa a condutas concretas implica: direito positivo é o direito vivo de uma sociedade, aquele que, em dado momento histórico, pode ser aplicado pela autoridade societária.

As normas jurídicas que, dentro do direito positivo, são efetivamente aplicadas e acatadas pela maioria, constituem a ordem jurídica de um país, seu ordenamento jurídico.

A ordem jurídica é formada por normas de caráter geral que se apoiam na Constituição ou em normas equivalentes. A estas se denomina *normas ordinárias, leis ordinárias* ou simplesmente *leis*. Abaixo das normas ordinárias, isto é, recebendo a sua validade primeiramente da Constituição e depois das leis ordinárias, temos certas disposições de caráter geral, elaboradas normalmente para interpretar as anteriores, com vistas à sua aplicação. A técnica jurídica consagrou o termo *regulamento,* para designar esse tipo de norma, cuja forma clássica é o decreto. Na base dessa pirâmide normativa[13] estão as regras menos gerais, inclusive as normas individuais, válidas porque se apoiam analiticamente nos regulamentos, nas leis ordinárias e na Constituição. A ordem estabelecida nessa hierarquia não é rigorosa, pois nada impede que a fonte de validade de uma norma individual seja a própria Constituição, dispensados os escalões intermédios.

Finalmente, a palavra "direito" é também utilizada para aludir ao direito natural, pois a controvérsia entre jusnaturalistas e positivistas aprofundou ainda mais a oposição conceitual entre o direito natural e o positivo, levando a que este passasse a ser definido nos termos dessa oposição.

O conceito de "direito natural", bem como as doutrinas que o estudam, é objeto da próxima aula.

13. KELSEN, Hans. *Teoria Pura do Direito*, 1987.

Quinta Aula
O direito natural

Sumário: 1. As doutrinas jusnaturalistas. 2 A natureza das coisas. 3. A natureza humana. 4. O direito natural como fundamento do direito.

1. As doutrinas jusnaturalistas

O pensamento jusnaturalista nasceu com a especulação filosófica e desenvolveu-se através de inúmeras doutrinas. Atualmente, mais do que a apreciação histórica desse desenvolvimento, urge uma classificação das doutrinas jusnaturalistas ou, pelo menos, a sugestão de critérios que propiciem o agrupamento destas segundo caracteres comuns.

A filosofia jurídica contemporânea registra algumas tentativas de classificação. Goldschmidt propõe os seguintes critérios: o setor do dado em que se acha o direito natural, o meio cognitivo com que o descobrimos e as características que o distinguem do direito positivo. Bourke distingue as doutrinas jusnaturalistas baseadas na natureza do homem e as baseadas na natureza das coisas. E Wolf considera as doutrinas dependentes do conceito de natureza e as dependentes do conceito de direito.[1]

De qualquer modo, direito natural e direito positivo têm em comum os dois aspectos inerentes ao conceito de direito: objetivamente como disciplina ou ordenação de algo, e subjetivamente como condição identificada com a faculdade de agir, ser e estar, mas direta ou indiretamente relacionada com essa ordem objetiva. O direito natural pode então ser concebido como ordem universal de todas as coisas, ou somente como ordem das coisas vivas, abrangendo a vida animal e a vegetal. Uma terceira posição doutrinária restringe o campo do direito natural à ordem da existência humana. São três portanto os grupos principais de doutrinas: a concepção de um direito natural cósmico, a de um jusnaturalismo vital e a de um direito natural humano.

---

1. WOLF, Erik. *El problema del derecho natural*, p. 43 e 135.

A primeira concepção revela o direito natural como projeção das leis astronômicas na vida social. O precursor mais notável, cuja doutrina permanece como paradigma, é Heráclito, para quem a realidade é um constante vir-a-ser, presidido pelo *logos*, princípio universal que não somente regula o desenvolvimento da natureza, como também propicia as leis da evolução humana.

A doutrina de um princípio cósmico idêntico para as coisas, para o espírito e para a comunidade, permanece ao longo de todo o pensamento da Antiguidade. Assim, Anaximandro ensinava que os seres se dão uns aos outros o que por essência lhes compete. Em Homero e Hesíodo, diversas passagens denotam a ideia de que direito é o que articula, funda e ata o ser.[2]

O jusnaturalismo cósmico ressurge na filosofia existencial contemporânea, não propriamente como filosofia jurídica, mas como resultado de um ontologismo levado às últimas consequências.

O direito de existir, e de existir como se é, é uma tese fundamental no existencialismo, donde se infere um direito da individualidade que não se restringe necessariamente ao ser humano, mas que se comunica a todo ente. Dentro dessa concepção, pode ser compreendido o solipsismo de Stirner conduzindo à criação do direito pelo homem isolado, segundo sua própria maneira de ser.[3] Isso explica de certo modo a relutância em projetar sobre o direito a consideração existencialista, nas obras de filósofos como Sartre, Kierkegaard, Ortega y Gasset, Bergson e Heidegger, filósofos da vida propriamente. Com efeito, se admitirmos um direito da ipseidade, um direito da essência individual, admitiremos não somente o direito de uma ordem típica, espécie de *jus commune* da natureza humana, como também o de uma ordem excepcional, espécie de *privilegium*, lei individual, essencial e vital para o indivíduo atípico, e o direito aqui se confunde com a própria vida.

Tal direito natural atípico não parecerá tão estranho se considerarmos que, em muitas concepções pluralistas do direito e do Estado, as organizações excepcionais, um sindicato de ladrões, uma organização do narcotráfico e a "máfia", por exemplo, são encaradas como instituições, sujeitos os seus membros a uma ordem normativa provida de um mínimo de juridicidade.[4]

O segundo grupo de doutrinas compreende as que situam o direito natural na natureza animada em geral. Nesse grupo incluem-se as concepções que se referem apenas à vida animal. Sua tese central é uma ordem da animalidade, um direito natural comum a homens e animais.

Essa concepção tem antecedentes em Pitágoras e Empédocles e dominou o pensamento jurídico romano, fundamentando sua clássica divisão tripartite: *jus*

---

2. WOLF, Erik. *Griechisches Rechtsdenken*, 1947.
3. STIRNER, Max. *Der Einzige und sein Eigentum*, citado por GOLDSCHMIT, Werner. *Filosofia, historia y derecho*, 1953, p. 147.
4. REALE, Miguel. *Teoria do direito e do Estado*, 2000.

naturale, jus gentium e *jus civile*. Na palavra de Ulpiano, "*jus naturale est quod natura omnia animalia docuit*".

A explicação dessa *lex naturalis* romana está no panlogismo estoico, de que Cícero, em *De República*, foi o grande representante. Caída no olvido com a dominância do Cristianismo, a doutrina ressurge no panteísmo de Spinoza, quando nos fala do "direito de os peixes grandes devorarem os menores", e na teoria da justiça infra-humana, de Spencer.[5]

Por outro lado, um direito derivado da vida animal é o que se deduz de certas analogias frequentemente estabelecidas entre comunidades animais e humanas. As abelhas e as formigas parecem catalisar a preferência para tais aproximações. Nesse sentido, lemos nas sentenças de Salomão e de Marco Aurélio: "O que é mau para o enxame também o é para a abelha". No século XVIII era bastante conhecida a *Fábula das abelhas* de Mandeville e, durante o século XX, surgiram inúmeras obras que pretendiam explicar a estrutura da sociedade a partir das estruturas orgânicas animais.

Um dos precursores dessa tendência foi Ihering, ao tratar da anatomia do organismo jurídico, e da "consideração fisiológica do organismo jurídico". Com efeito, lemos em Ihering: "Todo organismo pode ser considerado sob um duplo ponto de vista: anatômico e fisiológico. O primeiro tem por objeto os elementos deste organismo, a sua ação recíproca, ou seja, a sua estrutura; o segundo, as suas funções. Vamos considerar o direito sob este duplo aspecto e ocuparmo-nos agora de sua estrutura". Em nota, faz Ihering referência à obra de Bentham, *Tratado de legislação,* em que esse autor, baseado nos processos de classificação que se encontram nas obras de metafísica, física, história natural e medicina, sugere o estudo do corpo político do ponto de vista da *anatomia,* da *fisiologia* e, também, de sua *matéria médica* [*sic*].[6]

Nos dias atuais, a tese de Luhmann sobre a autopoiese dos sistemas sociais, entre os quais o jurídico, é aplicação das pesquisas em biologia levadas a efeito pelos biólogos Maturana e Varella.[7]

Finalmente, um terceiro grupo situa o direito natural na vida humana, relacionando-o com o homem, isoladamente ou em sua natureza social.

Um direito natural da individualidade aparece na sofística tardia, caracterizado como a lei do mais forte. Assim, conforme Trasímaco, a superioridade factual do homem em termos de força física e inteligência é que fundamenta seu direito perante os demais. E Cálicles, personagem fictício inventado por Platão, preconizava o direito do super-homem de submeter os mais fracos. O direito do mais for-

5. SPENCER, Herbert. *A Justiça*, cap. II.
6. IHERING, Rudolf von. *O espírito do direito romano*, 1943, p. 29.
7. LUHMANN, Niklas. *Teoría de la sociedad*, 1993; TEUBNER, Günther. *O direito como sistema autopoiético*, 1989.

te é referido em Maquiavel e Nietzsche: o primeiro procedendo à legitimação do poder real pela força natural, o segundo, mais profundo, identificando como o *valor mais alto* o maior *quantum* de força que o homem puder incorporar-se.

As doutrinas jusnaturalistas baseadas na natureza social do homem gozam de prestígio histórico mais acentuado, coerentemente com a ideia prevalecente de que somente ao ser humano se aplica o direito.

A concepção histórica do direito, na formulação dos pandectistas,[8] pode situar-se neste grupo, já que a conceituação de direito natural como um direito que o homem encontra na natureza em oposição ao que ele mesmo constrói ajusta-se à tese historicista de um direito espontaneamente formado no "espírito do povo", e que se impõe ao reconhecimento do legislador positivo.

Em que pese a recusa em considerar jusnaturalistas os seguidores da escola histórica, pode-se identificar o "direito histórico do espírito do povo" com um direito natural baseado na tradição, como "ordem do passado". Deve-se observar que o programa da escola histórica preconizava um *direito histórico* no sentido de autêntico direito natural, sendo sua luta contra o jusnaturalismo tão somente a recusa em aceitar as teses racionalistas, numa opção pelo direito natural histórico.

Todas as doutrinas que predicam um ideal social colimado pelo direito podem ser incluídas neste terceiro grupo. Aqui porém coloca-se o problema de que este ideal não pode ser empiricamente descoberto, via indutiva, mas somente através da razão. Por conseguinte, todas as teorias que preconizam uma concepção ideal da sociedade recaem no racionalismo. A *escola clássica do direito natural,* além de situá-lo na natureza humana social, inferia as leis naturais a partir da própria racionalidade, abstração feita de qualquer alusão a alguma entidade metafísica, como Deus, o *logos,* os deuses e o espírito universal, que pudesse constituir-se em origem e fundamento do direito natural.

Antes da eclosão do racionalismo setecentista, encontramos ressonância dessa teoria no pensamento cristão, através dos ensinamentos de São Paulo,[9] São João Crisóstomo,[10] Marsílio de Pádua,[11] com sua doutrina da legalidade intrínseca do homem social, e Nicolas de Cusa.

O desenvolvimento do jusnaturalismo racionalista, bem como a extraordinária influência que exerceu sobre o pensamento jurídico e sobre a própria construção da ciência do direito, deveu-se sobretudo a Grotius, Puffendorf, Thomasius e Wolff, a cujas ideias se deve a transformação da doutrina do direito natural em uma ciência da vida social e em um sistema de deveres sociais.

---

8. Os juristas da escola histórica denominavam pandectas às fontes romanísticas do direito alemão. Daí o nome "pandectistas" pelo qual são conhecidos.
9. *Epístola aos romanos*, 2, 12.
10. *Homílias Seletas.*
11. V. G. DE LAGARDE, *La naissance de l'esprít laïque au déclín du Moyen Age.*

No mundo de língua inglesa deve salientar-se a obra de Blackstone e Burlamaqui. O primeiro foi responsável pela introdução na Inglaterra do jusnaturalismo laico continental. O segundo, suíço de nascimento, teve seu texto *Principes du droit naturel* traduzido para o inglês e utilizado como base do ensino do direito natural em Cambridge e Oxford.

O jusnaturalismo escolástico de Santo Tomás de Aquino e Suarez, entre outros, igualmente repousa numa concepção ideal da sociedade, na medida em que afirma que a lei se orienta no sentido do bem comum. O que separa a teoria escolástica da escola clássica é o meio cognoscitivo para chegar-se ao direito natural: enquanto esta é baseada no uso exclusivo da razão, os escolásticos consideram, além desta, a *revelação*, atribuindo a Deus a origem e fonte do direito natural, o que, para os racionalistas, é irrelevante. Os escolásticos consideram, ademais, que o caminho da revelação é privilégio da Igreja, a quem incumbe a interpretação autêntica das sagradas escrituras.

O pensamento filosófico protestante, anatematizando este exclusivismo da Igreja romana, conduziu-se inexoravelmente para o racionalismo, já que a doutrina do livre exame e interpretação das escrituras importava considerar a razão como único meio de conhecimento da lei divina.[12]

Mas a doutrina escolástica, pelo exclusivismo que concedia à revelação como fonte de conhecimento do direito natural, ficou sendo considerada modelo paradigmático do jusnaturalismo metafísico. Embora não houvesse propriamente oposição, mas tão somente divergência quanto ao papel da revelação no conhecimento do direito natural, as opções em relação a uma teoria ou outra assumiram caráter de antítese, o que na verdade não era.

Durante o século XIX observa-se certo afastamento da ciência do direito em relação ao jusnaturalismo, o que se deveu à predominância da filosofia positivista. Entretanto, esse hiato veio a ser superado no século XX por influência da filosofia pós-kantiana, destacando-se a obra de Stammler e Rénard.

O primeiro preconizou um direito natural formal, de conteúdo variável, o que representou nova etapa no desenvolvimento da doutrina jusnaturalista com aptidão para superar a antítese entre metafísicos e racionalistas.

A doutrina de Stammler, desenvolvida a partir de Kant, é uma teoria do direito justo, muito mais do que um "direito natural de conteúdo variável".[13] Na base dessa teoria está uma concepção idealista da sociedade – motivo pelo qual a colocamos no terceiro grupo – como comunidade pura, ideal, que se desenvolve segundo critérios formais de valoração. A justiça é, para Stammler, precisamente a noção formal dessa comunidade, sendo que todo direito concreto estaria orienta-

12. GOLDSCHMIDT, op. cit., p. 156.
13. Stammler utiliza essa expressão somente em *Wirstschaft und Recht*, de 1896, e em nenhum outro lugar. Sua obra capital é o *Lehre vom richtigen Recht*.

do ou não por esse mesmo ideal social. Caso positivo, seria um direito justo, embora de conteúdo variável.

No pensamento de Rénard vislumbramos sua teoria do *direito natural de conteúdo progressivo*, igualmente preconizando um ideal social puramente formal como critério de valoração do direito positivo. Afasta-se porém de Stammler, eis que considera a sociedade histórica, concreta, como elemento que determina a evolução do direito natural.[14]

Finalmente, há que mencionar a teoria do *direito natural de conteúdo em devir*, de Fechner[15] e Mayhofer,[16] os quais aliam à exigência formal de valoração a consideração da "natureza das coisas", com base na fenomenologia existencialista e na observação antropológica.

Revolucionando a tradição jusnaturalista, repelem a ideia de uma natureza-essência previamente dada ao homem como fonte do direito natural, e fixam-se na concepção antropológica de que o homem constrói sua própria natureza à medida que evolui na história. O direito natural é "natural" porque derivado da natureza humana, mas ao mesmo tempo é direito "dado", porque a natureza humana é criada pelo homem em constante devir.

2. A natureza das coisas

A ideia do direito natural pode ser considerada em relação ao conceito de natureza ou ao conceito de direito, pois, se a definição de natureza pode levar a teorias as mais variadas e até antagônicas, nada impede que as doutrinas jusnaturalistas tomem como ponto de partida os conceitos elaborados através da história do pensamento jurídico para definir ou pensar o direito.

Segundo Erik Wolf, a concepção do direito como ordem da objetividade pode conduzir à *lex naturalis* dos antigos, enquanto uma concepção que considere o direito como ordem da subjetividade levará à teoria de um direito natural subjetivo, identificada nos chamados "direitos do homem" das declarações universais.[17] As teorias do direito natural do "senso comum" repousam na ideia do direito como ordem da consensualidade, isto é, um direito elaborado naturalmente através do costume e que reconhecido pelo legislador somente ao transformar-se em norma

14. RÉNARD, George. *Le droit, la logique et le bon sens* (Conférences d'introduction philosophique à l'étude du droit), 1925, especialmente, "*Le droit naturel et le bon sens*".
15. FECHNER, Erich. *Rechtsphilosophie*, 1962.
16. MAYHOFER, Werner. *Naturrecht als Existenzrecht*, 1965, e *Recht und Sein*, 1964.
17. Constituição dos EUA, de 1787. Declaração dos Direitos do Homem e do Cidadão, da Revolução Francesa, 1789. Carta de São Francisco, de 1945. Declaração Universal dos Direitos do Homem, de 1948, adotada pela DNUV. RÁO, Vicente. *O direito e a vida dos direitos*, 1952.

sancionada pelo Estado. O historicismo de Savigny e a noção pluralista do "direito livre" podem ubiquar-se entre estas.

As doutrinas jusnaturalistas fundamentadas na "natureza das coisas" estão referidas, não ao conceito do direito, mas ao conceito de natureza.

Aí começam as dificuldades conceituais, pois a quantidade de doutrinas decorre da multivocidade da palavra "natureza". O vocabulário filosófico de Lalande nos apresenta onze acepções filosoficamente válidas do termo,[18] e Erik Wolf seleciona nove teses de conceituação da natureza como critério de classificação das correntes jusnaturalistas: natureza como ipseidade, originalidade, autenticidade ou pureza, causalidade, idealidade, criação, impulsividade natural e "natureza da coisa".[19] Esta é definida pelo autor como "a ordem ou estrutura necessária de cada ente segundo sua determinação ou função".[20]

A ideia de natureza das coisas, abrangendo a ordem necessária, a ipseidade e a vitalidade, fundamenta numerosas correntes: a partir da ordem necessária, ou estrutura irredutível do ente, desenvolveu-se a ideia de uma "justiça das coisas", "a essência das regularidades empiricamente conhecidas da existência social que se apresentam recorrentemente por necessidade objetiva dos *dados,* como esquema de ordenação constantemente reproduzida",[21] ideia central das concepções de Hugo, Ihering e Dernburg.[22]

Com fundamento na essência irredutível das coisas desenvolveu-se uma concepção jusnaturalista individualista, doutrina que ampara a pretensão do indivíduo a existir segundo seu ser e a valer como aquilo que é. Direito natural passa a ser a quintessência, o núcleo da existência jurídica concreta do homem.

A concepção da natureza como vitalidade fundamenta, outrossim, as teses do jusnaturalismo vital, que reduzem o homem ao puro instinto animal de conservação da raça e outros; assim, o direito é justificado pela "raça superior", pelo poder econômico (o dinheiro governa o mundo) pelos privilégios da própria nação (*right or wrong, my country*) e outras doutrinas de não saudosa memória.

O rápido panorama ora apresentado de algumas tendências jusnaturalistas baseadas na natureza das coisas, as consequências negativas de algumas delas, levam-nos a considerar as razões desses desvios, que poderão ser identificados menos na falta de coerência entre as premissas relativas ao conceito de natureza e as conclusões referidas às concepções jurídicas, do que a uma análise errônea do em que

---

18. LALANDE, André. *Vocabulaire téchnique et critique de la philosophie*, Paris, 1969, vb. "nature".
19. WOLF, Erik. *El problema del derecho natural*, p. 43 e segs.
20. Idem, ibidem, p. 114.
21. Idem, ibidem, p. 115.
22. Segundo Dernburg, "quando falta uma norma positiva, o jurista tem que apelar para a ordem estabelecida nas coisas e que chamamos a natureza delas" (*Pandetten*, I, 5. ed., 1896), apud WOLF, op. cit., 1960, p. 117.

consiste a natureza humana, a uma visão insuficiente, porque isolada do contexto mais amplo formado pela existência espiritual e social, do que se deva entender por "essência" do ente humano, individual e social.

3. A natureza humana

A inferioridade física do homem em relação aos outros animais é fato provado biológica e antropologicamente. Do ponto de vista biológico, o homem é um mamífero inespecializado, incapaz de sobreviver por seus próprios meios às condições da vida extrauterina; mais ainda, é um animal fisicamente inadaptado, inadequado à natureza, vale dizer, incapaz de um equilíbrio com a natureza, no que não foi favorecido pela evolução natural, dentro do conjunto dos animais superiores.

As concepções evolucionistas salientam o fato de que o desenvolvimento cerebral, dotando o animal-homem de uma arma invencível, a inteligência, com a qual pode ele afirmar-se na luta pela vida e pela preservação da espécie, provocou ao mesmo tempo a decadência do corpo, dada a relativa desnecessidade de seu aperfeiçoamento. Graças à inteligência, o homem pode suprir suas deficiências físicas por meios artificiais.

O momento evolutivo em que o animal-homem começa a utilizar-se de meios extracorpóreos marca o início da cultura. Esse momento talvez tenha começado com o simples aconchego, uns aos outros, para aquecimento, o que sugeriu o uso de peles como vestimenta protetora contra o frio, ou então com o primeiro arremesso acidental de um objeto,[23] o que sugeriu a multiplicação da força muscular. A história da cultura ainda não está em condições de afirmar com segurança como se verificou a passagem da vida animal para a cultural, apenas sugere hipóteses.

Por outro lado, o relacionamento causal entre o desenvolvimento cerebral e corporal também não está isento de controvérsias. Pode ter ocorrido que o desenvolvimento intelectual tenha realmente sido causado pela inferioridade física preexistente, mas não é também improvável que o "germe" da inteligência tenha existido desde as origens da vida e que, em dado momento da evolução animal, tenha se manifestado e desenvolvido justamente no animal que apresentou condições para tal. O que importa para nossos estudos é que o homem, reunindo corpo e inteligência, evoluiu no sentido de um aperfeiçoamento intelectual e de uma inferioridade física cada vez mais acentuada no confronto com os outros animais e com as próprias condições corporais de resistência ao mundo extracorporal.

Em contrapartida, o homem, inespecializado e inadaptado, passa a ser dotado de uma *capacidade de fazer*, que passa a ser mais importante que sua *capacida-*

23. Como sugere Stanley Kubrick em sua obra cinematográfica, *2001, Uma odisseia no espaço.*

de de ser. Assim, o homem pode ser definido como um animal criativo, sendo sua criatividade no início da evolução condicionada à medida das deficiências corporais, desenvolvendo-se, todavia, no sentido de uma criatividade incondicionada, como simples atividade espiritual.

O momento antropológico-evolutivo em que a criatividade deixa de ser condicionada marca o começo da arte. Com efeito, a arte é a mais elevada forma de manifestação intelectual, porque envolve uma criatividade incondicionada; o fato "arte" comprova igualmente a assertiva de que a criatividade é uma necessidade intelectual, vale dizer, constitui o núcleo do autenticamente humano. O homem é humano na medida em que cria, o humano é mais humano quanto mais incondicionada for a sua criatividade.

Esta adaptabilidade aberta e criadora se projeta no campo social. Já a definição aristotélica do *zoon politikón,* envolve tal ilação. Considerado em sua animalidade, o homem pode associar-se por instinto na medida em que necessita dos outros para sobreviver; considerado em sua humanidade, ele se associa para realizar-se como criador.

É evidente que a associação instintiva ou consciente não é nem estanque nem mutuamente excludente; o importante é que a sociabilidade pode fundamentar-se em qualquer aspecto, seja na natureza animal, seja na espiritual.

Por outro lado, sociabilidade implica comunicação, e comunicação é um dos aspectos mais importantes da criatividade. O homem não cria somente para si, mas para o grupo ao qual pertence; quanto mais refinada é a criação, mais se acentua a comunicação; e voltamos à arte como o tipo mais incondicionado e, portanto mais refinado de criação; ela é inicialmente participação, sem o que perde sentido; é da essência da obra de arte ser apreciada, mesmo que, para tanto, o próprio criador se transforme em contemplador de sua obra; dir-se-ia que neste caso o artista reúne duas pessoas: a que cria e a que participa, embora isso efetivamente não ocorra e é improvável que tenha alguma vez ocorrido; o importante é que a obra de arte é uma forma de comunicação inserida na natureza social; o próprio sentido bíblico da criação envolve um aspecto de participação na obra divina.

Dado o homem como animal imperfeito do ponto de vista biológico e dotado de uma *adaptabilidade criadora* do ponto de vista espiritual e social, infere-se que a sua existência histórica é um contínuo de aquisições, vale dizer, a história é criação. Tal assertiva nada mais é que a projeção na filosofia da história da teoria sociológica da evolução por aquisição social; o homem é produto de sua própria ação no mundo e sobre o mundo, não tendo sentido qualquer regresso cultural, pois toda cultura é produto da cultura anterior.

A conclusão que transparece à luz dessas doutrinas, calcadas na pesquisa antropológica mais atualizada, é que tudo aquilo que se refere ao homem participa igualmente desse sentido de desenvolvimento por adaptação e criação, biológica e espiritual, social e histórica, em suma, desenvolvimento antropológico e cultural.[24]

Isso posto, há de se considerar o conjunto de fenômenos a que se convencionou denominar "direito", também dentro dessa perspectiva antropológica; o fenômeno jurídico é essencialmente humano; mais ainda, é criação e comunicação, produto da história e da evolução cultural da humanidade, e também uma forma de comunicação social.

Da integração dialética dos elementos que compõem o fenômeno jurídico podem-se extrair algumas ilações: a primeira é que, mesmo se considerado apenas em sua normatividade, o direito é produto daquilo que no homem é essencialmente humano, sua atividade livremente criadora; a segunda é que essa humanidade não se exaure no ato de criação; este faz parte da essência do direito, o qual é direito enquanto criado e recriado de maneira constante pelo homem, integrado à sua própria impulsividade vital; o direito é necessário à realização humana, e como essa realização é o próprio ser do homem, o direito integra este ser na medida em que contribui para a sua realização.

Assim sendo, existe um sentido de aperfeiçoamento no direito, que deve ser colocado no devido lugar. A ordem jurídica não se limita à conceptualização normativa da sociedade presente, prolongando a vigência de valores passados. Ela também antecipa a incidência de valores que o próprio homem cria. Tal dimensão da ordem jurídica que se projeta para o futuro tem sido muito pouco considerada; a par do aspecto dirigente da constituição, uma das categorias que se presta a tal consideração é o planejamento, espécie de constituição que se projeta para o futuro; o sentido fundamental das normas jurídicas da planificação é regrar o desenvolvimento econômico com vistas a acelerar a conservação de determinados objetivos que traduzem o bem-estar geral; em outras palavras, é a antecipação de valores futuros.

A conclusão a que se chega é que a validade do direito está vinculada ao mesmo sentido de aperfeiçoamento que caracteriza essencialmente o ser do homem; o direito positivo vale como tal na medida em que se insere na tarefa global de realização do homem pelo seu próprio esforço; é a natureza humana enfocada no sentido global de evolução e autocriação que proporciona o conhecimento dos critérios da validade material do direito, a solução do problema do direito justo.

24. CHARDIN, Teilhard de. *O fenômeno humano*, 1965; MALINOWSKI, B. *Uma teoria científica da cultura*, 1962. LÉVI-STRAUSS, Claude et al. *O método estruturalista*, 1967; A. VINCENT, A. "La synthèse cosmogénétique de Teilhard de Chardin et le droit". In: *Archives de Philosophie du Droit*, t. X, 1965.

4. O direito natural como fundamento do direito positivo

Nas páginas precedentes examinamos as premissas que podem conduzir à solução do problema do fundamento do direito. Elas se relacionam, de um lado, com a adequada compreensão da essência do direito, o que foi possível pela consideração dialética dos elementos que o constituem; de outro lado, pela concepção do homem em sua totalidade, enriquecida pelas contribuições aportadas pela pesquisa antropológica e sistematizadas nas escolas antropológicas contemporâneas.

Essas considerações permitem-nos adiantar algumas implicações, no que respeita ao tema abordado neste capítulo.

Inicialmente o homem cria a sua essência na medida em que se desenvolve; assim sendo, não existe uma natureza essência previamente dada, que se imponha ao homem e que este deva aceitar passivamente, ou a ela conformar-se pela inexorabilidade de sua atuação; existe uma natureza humana autocriada e criadora que, embora possa impor-se inexoravelmente a partir do momento da sua criação ou da sua "descoberta", o próprio homem a cria; uma natureza que participa ativa e passivamente da criatividade dinâmica sem que a essência do homem se exaura.[25]

A filosofia existencial transmuta este conceito do plano antropológico para o metafísico, como "abertura para o ser". O *dasein* é ser na medida em que é e na medida em que se comunica com o outro ser através da cultura; na hermenêutica existencial, este conceito traduz a própria liberdade como dado imediato e primeiro da consciência, cuja demonstração é desnecessária, visto ser este dado o fundamento de possibilidade de toda a verdade.[26] A abertura para o ser, existencial, fundamentada na criatividade antropológica, confere ao homem eminente dignidade na medida em que implica sua responsabilidade pela história e afasta todo o determinismo; isso significa que todo condicionamento biológico, físico, social é condicionamento na medida em que o homem o aceita como tal e renuncia a todo e qualquer esforço para modificá-lo; sendo assim, mesmo que aceitemos como demonstrável os condicionamentos de ordem natural, fica afastado o condicionamento histórico, já que aqueles condicionamentos passam a ser autocondicionamentos, na medida em que o homem participa das mudanças de sua situação biológica, ecológica e social. O homem não pode nem mesmo renunciar a essa influência ativa, o que implica sua total responsabilidade pelos acontecimentos históricos; um fato histórico de consequências funestas para a humanidade não pode ser desculpado com fulcro em fatores extra-humanos.

Em segundo lugar, o direito é produto da história, não o produto da elaboração natural condicionada, mas o produto da criação livre do homem "*aberto para o ser*". Se corresponde à própria dialética do direito a coerência normativa e axioló-

---

25. MACHADO, J. Batista. *Antropologia, existencialismo e direito*, 1965, p. 3 e segs.
26. Idem, p. 12.

gica entre ele e a realização do homem como tal, há de se buscar o fundamento de sua validade material num direito natural que, longe de traduzir a oposição entre o dado e o criado, se integra no criado, já que o dado em relação ao essencialmente humano não existe, e o jurídico só existe dentro do essencialmente humano.

Não há, pois, que falar em direito natural dogmático, nos termos da escola clássica e do jusnaturalismo metafísico, porque o apego a critérios estimativos firmes, imutáveis e eternos, além de impossível na prática, contradiz a natureza humana e fere sua liberdade criadora.

A esta altura, há de se conceber o direito natural como critério de valoração do direito positivo, com dois resultados possíveis: com vistas à avaliação do *quantum* segundo o qual está o mesmo integrado na tarefa de aperfeiçoamento humano, ou considerando-se que, embora o resultado da primeira avaliação se apresente negativo, ainda assim trata-se de obra humana, com vistas aos elementos estruturais e vitais que, dentro da sociedade, levaram à ordem considerada *injusta* segundo os padrões da primeira avaliação. É tarefa eminentemente humana, obra em que o homem tem de empenhar-se com ardor a descoberta desse direito natural que ele mesmo cria, um direito em constante devir,[27] como as coisas humanas e o próprio homem.

Na época atual, eivada de positivismo, logicismo e tecnicismo, verifica-se o declínio da teoria do direito natural, o que é condizente com o abandono da especulação filosófica no ensino do direito. Pode-se asseverar que a atualidade do pensamento filosófico-jurídico, em seus movimentos mais expressivos, oferece características marcadamente antijusnaturalistas, eis que não comporta a ideia de um fundamento metaempírico de validez ou legitimidade do direito positivo.

Devemos recordar, entretanto, que a doutrina do direito natural tem prestado inestimáveis serviços ao desenvolvimento da humanidade no sentido do bem, vindo a constituir a mais expressiva fonte dos valores definidos por Reale como constantes axiológicas.[28]

Só para exemplificar, um dos fundamentos do direito penal é o denominado "*princípio do delito natural*", afirmando que a criminalização de certos atos decorre do que a natureza estabelece, e não da mera vontade dos homens. Assim, matar e roubar são crimes porque é contra a natureza matar e roubar. Ou seja, os homens apenas declaram o que já é imposição da natureza, o que todavia admite contestação, porque o homem é livre e segue o direito da natureza se assim o quiser.

Os ordenamentos jurídicos das nações, após longa evolução histórica, acham-se impregnados dessa concepção, a qual preside a noção de direitos fundamen-

27. FECHNER, Erich. *Rechtsphilosophie*, 1962. MAYHOFER, Werner. *Naturrecht als Existenzrecht*, 1965; *Recht und Sein*, 1964. HOMMES, Ulrich. *Die Existenzerhellung und das Recht*, 1962.

28. Sobre a axiologia realeana, *v.* MEDINA, Javier García. *Teoría integral del derecho en el pensamiento de Miguel Reale*, 1995, p. 146 segs.

tais inscritos nas constituições e nas declarações universais. Entende-se que os Estados, ao estabelecerem suas leis basilares, fundamento das outras leis, apenas declaram direitos que os precedem, porque já estão na natureza, e que são constatados pelos homens através da razão.

A concepção jusnaturalista, embora superada pela influência avassaladora do positivismo e em face da *crise do direito natural* ocorrida no século passado, nunca desapareceu da doutrina jusfilosófica. A tese jusnaturalista enfatiza que os princípios gerais albergam as supremas verdades do direito, de modo a transcenderem as nacionalidades, sendo comuns aos diversos povos. Além disso, os princípios jusnaturalistas básicos correspondem à crença numa *ratio juris* de caráter universal que, desde os romanos, é patrimônio comum que acompanha a humanidade em seu desenvolvimento e, ainda, que se acha presente na consciência jurídica, decorrente da natureza das coisas, tal como esta pode ser apreciada pela razão.

O ressurgimento da tradição jusnaturalista após o apogeu do positivismo oitocentista teve por núcleo a superação do otimismo ingênuo do cientificismo da época, que, tendo tido a pretensão de explicar o homem e o universo pelo princípio da causalidade e pelo rigor lógico-formal da metodologia científica, revelara-se incapaz de transformá-los em algo melhor. Daí a nova metafísica, elaborada não mais a partir de uma visão uniforme do universo, mas desenvolvida no contexto de múltiplas filosofias, que culminaram no pensamento existencial.

Já o resgate do direito natural que se observa após a Segunda Guerra Mundial teve por palco a Europa destruída e a necessidade percebida por juristas e filósofos de um transcendentalismo que os auxiliasse a compreender a tragédia que a humanidade enfrentara e a evitar sua repetição, num contexto incompatível com o que se definia como cultura e civilização. De que modo se poderia evitar o "direito contra a pessoa" e superar a visão totalitária do direito e do Estado nazifascista, sem apoio num critério jusnaturalista de legitimidade? Tal é a base da conversão jusnaturalista de Radbruch, Rénard, Cathrein e Del Vecchio, entre outros.[29] Igualmente nesse contexto é que se passou a falar no *eterno retorno ao direito natural*.

Ao nos referirmos à atualidade, a questão que se apresenta é se existe ambiência científica, no contexto do saber jurídico, para o transcendentalismo que o direito natural implica. Se não, em face dos acontecimentos do mundo atual, impregnado da ideologia da globalização, submetido ao modo capitalista de produção e sob o domínio da informática, e impregnado ainda de uma forma de racionalidade meramente instrumental, quando os dirigentes do mundo dito "civilizado" envolvem-se em novos conflitos, entendendo que a violência é a solução para seus problemas políticos, é possível almejar um novo "eterno retorno"? Fica essa indagação para nossos acadêmicos de direito.

29. MATA-MACHADO, Edgar de Godói. *Contribuição ao personalismo jurídico*, 1954.

Sexta Aula
A norma jurídica

Sumário: 1. A lei e a norma. 2. Caracteres gerais das normas jurídicas. 3. Classificação das normas jurídicas. 4. A moral e o direito.

1. A lei e a norma

O direito se manifesta através de comandos, ordens, mandamentos, determinações, dirigidos ao comportamento dos homens em sociedade. É a parafernália de leis, medidas provisórias, decretos, regulamentos, ordens de serviço, portarias, contratos. Também a Constituição Federal, com suas emendas e leis complementares, em suma, a miríade de imperativos que constituem ao mesmo tempo o suplício e a alegria dos advogados, pois é em parte graças a essa confusão que as pessoas contratam advogados para defesa de seus interesses.

A expressão comum para referir-se a tais imperativos é "norma jurídica". Entretanto, há uma palavra de acepção mais ampla, que envolve o significado da norma jurídica e outros. É a palavra "lei". E a mais famosa definição de lei, no sentido mais amplo possível, deve-se a Montesquieu.

É possível falar em lei natural e lei positiva, lei divina e lei humana, lei física, lei ética e lei jurídica, lei lógica, lei matemática, lei científica etc., tendo em comum a ideia de que algo ocorre em consequência de um princípio, seja ele a expressão das relações necessárias existentes entre os seres da natureza, seja como algo dimanado da vontade de um ser metafísico – Deus, os deuses, o *Logos* – seja ainda como manifestação da vontade humana.

Entretanto, deve-se, desde logo, advertir que não existem propriamente as relações entre fenômenos. O que existe são os fenômenos, mas a relação é somente o modo como o intelecto os encara no processo de conhecimento. Por conseguinte, a lei não se confunde com a relação, reparo que deve ser feito quanto à definição de Montesquieu. As relações entre os fenômenos, a ordem entre eles, constituem produto de abstrações no processo de conhecimento. A lei é a mera expressão dessas relações, expressão linguística, lógica ou semiótica, já que ocorre mediante palavras ou signos em geral.

Além de representar as relações, a lei é o meio de generalizá-las, isto é, considerá-las quanto a outros fenômenos que o sujeito cognoscente *não conheceu*, de forma direta e objetiva, no momento em que seu entendimento enunciou como lei a explicação de tais relações.

Este significado básico se aplica a todas as acepções em que normalmente a palavra *lei* é empregada. Cabe, todavia, distinguir entre quatro acepções fundamentais: a) no sentido de *necessidade*, isto é de que algumas coisas não podem deixar de ocorrer, sob determinadas condições; b) no sentido *anancástico* - palavra tomada a *Von Wright* – de que uma conduta é necessária para um objetivo; c) no sentido ético, de que um ser racional e livre deve conduzir-se de determinada maneira; e d) no sentido *jurídico*, de que um ser racional e livre, existindo numa comunidade de outros seres igualmente racionais e livres, deve atuar de determinada maneira em virtude da pressão exercida pela comunidade.

O primeiro significado alude às leis científicas, ou postulados, ou ainda *leis naturais*. Seu caráter de necessidade não dimana tanto da possibilidade de ocorrerem os fatos a que se referem, mas da regularidade constatada em fatos observados, o que permite ao observador certa previsibilidade de que o mesmo possa ocorrer com fatos semelhantes. Leis naturais, nesse sentido, são as da física e das demais ciências da natureza. Também os axiomas matemáticos e as tautologias lógicas se enquadram nesta categoria.

O sentido anancástico alude às regras técnicas e às do jogo e participa do mesmo caráter de necessidade das leis naturais, porém, vinculado à consecução de um objetivo, o qual depende da vontade humana. Assim a construção de um veículo, a edificação de uma residência, um jogo de futebol etc., dependem de que uma vontade presumivelmente livre escolha tal objetivo e a ele direcione as ações respectivamente vinculadas. Mas, uma vez escolhido, a ação que o realiza deve submeter-se às regras de modo idêntico à submissão, em sentido figurado, dos fatos às leis naturais. A diferença está em que um fato não pode deixar de acontecer em função da lei natural que o rege, e um objetivo só se realiza em função das regras a que está submetido, se o agente o deseja e pratica os atos que as regras determinam. Entretanto, vale ressaltar que a palavra *lei*, nesta acepção, só excepcionalmente é empregada, quando, por exemplo, alude-se às leis do xadrez, às leis da engenharia, em vez da expressão mais adequada "regras técnicas" e "regras do jogo".

Os outros dois sentidos correspondem ao significado mais circunscrito da palavra *norma*. Lei ética equivale a norma ética, e diz respeito à normação da conduta em que existe uma possibilidade de escolha, uma opção entre diversos modos de agir. Abrangem a lei moral, que regula a conduta autônoma, a qual diz respeito à consciência de cada um de modo preponderante, e a *lei jurídica*, sinônimo de *norma jurídica*, que se refere de modo heterônomo à conduta em sociedade, a qual diz respeito a critérios de julgamento da comunidade. Nestes dois últimos casos sói-se empregar com maior pertinência a palavra *norma*.

No mundo humano intervém um fator estranho ao da natureza, a *liberdade*, pela qual a conduta tende a libertar-se dos fatores que a condicionam, obedecendo à própria consciência ou aderindo por vontade própria a padrões de conduta sugeridos por outros homens. Somente a esses modelos é que se aplica a rigor a palavra *norma*, cuja diferença específica em relação à lei natural e à regra técnica é o caráter contingente dos seus resultados, ao contrário do caráter de necessidade com que tais resultados ocorrem no mundo fenomênico expresso pelas leis naturais e, embora relativo aos fins, pelas regras técnicas. As leis naturais nada prescrevem, pois não constituem modelos de ação dos elementos físicos, apenas descrevem a regularidade, que a ciência apresenta como algo permanente e imutável.

Na verdade, as normas também descrevem uma regularidade que se espera seja confirmada pelos fatos, embora se admita a possibilidade de não o serem, em virtude da liberdade de que as pessoas dispõem.

Essas normas são de várias espécies e podem ser classificadas em quatro tipos fundamentais: *religiosas*, *sociais*, *morais* e *jurídicas*. Tal tipologia não é exaustiva, pois existem regras técnicas cuja natureza é discutível, envolvendo aspectos que as caracterizam tanto como técnicas quanto éticas. Referimo-nos, para exemplificar, às regras de um jogo, às da gramática e a certas regras da arte que caracterizam o estilo. As regras técnicas e as do jogo distinguem-se das jurídicas desde o plano ontológico, como vimos, pois configuram leis em sentido anancástico.

As normas religiosas formulam modelos de conduta inspirados na fé em uma entidade metafísica superior, a fé em Deus, sendo observadas pelos membros de uma comunidade unida pela crença comum. Embora a observância dessas possa ser incondicionada, pela simples adesão da consciência diante da fé na existência de Deus, elas vêm sancionadas por fatos que se acredita possam ocorrer na existência após a morte, pois a promessa de felicidade ou castigo na vida extraterrena, apoiada na crença na vida espiritual, constitui efetivamente uma sanção inerente às normas religiosas. Além disso, as mais das vezes são consideradas pelos membros do grupo religioso como expressão da vontade de seres ideais, as divindades objeto de sua fé. As normas jurídicas distinguem-se das religiosas pelo caráter sobrenatural de que estas se revestem, enquanto aquelas, como expressão do direito, são supostamente livre e racionalmente postas pelo grupo social através do poder que o pretende representar.

Maior dificuldade encerra a caracterização das normas jurídicas em face da moral e das normas sociais. Quanto a estas, distinguem-se das jurídicas apenas por seu grau de exigibilidade, quando se considera o rigor com que as normas jurídicas são impostas. Trata-se de normas de conduta derivadas em geral da tradição, e cujo conhecimento e observância dependem da identidade do indivíduo como membro do grupo social, identidade baseada na educação e na cultura do grupo. São as chamadas regras de etiqueta, os convencionalismos sociais em geral, bem como certos hábitos, explicados sociologicamente a partir das noções de *folkways* e *mores*, como as expressões sociais de respeito e educação, os hábitos de higiene, modismos etc. Sendo modelos de conduta impostos por um grupo social mais ou menos amplo aos seus próprios membros, e fundados em sentimentos coletivos de honra, educação, cultura e decoro, elas não são sancionadas com o mesmo rigor com que o são as jurídicas, mas, não obstante, reúnem condições objetivas de eficácia, a fim de que seus destinatários possam pertencer ao respectivo grupo social. A desaprovação, pela coletividade, do ato contrário à norma social, repercute subjetiva e objetivamente no agente. No primeiro caso, gera a sanção da consciência e, no segundo, pela crescente marginalização, que pode até levar à exclusão do indivíduo considerado indesejável no seio do grupo. A existência de tais normas sociais, bastante difusas, explica fenômenos sociológicos tais como os preconceitos e elitismos de todo gênero.

A rigor não existe diferença ontológica entre as normas jurídicas e as sociais, as quais se revestem dos mesmos caracteres que a teoria geral do direito elaborou para identificar as primeiras. Ambas são formas de controle social, o que realmente as distingue é a maior eficácia da sanção – o que não se aplica ao direito internacional – em virtude do tecnicismo com que o direito é elaborado e da aparência de identidade ontológica que a ideologia lhe atribui.

2. Caracteres gerais das normas jurídicas

Esse tecnicismo é peculiar ao direito das civilizações modernas, e é em função dele que a tradição dogmática procura definir a norma jurídica a partir de algumas características diferenciais, sobre as quais não há consenso. A maioria dos autores de introdução ao estudo do direito refere-se às características de *imperatividade, atributividade, bilateralidade, intersubjetividade, heteronomia, coercitividade, generalidade* e *impessoalidade*, que se atribuem às normas jurídicas; além disso, referem-se aos conceitos de *vigência, historicidade, eficácia, legitimidade, legalidade, validade, facticidade, efetividade e observância*.

Embora não sejam expressões sinônimas, há um traço de união em todas: dizem respeito ao direito como um ser atual, como algo que existe no tempo e no espaço ou, pelo menos, como alguma coisa cujos efeitos são sentidos ou vivenciados pelos membros da coletividade. Trata-se de aspectos da positividade, dos quais alguns deles se revestem de especial importância, uma vez que estabelecem fundamentos para que o conceito universal do direito como positivo, que é uma construção ideológica, assuma uma aparência de racionalidade.

A positividade é a qualidade intrínseca do direito, identificado com as leis do Estado, o direito positivo.

A *vigência* do direito alude à sua existência atual. Relacionada com a norma jurídica, significa a regra que, no momento presente, rege atributiva e coativamente o comportamento dos indivíduos do grupo social a que se destina.

Com o termo *historicidade* é possível a referência a dois sentidos diversos. Numa primeira acepção, direito histórico opõe-se a direito vigente, aludindo à norma jurídica do passado; a historicidade alude àquela que já foi vigente e que não o é mais. Por este prisma, o direito romano é histórico. Em outra acepção, a historicidade diz respeito à existência do fenômeno jurídico no tempo e no espaço, e assim, acentua-se o caráter histórico do direito positivo em relação ao direito natural, entendendo-se que a norma jurídica, tanto na forma quanto no conteúdo, é variável segundo as condições espácio-temporais. Direito histórico, nesta acepção, opõe-se a direito natural, entendido este como o direito que o é permanentemente, ou então, como o substrato imutável que permanece face às mutações históricas.

Com a expressão *eficácia* alude-se à possibilidade de a regra de direito atingir concretamente os objetivos para os quais foi elaborada. A norma jurídica vigente, mas desprovida de eficácia, torna-se letra morta e, com o tempo, será derrogada pelo próprio costume ou por outra norma escrita. Mas a carência de eficácia não implica a perda da vigência, pois nada impede que a norma deixe de ser eficaz apenas temporariamente e que possa sê-lo plenamente, a partir do momento em que as condições políticas o permitam; entretanto, em nenhum momento deixou de ser vigente.

Outra expressão alusiva à relação entre direito histórico e natural é o vocábulo *legitimidade*. Se considerarmos a existência de princípios gerais e permanentes, valores superiores, faculdades naturais do ser humano anteriores ao próprio direito, se admitirmos que acima das leis humanas existem leis eternas, derivadas da natureza das coisas, da própria razão ou de Deus, utilizaremos o conceito de regra legítima para estabelecer sua conformidade com aqueles princípios, valores, faculdades e leis superiores. Assim sendo, uma legislação que repugna ao senso comum de justiça é tachada de ilegítima e, nesse caso, direito legítimo pode equivaler a direito justo, se identificarmos a justiça, objetivamente, com a realização histórica dos princípios do direito natural.

A doutrina jurídica atual, entretanto, pretende ultrapassar o dualismo *direito natural/direito positivo*, e atribui à expressão *legitimidade* um conteúdo sociológico e político, relacionando-a com o consenso dos cidadãos quanto à norma positiva. Direito legítimo, portanto, é aquele cuja existência decorre da vontade dos cidadãos, apanágio dos sistemas democráticos de governo.

Emprega-se a expressão *legalidade*, que difere de *constitucionalidade* apenas em extensão, para aludir à localização da norma no conjunto formado pelas outras normas jurídicas. Ela está, portanto, intimamente relacionada com a noção de sistema – outro dos pressupostos da concepção dogmática e positivista do direito, sobre o qual não existe consenso doutrinário –, pois o fundamento para definir a legalidade e a constitucionalidade é um critério analítico, estabelecendo a coerência lógica entre o que a norma dispõe e o que é disposto por outras normas. Estas são consideradas hierarquicamente superiores, e essa hierarquia analítica começa na constituição e termina nas normas individualizadas. Uma norma, portanto, é ilegal ou inconstitucional, se o que dispuser contrariar o disposto na lei hierarquicamente superior ou na constituição, respectivamente.

Nos sistemas de direito positivo, o "*princípio da legalidade*" afirma que ninguém é obrigado a fazer ou deixar de fazer alguma coisa senão em virtude de lei, que não há crime nem penalidade sem lei anterior que os defina, e também que ninguém pode ser privado de sua liberdade ou de seus bens sem o devido processo legal. Este último alcance do princípio se consolida no *due process of law*, base do direito processual moderno.

O correlato da legalidade é a *validade*. Se a norma jurídica possui os requisitos que permitem considerá-la inserida no sistema analítico formado pelas demais, respeitando as condições fixadas pelas regras superiores, a norma é considerada válida. O efeito prático da validade é que ela deve ser aceita como obrigatória pelos membros da comunidade, obrigatoriedade que se impõe pela coação exercida pelo Estado, através de meios que caracterizam o poder de polícia. Outro efeito é a aptidão da norma válida para estabelecer vínculos entre sujeitos de direito, as pessoas naturais ou jurídicas, as quais passam a ser titulares de direitos subjetivos e deveres jurídicos. É a esses vínculos que corresponde o conceito de relação jurídica.

Entretanto, o problema da validade é muito mais complexo, distinguindo-se entre a validade formal e material.

A validade formal decorre da observância de uma série de procedimentos que formam o *processo legislativo*, geralmente incluído nos textos constitucionais, para a criação de leis.

A validade material abrange o conteúdo da regra de direito. Para ser considerada materialmente válida, a norma deve ater-se aos conceitos, valores, objetivos, ideais, ideologia e princípios gerais que informam a vida social do povo em determinada época e lugar, consagrados pela tradição, pelas leis e pelos costumes. Esses fatores acham-se subjacentes aos chamados *princípios gerais de direito*, bem como nos tratados internacionais e na Constituição.

A questão da validade material repercute em considerações de natureza filosófico-jurídica e incide no conceito de *coercitividade*, aludindo à possibilidade de o Estado usar da violência para coibir o inadimplemento, atual ou potencial, das obrigações definidas na norma.

Para Radbruch, a validade material decorre dos valores que estão acima da ordem jurídica. Existe um ponto de contato entre as concepções de Radbruch e Kelsen, na medida em que ambos encaram a validade como própria do *dever ser*, não podendo destarte derivar de um fato, próprio do *ser*, mas somente de outro *dever-ser*. Kelsen, todavia, encontra um lugar intrassistemático para a fonte primeira da validade do direito positivo, ao identificá-la na norma fundamental, ao passo que Radbruch a atribui a um dever-ser metapositivo, ao qual a ordem jurídica adere.

Garcia Máynez considera intrinsecamente válido o direito justo. Vê-se que existe algo em comum entre as noções de validade e legitimidade, qual seja, o fato de o direito positivo ter sua própria razão de ser em algum pressuposto, a qual que se denomina *fundamento* do direito.

A validez pode ainda ser considerada do ponto de vista da incidência da norma, e assim temos três âmbitos de validez: o território, a matéria e as pessoas.

Esta é a teoria tradicional que, na perspectiva dogmática, enfatiza muito mais os aspectos exteriores da norma, no sentido de diferenciá-la das outras formas de controle social. Mas a teoria jurídica contemporânea tem tido maior preocupação com os aspectos ontológicos, localizando suas características tradicionais no nível da eficácia, como repercussão psicológica das expressões normativas do direito. E assim, a norma jurídica não consiste propriamente num *imperativo atributivo e coercitivo*, mas atua no grupo social como se o fosse.

Finalmente, deve-se considerar que a norma em si é um objeto ideal, dever-ser, que só pode ser conhecido pela comunidade se expressa mediante a linguagem. As formas de expressão de direito são denominadas "fontes do direito", ou seja, a aplicação efetiva da regra depende do acordo entre os sujeitos envolvidos.

3. Classificação das normas jurídicas

Diversos critérios podem servir para classificar as normas jurídicas. Bobbio, por exemplo, distingue entre o conteúdo e a forma, este segundo critério relacionado à estrutura lógica das normas.[1]

Considerando-se as características gerais, definidas no item anterior, proponho tomar algumas delas como critérios de classificação, os quais serão completados por outros de utilidade prática. Assim, as normas dividem-se quanto a sua imperatividade, generalidade e coercitividade.

Do ponto de vista da imperatividade, dividem-se as normas em *preceptivas*, *proibitivas* e *permissivas*. As primeiras impõem uma ação, as segundas uma omissão, as terceiras apenas autorizam ações sem a obrigação de efetivá-las. O mesmo critério serve para tal: distinguir entre normas *cogentes* e *dispositivas*. As primeiras – *jus cogens* – devem ser aplicadas independentemente da vontade dos sujeitos da relação por elas regulada; as segundas – *jus dispositivum* – podem ser afastadas pela vontade dos sujeitos. Há uma tradição na teoria geral do direito que leva

1. BOBBIO, Norberto. *Teoria da norma jurídica*, 2001, p. 178.

em conta a imperatividade, generalidade e coercitividade. Há outras opiniões quanto aos conceitos de *jus cogens* e *jus dispositivum*, como a distinção estabelecida por Saraiva, a partir do conceito de modalidade em Kant,[2] e a opinião de Maria Helena Diniz.[3]

Quanto à generalidade, em princípio, as normas são divididas em gerais e especiais. É um critério relativo, pois a mesma norma pode ser geral em relação a umas e especial em relação a outras. De qualquer modo, é um critério analítico, pois entende-se que as normas especiais estão contidas nas gerais. Para melhor compreender essa relação, pode-se considerar três possibilidades de aplicação das normas, correspondendo a um tríplice âmbito de validez: o território, a matéria e as pessoas.

As normas são gerais quando abrangem a totalidade do território, ou das relações sociais normadas, ou das pessoas cuja conduta direciona. Em contraposição, fala-se em normas especiais, tendo em vista sua incidência num território menor, ou num conjunto menor de relações, ou numa quantidade menor de pessoas, isto em relação aos âmbitos maiores que os contêm.

Nos países organizados como federações, por exemplo, o Brasil, temos normas federais, estaduais e municipais.

Ainda quanto à aplicação territorial, pode-se considerar normas de direito internacional e de direito interno. Aquelas cuja função normativa ocorre dentro do ordenamento jurídico nacional são de direito interno, as que se destinam a ser exercidas por mais de um ordenamento nacional são normas de direito internacional.

Pode-se hoje falar de outra categoria bastante diferenciada, as normas comunitárias, aludindo ao direito comunitário, espécie de *tertium genus* entre o direito interno e o internacional.

O âmbito de validez material nos dá igualmente normas gerais e especiais, por exemplo, o direito de família como direito especial em relação ao Código Civil, que será o direito geral.

E o âmbito de validez pessoal nos proporciona o direito geral, que se aplica indistintamente a qualquer pessoa, e o direito particular ou excepcional, que se aplica a determinada categoria de pessoas ou relações. Por exemplo, é norma geral a que estabelece a capacidade de exercer os atos da vida civil, são excepcionais as que estabelecem as diversas incapacidades. Entre as normas excepcionais, destaca-se o privilégio, que é a norma estabelecida em relação a determinada pessoa ou instituição, por exemplo, as prerrogativas do Presidente da República, as pensões especiais a determinadas pessoas, ou categorias de pessoas, como os ex-combatentes da Segunda Guerra Mundial, que têm tratamento previdenciário diferenciado,

---

2. SARAIVA, José H. *Lições de introdução ao direito*, 1963-1964, p. 306-7.
3. DINIZ, Maria Helena. *Compêndio de introdução à ciência do direito*, 2001, p. 376-7.

e as pessoas deficientes, denominadas *excepcionais*, que têm assegurado certas preferências, por exemplo, na contratação para o serviço público.

Do ponto de vista da coercibilidade, as normas são agrupadas levando-se em conta a eficácia da sanção que impõem, em virtude de seu descumprimento. Tal classificação procede do direito romano. De acordo com esse critério, elas se dividem em normas perfeitas, mais que perfeitas, menos que perfeitas e imperfeitas.

Normas perfeitas (*lex perfecta*) são as que prescrevem a nulidade, a invalidade ou a inexistência dos atos praticados sem sua observância.

Normas mais que perfeitas (*lex plus quam perfecta*) são as normas penais, as que, quando da sua violação, cominam ao mesmo tempo duas sanções: o estabelecimento de penalidades ao violador e, quando possível, a invalidação do ato ou restabelecimento da situação anterior.

Normas menos que perfeitas (*lex minus quam perfecta*) são as que estabelecem, no caso de serem violadas, a aplicação de sanção para os violadores, cujos atos, porém, são considerados válidos em seus efeitos.

Normas imperfeitas (*lex imperfecta*) são aquelas cuja violação não acarreta qualquer consequência jurídica, como as definições legais.

Levando-se em conta o conteúdo das normas, este em princípio se resume a um sentido teleológico bem definido. Algumas normas estabelecem os direitos subjetivos e deveres correspondentes, outras visam assegurar o cumprimento das primeiras, ou estabelecer consequências para quem não as cumpra. As primeiras são normas substantivas, também ditas de direito material, as segundas são adjetivas, também ditas de direito formal ou processual. Aquelas estabelecem direitos e obrigações, estas determinam garantias de efetividade das primeiras.

As normas adjetivas são as que regulam o processo, instrumento pelo qual as pessoas pleiteiam a proteção do Poder Judiciário para fazer valer seus direitos e interesses, em face da ocorrência ou ameaça de dano em virtude da não observância de alguma norma jurídica.

Quanto ao conteúdo propriamente, o tipo de relação jurídica a que se referem, a principal classificação é a que divide as normas em direito público e direito privado, considerada a *summa divisio*, a mais importante divisão das regras positivas. Mas entende-se hoje que essa classificação, ainda que fundamental nos sistemas jurídicos romanistas, contempla uma terceira espécie, o direito social, e até uma quarta, o direito comunitário. Mas este quarto tipo acha-se ainda em formação, não tem características relevantes que o distanciem dos direitos público e privado, e apresenta-se como mescla de ambos. É preferível, portanto, manter a divisão tripartite, o *público*, o *privado* e o *social*.

Outro critério formal refere-se à compreensão das normas sob o ponto de vista de sua autonomia significativa. Assim, elas se dividem nas seguintes espécies: a) normas meramente explicativas ou de fixação terminológica, b) definições legais, que buscam fixar o campo de aplicação de determinado regime jurídico, c) normas limitativas, modificativas e negativas, d) normas de referência e de devolução, e) ficções jurídicas e presunções.

Esta última categoria tem grande importância para a técnica jurídica. As ficções são realidades criadas pelo direito, ou seja, abstrações que a lei considera como se forem coisas reais, por exemplo, as pessoas jurídicas. As presunções são ilações tiradas pela lei, pois existem certas realidades difíceis e até impossíveis de ser provadas, por isso, a lei presume a existência de tais realidades a partir da existência de outras.

Finalmente, deve-se destacar a distinção teórica de grande importância, entre normas primárias e secundárias, em que se sobressaem os ensinamentos de Kelsen e Hart. Ambos adotam como critério de classificação as relações de mútua dependência entre as normas, ou seja, a validade material relativa que faz com que algumas normas dependam de outras. Ambos, por vias diferentes, consideram dois grandes grupos: normas primárias e secundárias.

Para Kelsen, as normas primárias são as que prescrevem a sanção, ligando-a condicionalmente ao ilícito, violação da norma. Estas seriam as genuinamente jurídicas. As secundárias seriam meras derivações das primárias e consignariam os direitos subjetivos, que, todavia, estão fora do ordenamento jurídico.

Hart compreende o direito como a reunião de diferentes tipos de norma, as quais classificou como primárias e secundárias, com significados diferentes dos oferecidos por Kelsen.

As primárias seriam as normas que prescrevem aos indivíduos os comportamentos, para servir de modelos para as condutas. As secundárias seriam as normas que se ocupassem de outras regras que não visassem a prescrição de comportamentos, compreendendo três tipos: a) regras de mudança, que conferem poderes aos particulares e às autoridades para, sob certas condições, praticar atos geradores de direitos e deveres; b) regras de adjudicação, outorgando competência aos juízes para dizer o direito; e c) regras de reconhecimento, contendo critérios para reconhecimento das normas que fazem parte do sistema jurídico. As regras secundárias apenas outorgam poderes aos particulares ou às autoridades para criar, modificar, extinguir ou determinar os efeitos das regras primárias.

Quanto às fontes ou formas de expressão, as normas jurídicas se classificam em quatro tipos: legislativas, consuetudinárias, jurisprudenciais e doutrinárias, estas abarcando os princípios gerais de direito.

Pode-se entender também como norma secundária qualquer uma que estabeleça normativamente o sentido de outra lei. Uma lei interpretativa seria nesse caso norma secundária.

Classificação das normas jurídicas

Normas jurídicas quanto à(ao)

- imperatividade
  - cogentes
  - dispositivas
- coercibilidade
  - perfeitas
  - mais que perfeitas
  - menos que perfeitas
  - imperfeitas
- generalidade
  - gerais
  - especiais
  - excepcionais
- modalidade
  - preceptivas
  - proibitivas
  - permissivas
- matéria
  - substantivas
  - adjetivas
- sujeito
  - públicas
  - privadas
  - sociais
- autonomia
  - primárias
  - secundárias
- fonte
  - legislativas
  - consuetudinárias
  - jurisprudenciais
  - doutrinárias

4. A moral e o direito

Quanto à distinção entre as normas jurídicas e as morais, é tema que envolve uma das mais significativas controvérsias doutrinárias. Na verdade, toda a elaboração em torno de um conceito universal do direito está calcada na separação entre o direito e a moral.

Já o tecnicismo do direito romano estabelecera uma distinção prática entre os preceitos ideais da ética, sem a sanção da autoridade, e as regras práticas do *ius*, impostas coativamente pela autoridade pública. Os jurisconsultos romanos, entretanto, não conseguiam definir o *ius* sem envolver elementos conceituais próprios da moral. Definiram-no como *a arte do bom e do equitativo*, bem como *a vontade constante e perpétua de dar a cada um o que é seu*. Os famosos preceitos de Ulpiano são sobretudo normas morais: *viver honestamente, não lesar os outros* e *dar a cada um o que é seu*. Embora os jurisconsultos procurassem distinguir entre conceitos jurídicos e éticos, já se verificava a diferenciação entre regras morais e jurídicas, em virtude do formalismo e tecnicismo que aos poucos envolviam estas últimas. Não obstante, os jurisconsultos já procuravam uma distinção pela análise do conteúdo das normas de conduta.

Na Idade Média, a teologia absorve o conhecimento científico e filosófico. A conduta, seja em suas relações sociais, seja em sua dimensão individual, é encarada sob um prisma eminentemente religioso, gerando a impraticabilidade de qualquer distinção formal entre as diversas ordens normativas. A própria autoridade política é vista como extensão da autoridade divina. Não obstante, as duas grandes correntes da filosofia medieval, a patrística e a escolástica, tratam separadamente do direito, tendo por primeiro referencial o canônico e a moral cristã. Tomás de Aquino alude ao conteúdo moral do direito na sua doutrina do bem, em que há uma separação entre o bem comum, espaço do direito, e o bem individual, reino da moral. É uma nítida antecipação da doutrina do foro interno e do foro externo, obra do Iluminismo, critério que presidiu a separação, dentro da ética, entre o que diz respeito à moral e o que diz respeito ao direito, ocorrida sob a égide do racionalismo dos séculos XVII e XVIII, mais propriamente com Christian Thomasius e Immanuel Kant.

Thomasius, no princípio do século XVIII, afirmava que a diferença essencial entre os preceitos jurídicos e os morais estaria na sua destinação: os primeiros estariam destinados a regular as relações do homem com seus semelhantes, os segundos, a definir os deveres do indivíduo para consigo próprio.

A doutrina de Thomasius estabelece uma diferença essencial, que faz com que os preceitos jurídicos tenham natureza proibitiva – *não faças a outrem o que não queres que te façam* – e as regras morais sejam preceptivas – *faze a ti mesmo o que queres que os outros a si mesmos façam*.

Uma vez estabelecida essa diferença, podem-se fixar os critérios formais de distinção. Os preceitos jurídicos são coativos por serem negativos e não poder o seu adimplemento depender da vontade individual, transferindo-se essa dependência para o todo coletivo representado pela autoridade estatal. Já no tocante às normas morais, por serem afirmativas e estabelecerem deveres do indivíduo para consigo próprio, fica o seu cumprimento submetido ao arbítrio de cada um, não tendo qualquer sentido a imposição coativa. Assim, o direito tem por princípio o *justo* e se refere ao foro externo da pessoa, a moral tem por princípio o *honesto* e se refere ao foro interno. Eis a doutrina da separação entre dois espaços de normatividade, o *forum internum* e o *forum externum* que influenciou toda a filosofia jurídica individualista do Iluminismo.

Immanuel Kant levou essa doutrina às últimas consequências, procurando um conceito fornecido pela razão e independente da experiência, para fundamento do direito e da moral. Procurou-se assim um princípio de ação, um imperativo que pudesse funcionar como *categoria*, anterior e independente da experiência, portanto, um *a priori* normativo da razão prática, um *imperativo categórico*.

A diferença entre os motivos da ação e o seu aspecto exterior é o fundamento que o leva a considerar a divisão da conduta ética em dois campos: o dos motivos, constituindo as ações internas, e o aspecto físico, fulcrando as externas. A moral se refere às ações internas e tem como fundamento o seguinte princípio: *Age sempre de modo tal que o motivo de tua ação possa valer em qualquer tempo como princípio de uma legislação universal.* O direito refere-se ao aspecto externo dos atos, isto é, à conformidade da ação com a lei, e fundamenta-se no seguinte princípio: *Conduz-te de modo tal que o teu arbítrio possa coexistir com o arbítrio de todos, segundo uma lei universal de liberdade.* Tal é o enunciado do imperativo categórico, respectivamente, da moral e do direito.

O segundo enunciado é o fundamento de um dos princípios gerais de direito, que está na base dos sistemas jurídicos ocidentais: *a liberdade de um termina onde começa a liberdade do outro*. Para Kant, a moral é autônoma e representa uma disciplina da própria consciência individual; já o direito é heterônomo e representa uma disciplina que provém do exterior e se impõe à consciência.

A teoria kantiana espelha o dualismo cartesiano, segundo o qual espírito e matéria são substâncias independentes, o que equivale a afirmar que a vida interior e a atividade exteriorizada são esferas distintas e separadas. A vida interna e a externa se opõem e, em consequência dessa oposição, a ordem exterior, que corresponde ao direito, não pode ser mantida por agentes interiores. Ela se apoia exclusivamente na força externa, donde se segue que o constrangimento é essencial à lei, que o direito é caracterizado pelo poder de constranger.

Eis aí o início da legitimação ontológica da sanção, que passa a ser aceita, não como fato histórico vinculado a uma forma de controle social, mas como exigência inexorável do próprio ser jurídico, já a esta altura identificado com o direito do Estado. E a concepção positivista, por sua vez, assimilou em toda sua plenitude essa legitimação filosófica da violência pública, institucionalizada como sanção, e apresentada pela doutrina jurídica como elemento essencial à juridicidade.

Malgrado esse alcance ideológico, a teoria da separação entre o foro externo e o interno prestou relevantíssimo serviço na defesa dos direitos pessoais, face ao Absolutismo do século XVIII, pois forneceu a base filosófica necessária para negar ao Estado todo-poderoso a autoridade de intervir nas questões de consciência. Mas também respondeu à exigência ideológica de legitimação de uma ordem social que se considerava idêntica a uma ordem jurídica, qual seja, o direito de uma classe social ascendente, que tratava de monopolizar no seu interesse todos os espaços possíveis da normatividade social.

As doutrinas de Thomasius e Kant foram em parte ultrapassadas pela doutrina moderna, quando se passou a levar em consideração as ações internas, a intenção e a vontade, em que a manifestação de vontade sem vício ou erro é essencial para a validade dos atos jurídicos.

Tal superação se verifica notadamente em Jellinek, com sua tese do *mínimo ético*. O direito seria parte da moral, conjunto de normas éticas necessárias à vida social e, por isso mesmo, dotadas de certas características formais, definido assim como um mínimo de moralidade. Uma formulação pictórica dessa doutrina, atribuída a Bentham, representa a moral e o direito como dois círculos concêntricos, dos quais o que representa a moral tem o raio mais longo, o que importa dizer que toda norma jurídica é moral, mas nem toda norma moral é jurídica. O direito seria uma espécie dentro do gênero moral.

A teoria do mínimo ético leva em conta que direito e moral se acham identificados em seus respectivos setores de incidência, sem se oporem e sem se tornarem independentes um do outro. Jellinek, entretanto, não fixa o critério pelo qual se pode delimitar esse mínimo de moralidade, e o direito ao qual se refere é o direito estatal, reduzido àquele manifesto através da lei e da jurisprudência. O direito consuetudinário dificilmente poderia ser reconhecido no círculo menor sem um critério preciso de delimitação, e nem as ordenações normativas dos grupos sociais que permanecem à margem do Estado. Por outro lado, a mesma ação humana admite, a um só tempo, um enfoque do ponto de vista moral e outro do ponto de vista jurídico, o que anula a pretendida maior amplitude da moral.

Como se vê, as doutrinas de Kant e Jellinek configuram dois extremos: a separação absoluta entre a ordem ética e a jurídica, e a absorção total da segunda pela primeira. Apesar das afirmações positivistas negadoras da moral, por considerá-la irrelevante aos estudos jurídicos, os juristas ainda procuram solucionar o problema, contando agora com as contribuições do pensamento crítico e toda a elaboração filosófica contemporânea, em que ressaltam a filosofia dos valores e o culturalismo.

A solução culturalista converge para os ensaios de Giorgio Del Vecchio, segundo o qual as normas de direito caracterizam-se essencialmente por sua alteridade, atributividade e intersubjetividade. A essência da justiça é a intersubjetividade, isto é, a consideração simultânea de vários sujeitos num plano de igualdade. A moral contempla a conduta em sua subjetividade, considerada em relação às outras ações possíveis do mesmo sujeito. O direito refere-se à conduta intersubjetiva, ou seja, está relacionado com as possíveis ações de outros sujeitos. A conduta ética relaciona o fazer com o omitir. A conduta jurídica, o fazer com o proibir. Ora, a interferência das ações, ao ocorrer no âmbito da própria consciência, determina uma decisão no sentido de uma ação e a consequente omissão das demais pelo mesmo sujeito. Já a interferência ocorrendo no âmbito do coletivo determina uma decisão motivada pelo impedimento dos demais membros da coletividade. Assim, o critério que distingue essencialmente a conduta ética da jurídica é a subjetividade ou intersubjetividade da interferência das ações.

Entretanto, a intersubjetividade constitutiva do direito não deve ser encarada, contemplando-se o problema do destinatário ou beneficiário da ação humana, mas, sim, como intersubjetividade do comportamento considerado em si mesmo, segundo o qual este resulta de um fazer compartilhado. O ato de alguém, enquanto impedido ou permitido por outras pessoas, as põe como copartícipes dele, e o ato individual passa a ser um ato conjunto.

Estabelecida a separação entre a conduta ética, subjetiva, e a conduta jurídica, intersubjetiva, tornou-se possível fixar a diferença lógica entre os conceitos que representam uma e outra: a norma moral representa a conduta ética; a norma jurídica, a conduta jurídica. Aquela tem seus elementos vinculados à subjetividade ou dela derivados, com predominância do individual sobre o coletivo. Com esta ocorre o contrário, seus elementos derivam essencialmente da bilateralidade própria da conduta jurídica e, por isso, o coletivo ou interpessoal tem predominância sobre o individual.

Na prática, a análise dessa diferença leva às distinções seguintes:

A. A ordem estabelecida pelas normas éticas (ordem moral) é predominantemente interna e tende a organizar os atos humanos com vistas ao bem individual. A ordem estabelecida pelas normas jurídicas (ordem jurídica) é essencialmente externa e objetiva ordenar os atos humanos com vistas ao bem comum.

B. As normas de direito recebem, necessariamente, uma sanção mais enérgica do que as morais, porque toda a coletividade, através de seus órgãos representativos, pode impor a sua observância por via coercitiva. Isso torna a sanção jurídica dotada de maior eficácia do que a sanção moral.

C. As normas jurídicas são revestidas de alguns caracteres de natureza formal, seja nos procedimentos de criação, seja na sua aplicação pelos órgãos representativos da comunidade, seja no processo de extinção. Tal tecnicismo, que falta às normas morais, é o elemento principal que caracteriza o direito e o distingue formalmente da moral. Mesmo as normas de direito costumeiro, cuja elaboração exclui o tecnicismo, reencontram-no ao menos na sua própria aplicação, interpretação e integração.

D. As normas morais estão estreitamente relacionadas com as jurídicas, pois ambas têm por objeto os atos humanos, muito embora o aspecto interno ou externo prevaleça ora numas, ora noutras, já que ao direito não deixa de interessar a formação da vontade individual, assim como à moral interessa também a prática exterior das ações humanas.

Tais considerações nos conduzem à conclusão de que a separação entre a moral e o direito não significa absolutamente isolamento, pois as normas de conduta, antes de assumirem o caráter formal da juridicidade, são de modo geral normas morais. Isso tem levado diversos autores a proclamar a tendência das normas morais a se transformarem em jurídicas e, mais ainda, a batalharem pela moralização do direito no sentido de evitar que as normas jurídicas, plenas de tecnicismo, olvidem sua origem e seus fins éticos, que são comuns a todas as normas de conduta.

A norma jurídica fica, portanto, definida, em sua universalidade, como princípio racional que determina a conduta humana em sociedade, e que é imposto por essa mesma sociedade mediante procedimentos característicos, os quais a identificam no contexto das outras normas intersubjetivas. As normas jurídicas têm sua gênese em um setor da coletividade oficialmente autorizado a produzi-las, isto é, encarregado pela sociedade de as elaborar ou reconhecê-las como tais.

A evolução da sociedade culminou na atribuição ao Estado da tarefa do produzir normas jurídicas, já os convencionalismos e a moral carecem dessa definição, pois sua gênese é difusa no seio do grupo.

Todas essas normas coexistem em grande complexidade, e muitas regras técnicas, religiosas, morais e convencionalismos podem tornar-se jurídicas, bastando que o Estado, ou a ciência do direito a serviço do Estado, atribua-lhes o caráter de juridicidade através dos meios técnicos previstos por outras normas jurídicas.

Sétima Aula
A relação jurídica (I)

Sumário: 1. Conceito, elementos e tipologia das relações jurídicas. 2. Os conceitos jurídicos fundamentais. 3. Pessoas naturais e pessoas jurídicas. 4. Fatos, atos e negócios jurídicos. 5. O ilícito e a sanção. 6. O processo.

1. Conceito, elementos e tipologia das relações jurídicas

A norma jurídica forma a estrutura conceitual de atos de comportamento social. Ela não se exaure numa abstração, como ideia pura, mas integra um complexo dialético no qual os conteúdos normativos configuram uma relação intersubjetiva decorrente da liberdade existencial das pessoas.

À doutrina tradicional não escapou a noção de um conteúdo concreto inerente à norma jurídica, dando-se conta de que a vivência do direito se manifesta através das relações de vida extrinsecamente determinadas pelas normas, o que levou à elaboração de uma teoria da relação jurídica em complemento à teoria da norma jurídica.

Entretanto, a visão formalista do direito reduziu o *factum* da relação à sua expressão normativa. A relação jurídica não seria uma forma de vida revestida de caráter jurídico, mas esta mesma forma, princípio normativo que institui a relação jurídica. Esta seria um dado de fato preexistente ao direito, relação social que se reveste de juridicidade a partir da atribuição pela norma de efeitos jurídicos às situações vividas pelos sujeitos nela envolvidos.

Escapa a essa postura a visão interior do processo dialético que une as normas com seu conteúdo, o que precisamente constitui a juridicidade. Norma sem conteúdo não passa de abstração, ideia, pensamento. Ela influi nos comportamentos sociais justamente porque a eles se refere, e os comportamentos constituem relações jurídicas porque a norma é portadora da mensagem que determina, proíbe ou faculta comportamentos.

Tal insuficiência foi suprida pela concepção culturalista do direito, pela qual a dialeticidade do conjunto norma/relação decorre da referência axiológica à conduta bilateral, através de estruturas lógico-normativas.

O conceito de relação jurídica dimana de uma compreensão mais abrangente do fenômeno jurídico, como algo dotado de concreção e que só pode ser aceito como "jurídico" em função de uma totalidade e dinâmica imanentes. Dentro da perspectiva dialética, a relação jurídica fica ubiquada no complexo em que o direito se constitui, não como dado de fato, de cunho sociológico e empírico preexistente à norma, mas como algo imanente, que só pode ser compreendido como jurídico em função da norma e também como fundamento da compreensão dela própria em sua juridicidade. Consiste portanto na própria experiência social, enquanto reflete as valorações da comunidade e consubstancia-se em regras dotadas de eficácia em virtude da própria força dessas valorações. Constituindo uma unidade dialética, a dimensão bilateral da norma comunica-se à relação, formando uma estrutura intersubjetiva que unifica duas ou mais pessoas em determinado meio social.

Caracteriza-se destarte o fato objetivo em que um dos sujeitos tem a faculdade de exigir de outrem a adoção de determinadas atitudes – ação ou omissão – em razão de certos fins, os quais configuram a expressão histórica dos valores acatados pela coletividade naquele momento. Toda essa estrutura factual tem sua expressão lógica, a qual se projeta no passado, como critério de julgamento da conduta efetivamente ocorrida, no presente e no futuro, como meio de constrangimento e controle, a fim de que as pessoas, livremente, adotem as atitudes práticas que a coletividade valora e que respondem às faculdades de uns e deveres de outros.

Do ponto de vista lógico, a relação é vínculo intelectivo que se estabelece entre dois termos. Por exemplo, o conjunto (AB) forma uma relação, cujos termos são A e B.

Na lógica não interessa o tipo de vínculo, que pode ser de causalidade, implicação, modalidade etc., bastando que, abstratamente, se considere a configuração do conjunto. Mas na vida real a relação decorre de um conteúdo, por exemplo, a causa em relação ao efeito, a anterioridade temporal de um termo em relação a outro que lhe é posterior, a diferença quantitativa entre ambos etc. Na vida jurídica, o conteúdo da relação é determinado pela norma jurídica, pelo que ela pode ser mercantil, trabalhista, de parentesco, de cidadania, de subordinação etc.

Aos termos de uma relação estabelecida pela norma jurídica se dizem "sujeitos de direito", ou sujeitos da relação jurídica. Estes são seus primeiros elementos essenciais.

A condição especial de um sujeito em relação ao outro leva à descoberta, por derivação, dos demais elementos que compõem a relação jurídica.

Inicialmente, um dos sujeitos acha-se em situação de poder exigir do outro determinado comportamento, que tanto pode consistir numa ação quanto numa omissão, fazer ou não fazer alguma coisa. O primeiro sujeito se diz "sujeito ativo" ou "credor", e tem a titularidade de um "direito subjetivo", o outro, "sujeito passivo", ou "devedor", ou "obrigado", e tem um "dever jurídico" correspondente. No direito civil, ao dever jurídico se diz "obrigação".

A ação ou omissão que se espera pode exaurir-se no simples comportamento, numa atitude do sujeito passivo, ou pode consistir na entrega ao ativo de alguma coisa, seja um objeto real, ideal, ou mesmo outro objeto cultural. Ambos, a atitude e a coisa, configuram o "objeto" da relação, ao qual se denomina igualmente "prestação". Analogamente aos sujeitos, pode-se falar em objeto de direito ou objeto jurídico. Na linguagem civilística se diz "bem", ou "bem jurídico", geralmente no plural, "bens".

Os bens as mais das vezes se confundem com os próprios direitos subjetivos, e incluem, inicialmente, os direitos pessoais e personalíssimos, os quais identificam a pessoa na comunidade e definem seu modo de existir social. Referem-se à existência, à liberdade, à situação familiar, à integridade física, ao próprio nome etc. As ações humanas podem constituir-se em objeto de direito, bem como a honra pessoal, bens que formam o patrimônio moral do sujeito. E há também os direitos que incidem sobre coisas materiais, corpóreas e incorpóreas, nestes incluídos os produtos da criatividade intelectual, os direitos autorais.

A relação não se forma espontaneamente. Ela preexiste como relação social, mas só adquire caráter jurídico quando a norma atribui a certos acontecimentos aptidão para engendrar direitos e deveres e, obviamente, a partir do momento em que ocorrem na experiência. Tais acontecimentos se dizem "fatos jurídicos" e são definidos como quaisquer acontecimentos que dão nascimento a direitos e deveres, dando causa a uma relação jurídica.

Tem-se destarte um conjunto de fatores que reciprocamente se exigem numa dialética de implicação, formando a relação jurídica. Tais fatores são os elementos essenciais da relação jurídica: *sujeito ativo*, *sujeito passivo*, *direito subjetivo*, *dever jurídico*, *objeto jurídico* e *fato jurídico*.

Alguns autores veem ainda outro elemento, a "garantia jurídica", proteção que a lei dá ao titular do direito subjetivo no sentido de assegurar o cumprimento do dever jurídico, seu "adimplemento", na hipótese de ameaça ou ocorrência do não cumprimento espontâneo, do "inadimplemento". Esta garantia é regulada por normas jurídicas específicas, definidas como adjetivas ou de direito adjetivo. São as regras processuais, que regulam o "processo", instrumento à disposição dos sujeitos de direitos para movimentar a máquina do Estado através do Poder Judiciário, para constranger, mediante ameaça ou aplicação da sanção, o titular do dever jurídico a cumpri-lo, ou então levá-lo a ressarcir os prejuízos advindos do inadimplemento.

Entretanto, a garantia não é elemento da relação, mas um tipo especial denominado "relação processual".

Há diversos tipos de relações jurídicas, o que introduz o problema de sua classificação.

A experiência jurídica é um complexo de relações jurídicas dos mais diversos tipos, eis que multifacetada é a vida social. O mesmo sujeito pode ser titular, ao mesmo tempo, de um direito e de um dever em relação a outro sujeito. Na relação mercantil, por exemplo, a simples compra e venda, o comprador tem o direito de exigir a entrega do objeto, a mercadoria, nas condições em que o adquiriu, mas ao mesmo tempo tem a obrigação de pagar o preço. Do outro lado, o vendedor tem o dever de entregar a mercadoria, mas tem o direito de receber o preço. Além disso, os sujeitos de direito participam de enorme quantidade de relações, desde o nascimento até a morte.

Tal como se verifica com a classificação das normas jurídicas, muitos critérios podem servir de fundamento para uma tipologia das relações jurídicas. A classificação basilar fundamenta-se no mesmo critério que divide os direitos subjetivos em duas grandes categorias: pessoais e reais. Dessa maneira, colocam-se de um lado as relações jurídicas cujo objeto se exaure na própria conduta dos sujeitos e, de outro lado, aquelas relações que incidem sobre alguma coisa exterior. As relações do primeiro tipo envolvem direitos subjetivos oponíveis *erga singulum* – contra um – as do segundo, oponíveis *erga omnes* – contra todos. É que não se admitem relações "jurídicas" entre pessoas e coisas ou animais; estes são objeto de relações jurídicas, e, nos direitos nelas envolvidos, a titularidade do dever jurídico recai sobre a coletividade como um todo, daí a oponibilidade *erga omnes*.

Tal critério acha-se subjacente à classificação de Ferrara, que distingue basicamente dois tipos, relações absolutas e relativas.

As absolutas envolvem direitos oponíveis *erga omnes*, ou seja, os titulares dos deveres jurídicos correspondentes são em número indeterminado. Compreendem dois subtipos: relações de personalidade, ligadas aos direitos pessoais e personalíssimos, e relações reais, ligadas aos direitos sobre as coisas corpóreas e incorpóreas.

As relações relativas são aquelas cujos sujeitos passivos podem ser determinados em quantidade e identificados como indivíduos. Neste tipo de relação, o adimplemento dos deveres jurídicos só pode ser exigido destes sujeitos passivos identificados.

Compreendem três subtipos: relações de família, relações corporativas ou obrigacionais e relações reais.

As primeiras envolvem os componentes da sociedade familiar, ligados por parentesco consanguíneo, por afinidade ou por determinação legal, caso da adoção.

As relações corporativas ligam os membros de uma organização estabelecida em virtude de lei ou contrato, como as associações civis, as sociedades comerciais e as empresas. Nestas, os direitos e deveres recíprocos somente são exigíveis dos respectivos sócios.

Finalmente, as obrigacionais envolvem sujeitos que assumiram mutuamente créditos e obrigações através de instrumento formal estabelecido em lei. A forma clássica deste instrumento é o termo ou escritura.[1]

1. LIMA, Hermes. *Introdução à ciência do direito*, s/d, p. 58.

Pode-se ainda distinguir entre relações jurídicas *naturais*, relações *diretas* ou *verticais* e relações *reflexas* ou *horizontais*.

As primeiras decorrem de exigências ditadas pela natureza. As do segundo tipo compreendem as relações de dependência passiva, nos casos normais de observância das normas jurídicas e as de caráter coercitivo, nas situações patológicas nas quais a observância das normas decorre do exercício da coerção. As do terceiro grupo compreendem as relações dinâmicas derivadas do adimplemento dos deveres jurídicos, impostos por normas categóricas, e as surgidas de uma permissão hipotética ou condicional fundada em normas permissivas. São as relações de domínio, atos de uso, fruição etc. e as relações de exigência, quando o "domínio" se dirige à conduta de outra pessoa.

Pode-se ademais partir da tipologia das normas jurídicas como critério de distinção de tipos de relações, segundo a espécie de norma que as define. Tal classificação seria por demais exaustiva, entretanto, podem ser discernidas algumas espécies mais características, ou pelo menos mais úteis.

Existem relações *substantivas*, que envolvem o direito material, as regras de fundo ou substância, e relações *adjetivas*, dimanadas do direito processual, envolvendo as regras de forma; as relações substantivas podem ser *dominiais* ou *exigenciais*, conforme envolvam direitos subjetivos reais ou pessoais.

Do ponto de vista dos sujeitos das relações jurídicas, elas podem ser *públicas*, *privadas* ou *sociais*. As primeiras envolvem o Estado como um dos sujeitos, ou ambos. No âmbito das federações, pode-se falar em relações jurídicas *internacionais*, *interestaduais* – interprovinciais em outros países – e *intermunicipais*. As privadas podem ser *associativas* e *fundacionais*, conforme a personalidade jurídica atribuída recaia sobre o conjunto das pessoas que forma a associação, ou sociedade, ou corporação, ou sobre o objeto, definindo-se a fundação como patrimônio juridicamente personalizado. As sociais envolvem as relações *trabalhistas*, *previdenciárias* e *consumeristas*, correspondendo ao direito do trabalho, direito previdenciário e direito consumerista.

Quanto aos direitos subjetivos e deveres jurídicos, as relações podem ser absolutas, com oponibilidade *erga omnes*, e relativas, com oponibilidade *erga singulum*, conforme já definido.

No tocante ao fato jurídico, elas podem ser *naturais*, as que decorrem de fato natural, e *voluntárias*, as oriundas de atos de vontade. Estas comportam relações *espontâneas*, surgidas de simples manifestação de vontade, inclusive unilateral, como nos testamentos, e *negociais*, também denominadas *contratuais*, as que decorrem de um contrato, formalizado ou não.

O contrato é o acordo de vontades entre dois ou mais sujeitos, visando objetivos definidos nas normas. O instrumento que revela tais objetivos e as condições exigidas de cada parte constituem a prova do contrato, o qual a exaure no acordo entre os sujeitos.

2. Os conceitos jurídicos fundamentais

A teoria geral do direito gira em torno da estrutura social característica da experiência jurídica, e uma de suas mais importantes tarefas é a elaboração de conceitos que possam integrar todas as manifestações históricas do direito. São categorias, conceitos, *a priori*, com validez constante e permanente, independentemente das variações do direito positivo. São os conceitos jurídicos fundamentais. A diferença entre estes conceitos fundamentais e outros conceitos jurídicos é que estes são formulados com base no direito positivo, isto é, são *a posteriori*.[2]

A noção de conceito jurídico foi desenvolvida no contexto da escola histórica dos juristas alemães, a partir da teorização levada a efeito por sua ala mais expressiva, a corrente dos pandectistas.

Entendiam estes juristas que, subjacente à variabilidade das leis, costumes e demais formas de expressão do direito, no tempo e no espaço, restaria sempre um conjunto de conceitos que permaneciam invariáveis, por exemplo, os conceitos de pessoa, contrato, delito, propriedade, etc. Alguns seriam comuns a todas as relações jurídicas, independentemente do ramo do direito positivo que as regulasse. O objeto da ciência do direito seria então constituído por eles, o que resguardaria sua cientificidade, uma vez que estaria tratando de coisas universais e não somente contingentes e efêmeras como as regras positivas.

Ainda que essa postura epistemológica esteja ultrapassada, permaneceu na investigação científica do direito a busca desses universais, conceitos comuns a todas as normas jurídicas e que formariam o núcleo das relações jurídicas.

Este histórico remete sua construção teórica a dois referenciais: o pensamento analítico e o direito civil.

O primeiro referencial conduziu à busca de estruturas lógicas objetivas, sendo os conceitos jurídicos fundamentais definidos por derivação, a partir dessas estruturas racionais presentes na norma e na relação. Ou seja, os conceitos identificam-se com os elementos conceituais formadores da relação jurídica.

O segundo referencial levou a que prevalecesse a ótica civilística, voltada prioritariamente para o direito privado e as relações jurídicas individuais, omitindo-se uma visão interdisciplinar mais ampla, na qual o direito se mescla com o político e o econômico, com o factual e o valorativo. Tal dominância do cível fez com que os conceitos jurídicos fossem os do direito civil, identificados com as noções normatizadas na Parte Geral do Código Civil, tais como as de pessoa e ato jurídico.

Mas as categorias do direito civil não esgotam os universais do conhecimento jurídico, restando sua função primordial de serem utilizadas subsidiariamente para a categorização de outros ramos do direito. Assim, por exemplo, a categoria civil de "pessoa" subsidia os conceitos de "criminoso" e "vítima", característicos do

2. TERAN, op. cit., p. 83.

direito penal. É a partir destas noções jurídicas criminais que se construíram as ciências denominadas "criminologia" e "vitimologia".

Esta evidência leva à busca dos universais do direito por outro caminho, o da interdisciplinaridade, pois existem noções básicas do direito que não estão contidas no direito civil, por exemplo, a categoria de "empresa", a despeito de que o Código Civil brasileiro de 2002 alude expressamente à empresa como sujeito de relações jurídicas. Mesmo a categoria "Estado" não pode exaurir-se no aspecto puramente normativo, pois o Estado se afirma historicamente como instituição.

Tais considerações levam a projetar a construção dos conceitos jurídicos fundamentais em dois estratos de significação, o lógico-analítico e o institucional.

O lógico-analítico fornece os conceitos ínsitos na estrutura lógico-formal da norma e da relação jurídica, o institucional contribui com conceitos oriundos de outras ciências, mas que são utilizados na experiência jurídica.

Ambos pressupõem três categorias objetivas principais, a norma, a relação e o valor, os quais, dialeticamente articulados, compõem a realidade do direito como experiência. É dentro destes campos que os conceitos fundamentais podem ser construídos.

A busca de conceitos jurídicos fundamentais pelo caminho da análise das estruturas lógicas tem sido a atitude prevalente entre autores de teoria geral do direito, mas os de maior prestígio foram Kelsen e Cossio.

Na aula anterior estudamos a diferença estabelecida por Kelsen entre norma primária e secundária. Pois bem. A norma primária tem como categorias basilares o *ilícito* e a *sanção*, porque dimanadas da norma primária, eis que a essência do direito radica na configuração do ilícito como condição da sanção. Desta relação lógica de antecedente a consequente - princípio da imputação - decorrem as categorias identificadas no dever jurídico e na responsabilidade. O conceito de direito subjetivo e, bem assim, o de relação jurídica, consistem numa derivação analítica do conceito de dever jurídico, e aparece no que a teoria pura denomina *norma secundária*.

Cossio entende que a estrutura proposta por Kelsen contempla apenas um aspecto do direito, a ilicitude, as ações nas quais se verifica o não cumprimento das normas jurídicas, e deixa de analisar as estruturas das relações lícitas, as que decorrem do cumprimento das mesmas normas. Considera o autor argentino que toda norma jurídica envolve duas normas, às quais denomina respectivamente *endonorma* e *perinorma*, ligadas pela disjunção "ou", que exclui a possibilidade de ambas ocorrerem ao mesmo tempo. A endonorma representa a licitude, a perinorma a ilicitude, equivalendo por isso à norma primária kelseniana.

Nesta concepção, denominada *teoria egológica do direito*, parte o autor da estrutura disjuntiva da norma, o que possibilita distinguir dez conceitos fundamentais, agrupados como categorias endonormativas e perinormativas. As categorias endonormativas são: o *fato antecedente*, o *dever-ser*, a *prestação*, o *sujeito obrigado* e o *sujeito pretensor*. As perinormativas são: *a não prestação* ou *ilícito*, a *sanção*, o *Estado* e a *comunidade pretensora*.

As categorias que configuram a disjunção e o dever-ser são, todavia, puramente lógicas, as quais, embora integrantes da experiência jurídica como totalidade, não se confundem com os elementos que a expressam. Por outro lado, sujeito obrigado, sujeito pretensor, Estado e comunidade pretensora constituem manifestações históricas da mesma categoria objetiva, a de sujeito da relação jurídica ou sujeito de direito.

O exame da estrutura lógica das normas jurídicas levou à identificação de seus elementos essenciais, respectivamente, agrupados em torno da endonorma, que define a licitude, e da perinorma, que define a ilicitude.

Considerando que a norma jurídica é expressão lógica da relação jurídica, pode-se projetar a esta a mesma estrutura, e assim identificar os elementos endonormativos e perinormativos da relação jurídica, possibilitando uma primeira aproximação aos conceitos jurídicos fundamentais.

São elementos endonormativos, o fato jurídico e o dever jurídico. São elementos perinormativos, o ato ilícito e a sanção.

Os elementos endonormativos e perinormativos são os que, desde logo, se apresentam como essenciais e decorrem da própria tridimensionalidade do fenômeno jurídico. Os outros elementos, como vimos, são inferidos analiticamente, e alguns deles têm recebido maior atenção da doutrina. São os conceitos jurídicos fundamentais.

Sujeitos de direito são as pessoas, titulares de direitos subjetivos e deveres jurídicos. Entre estes, destacam-se as obrigações.

Ainda como sujeitos de direito, a moderna doutrina jurídica considera a empresa, não propriamente como pessoa, mas como unidade interdisciplinar que catalisa a maior parte das relações privadas.

Os direitos, deveres e obrigações incidem sobre um objeto, que são os bens.

O inadimplemento dos deveres jurídicos e das obrigações caracteriza o ato ilícito.

O ilícito acarreta a responsabilidade.

A gênese da relação jurídica é o fato jurídico. Entre estes, destacam-se os atos lícitos e os ilícitos.

A garantia dos direitos é o processo.

O rol dos conceitos fundamentais acima apresentado segue uma ordem lógica, do mais abrangente ao menos abrangente. Entretanto, pela importância e maior complexidade, serão objeto de estudo à parte a teoria dos direitos subjetivos e a teoria da responsabilidade.

Essa interdefinição de elementos pode ocorrer com outras categorias, de sorte que a relação jurídica se exaure nas seguintes categorias objetivas, coimplicadas na estrutura una que configura a juridicidade: *sujeito*, *direito subjetivo*, *dever jurí-*

dico, *objeto* e *fato jurídico*. Tais conceitos têm caráter analítico, e é a eles que o saber jurídico tradicional se refere quando utiliza a expressão conceitos jurídicos fundamentais.

Os sujeitos são as pessoas que participam da relação, das quais uma é titular de direito subjetivo e outra do dever jurídico correspondente. Denomina-se direito subjetivo à situação de um dos sujeitos em relação ao outro, do qual se pode exigir determinada prestação, a qual constitui o dever jurídico. Fato jurídico é a gênese da relação, o fato social em virtude do qual se forma a relação, mas que a integra, já que ela só pode ser compreendida em função daquele fato.

O estudo mais minudente destes conceitos cabe tradicionalmente ao direito civil, embora seja matéria de teoria geral do direito. Isto se deve a razões históricas que levaram a que esta disciplina tivesse sido desenvolvida pelos pandectistas alemães, que se dedicaram ao estudos das fontes romanistas do direito privado alemão e ocidental de modo geral. Entretanto, tais conceitos acham-se na base de todos os ramos do direito e, por isso mesmo, são designados como "fundamentais".

Isso, não obstante, respeitando a tradição civilística de que os currículos jurídicos estão impregnados, apenas apresentamos uma caracterização genérica de cada um desses conceitos.

Por razões didáticas, dada a maior importância de alguns conceitos, merecem estudo à parte as pessoas, a empresa, os direitos subjetivos, o dever jurídico e o processo.

3. Pessoas naturais e pessoas jurídicas

Numa relação jurídica, o primeiro elemento é formado pelas pessoas, as quais são sujeitos de direito. Conforme o tipo de relação e conforme a situação especial dos sujeitos, eles podem ser considerados sujeito ativo e sujeito passivo na relação jurídica. O sujeito ativo é titular de um direito subjetivo, o sujeito passivo é titular do dever jurídico correspondente. O sujeito ativo recebe o nome de "credor", significando que possui um crédito em relação a alguém, o qual é responsável pelo dever jurídico correspondente. Por isso mesmo, é chamado de "devedor" ou "obrigado".

As leis consideram dois tipos de pessoa, a pessoa natural, também chamada pessoa física, e a pessoa jurídica, também chamada pessoa moral.

A pessoa natural é o ser humano. A Constituição brasileira proíbe qualquer forma de discriminação entre os seres humanos, garantindo-lhes os direitos fundamentais da condição humana, os quais são discriminados no texto constitucional.

A personalidade tem sua medida na capacidade, que é a maior ou menor extensão dos direitos de uma pessoa, subdividida em *capacidade de direito* ou *de gozo* (aptidão, oriunda da personalidade, para adquirir direitos e contrair obrigações da vida civil) e *capacidade de fato ou de exercício* (aptidão para exercer, por si, atos da vida civil).

Algumas restrições legais ao exercício dos atos da vida civil caracterizam a *incapacidade*, considerada em dois tipos, relativa e absoluta. A incapacidade absoluta priva o sujeito de direito da possibilidade de exercer por si só todos os atos, a relativa o faz somente em relação a alguns atos.

O início da personalidade ocorre com o nascimento com vida, ainda que o recém-nascido venha a falecer instantes depois, mas a lei ressalva desde a concepção os direitos futuros do nascituro.

A individualização da pessoa natural dá-se através do *nome*, que a identifica, do *estado*, que define sua posição como indivíduo, na sociedade política e na família, e pelo *domicílio*, o lugar de sua atividade social.

A extinção da personalidade ocorre em quatro situações, a morte real, a morte presumida, a morte civil e a chamada *comoriência*, ou morte simultânea.

A pessoa jurídica é a unidade de pessoas naturais ou de patrimônios que visa à consecução de certos fins. Tal unidade é reconhecida pela ordem jurídica como sujeito de direitos e obrigações, independentemente da personalidade dos indivíduos que a constituem. São classificadas quanto à nacionalidade (nacional ou estrangeira), estrutura interna (corporação ou fundação), função e capacidade (pessoas jurídicas de direito público interno e externo, e pessoas jurídicas de direito privado, que são as fundações particulares, associações, sociedades civis, sociedades comerciais e partidos políticos).

O início da existência legal da pessoa jurídica de direito público dá-se com fatos históricos, criação constitucional, lei especial e tratados internacionais. E o da pessoa jurídica de direito privado ocorre em duas fases: a primeira fase é a do ato constitutivo, a segunda, a do registro público.

A capacidade da pessoa jurídica lhe garante os direitos da personalidade, os patrimoniais ou reais e industriais, bem como os direitos de sucessão, dentro de certas limitações decorrentes de sua natureza. Falta-lhe a titularidade dos direitos de família e parentesco e não pode praticar diretamente os atos da vida jurídica, necessitando de representante legal.

Quanto à responsabilidade da pessoa jurídica, temos três tipos: a contratual, a extracontratual e a delitual, também chamada *aquiliana*.

O domicílio da pessoa jurídica é sua sede jurídica, onde os credores podem demandar o cumprimento das obrigações. É o local de suas atividades habituais, de seu governo, administração ou direção, ou, ainda, o determinado no ato constitutivo.

As pessoas jurídicas podem ser de direito público e de direito privado. As de direito público, subdividem-se em pessoas de direito público interno e externo. As de direito público interno são a União, os Estados, o Distrito Federal e os Territórios, os Municípios, as autarquias e demais entidades de caráter público criadas por lei. As de direito público externo são o Estado brasileiro, os Estados estrangeiros e todas as pessoas regidas pelo direito internacional público, destacando-se as organizações internacionais, como a Organização das Nações Unidas (ONU), a Organização dos Estados Americanos (OEA) e a União Europeia. Pode-se acrescentar a esse elenco as organizações regionais internacionais constituídas em virtude de tratados internacionais, como o Mercosul.

São pessoas jurídicas de direito privado as associações, as sociedades e as fundações.

A pessoa jurídica de direito público cessa, assim como se inicia, através de fato histórico, por norma constitucional, lei especial ou tratados internacionais, a de direito privado encerra-se por dissolução ou liquidação.

4. Fatos, atos e negócios jurídicos

Consideram-se fatos jurídicos quaisquer acontecimentos que repercutem no direito, ensejando a atribuição de direitos subjetivos e deveres jurídicos, determinando o nascimento de relações jurídicas. Os fatos indiferentes à ordem jurídica são os livremente realizados, sem qualquer repercussão no direito.

A teoria do fato irrelevante, hoje ultrapassada, satisfazia uma pretensa neutralidade do ordenamento relativamente às liberdades privadas. Hoje em dia considera-se que não existe fato que não tenha uma valoração expressa ou implícita no âmbito do ordenamento. Cada fato, mesmo aquele aparentemente indiferente para o direito, tem sempre seu aspecto de juridicidade.

Todo fato juridicamente relevante tem uma função, a qual pode ser modelada pela iniciativa dos sujeitos. A função é a síntese causal do fato, sua profunda e complexa razão justificadora.

A avaliação e qualificação são uma coisa só, porque os fatos se qualificam com base na função prática social que desempenhe. A função do fato jurídico é expressa não pela descrição, mas pela síntese dos seus efeitos essenciais.

Os fatos jurídicos abrangem três tipos: fato jurídico *stricto sensu*, ato jurídico e negócio jurídico.

Diz-se fato jurídico em sentido estrito, ou *stricto sensu*, para aludir a uma espécie do gênero fato jurídico, que, nesse caso, se diz *lato sensu*. Fato jurídico *stricto sensu* é qualquer evento que seja idôneo, segundo o ordenamento, que tenha relevância jurídica. O fato concreto, quando se realiza, constitui ponto de confluência entre a norma e o seu tornar-se realidade: e o modo no qual o ordenamento situa o fato concreto é sempre juridicamente relevante, mas nem sempre, todavia, a norma atribui-lhe consequência jurídica.

É o acontecimento natural, involuntário, portanto, em virtude do qual surgem relações de direito. Distinguem-se dois tipos: os ligados à vida humana, como o nascimento, o decurso do tempo e a morte, e os provocados pelas forças da natureza, como o assoreamento dos rios, aluviões e avulsões, que interferem nas relações de propriedade, e as catástrofes naturais, como terremotos e inundações.

A eficácia é a idoneidade do fato para produzir efeitos jurídicos. Com fundamento na eficácia, os fatos podem ser constitutivos, modificativos e extintivos, portanto, o efeito é a disciplina que ordenamento jurídico imputa ao fato.

Se o ato é constitutivo, é idôneo para produzir um efeito, nova situação jurídica. Se o ato é modificativo, é idôneo para modificar um efeito, uma situação. Se é extintivo, é idôneo para por termo à situação.

Ao lado da constituição, modificação e extinção dos atos jurídicos, devem ser analisados possíveis efeitos relacionados à concreta relação fática, ao seu particular regulamento de interesses.

Como são decorrentes da vontade, podem ser lícitos e ilícitos. Os primeiros, na conformidade com as disposições legais, os ilícitos, quando praticados em infringência às leis. Quanto a estes, se a lei infringida é de natureza criminal, trata-se de ilícito penal, se a lei é civil, o ilícito será civil. Ilícito penal e civil são os tipos principais da ilicitude, do ponto de vista da tradição doutrinária, mas pode-se falar em ilícito administrativo, trabalhista, mercantil, processual etc.

Todo ilícito acarreta uma punição ao seu agente, que é a sanção. Esta pode ser penal, a "pena" propriamente, ou civil. O ilícito civil acarreta a aplicação de uma penalidade, que não se confunde com a pena criminal, e o dever de indenizar os prejuízos causados, alternativa ou concomitantemente. Ao dever de indenizar se denomina "responsabilidade".

Essencialmente ilícito é o fato doloso ou culposo que causa dano injusto. Para receber um juízo positivo, o ato deve ser também merecedor de tutela. No que tange ao juízo de valor, conclui-se que nem todo ato lícito é merecedor de tutela.

Os lícitos se subdividem em atos jurídicos *stricto sensu*, embora não seja esta uma nomenclatura usual, e negócios jurídicos. Ambos são manifestação de vontade, mas nos negócios jurídicos há uma exigência de caráter formal que os individualizam. Trata-se do documento, termo, escritura ou qualquer outro meio em que se demonstre a vontade manifesta. Por isso se diz que, nos atos jurídicos, a vontade é manifesta, nos negócios ela é declarada. Fala-se em ato jurídico como sinônimo de ato voluntário, e, portanto, sinônimo de declaração de vontade. Assim, a doutrina considera separadamente o ato jurídico em sentido estrito e o negócio jurídico.

Exemplo de ato jurídico: a tomada de posse de um animal ou coisa que se presume não pertencer a ninguém – *res nullius* – coisa de ninguém – e *res derelicta* – coisa abandonada. Exemplo de negócio jurídico, a compra e venda de um imóvel, para o qual se exige escritura pública.

A figura nuclear do negócio jurídico é o contrato. Fala-se em ato jurídico como sinônimo de ato voluntário, e, portanto, aludindo a uma declaração de vontade.

Assim, a doutrina considera separadamente o ato jurídico em sentido estrito e o negócio jurídico.

5. O ilícito e a sanção

O ato ilícito é o praticado em desacordo com a ordem jurídica, violando direito subjetivo individual, coletivo ou difuso, causando dano a outrem e criando o dever de reparar o prejuízo ou sofrer a punição imposta pelo Estado.

Os elementos do ato ilícito são: fato lesivo voluntário (dolo ou culpa); ocorrência de dano patrimonial ou moral e nexo de causalidade entre o dano e o comportamento do agente. A consequência do ato ilícito é a responsabilidade pela reparação do dano causado pela própria pessoa ou por terceiro. Existem, porém, algumas exceções, alguns atos lesivos que não são ilícitos: a legítima defesa, o exercício regular de um direito e o estado de necessidade.

A sanção é a garantia do cumprimento e, ao mesmo tempo, consequência do inadimplemento de determinada norma. Pode ser considerada espécie se considerarmos a sanção jurídica e a moral como seus gêneros. A distinção é feita por ter, a primeira, uma predeterminação e organização. Além das sanções penais, há também em nosso ordenamento jurídico as sanções premiais, as quais oferecem um benefício àquele que cumprir determinada norma, por exemplo, o contribuinte que paga seus tributos antes da data de vencimento e obtém desta forma um desconto. Em direito, é ao Estado, como unidade detentora de poder, que cabe a responsabilidade de aplicação das sanções, bem como disciplinar a forma e o processo de execução coercitiva do direito. Mas, isso se dá por excelência, já que existem outros entes, na órbita internacional, que aplicam sanções com maior ou menor êxito, como é o caso da Organização das Nações Unidas (ONU).

6. O processo

O direito, obra cultural, é constantemente criado e recriado, toda vez que, na presença de normas e valores, uma relação jurídica se estabelece.

Vimos como essa relação compreende os direitos subjetivos e os deveres correlatos que devem ser realizados. Quando isso não ocorre, o titular do direito subjetivo tem à sua disposição alguns meios, previstos em lei, para constranger o devedor inadimplente a cumprir com seu dever jurídico ou a reparar os danos decorrentes do inadimplemento.

A experiência jurídica admite a iniciativa do próprio sujeito ativo, mas em casos excepcionais, por exemplo, a legítima defesa. Mas somente em caráter excepcional, em situações previstas na lei, porque o instrumental jurídico adequado é recorrer à força do Estado, que a exerce através do Poder Judiciário. O Estado é chamado a "dizer" o direito e aplicá-lo para a solução do conflito jurídico, ao qual se denomina "lide". *Dizer o direito* caracteriza a "jurisdição", analogamente a "legislação", palavra que alude ao ato de criar o direito através da lei.

O conjunto de atos exercidos pela jurisdição, a pedido da parte interessada para solucionar a lide, denomina-se "processo". Este é, portanto, o instrumento da jurisdição, meio pelo qual haverá o pronunciamento jurisdicional sobre a lide.

Modernamente, o processo é visto como relação jurídica triangular, na qual participam as partes – autor e réu – e o juiz. Por isso se diz *actum trium personarum: iudex, actoris et rei*. Mas uma relação jurídica não admite três sujeitos, o que equivaleria a uma relação lógica com três termos. O que ocorre no processo é um complexo de relações bilaterais, envolvendo as partes, seus advogados, testemunhas, peritos etc., além do juiz. Este articula uma relação com cada uma das partes, ou seja, no processo existem basicamente duas relações jurídicas, denominadas "processuais", ambas incidindo sobre o mesmo objeto.

Cada ato exercido no processo se denomina "procedimento". O procedimento com o qual se cria e desenvolve o processo denomina-se "ação".

A relação processual inicia-se a partir da propositura da ação, dirigida ao juiz, e o réu vincula-se ao processo através da "citação".

Consoante dispositivos normativos (p. ex., art. 2°, do CPC), não há jurisdição *ex officio*, ou seja, o exercício da jurisdição como poder de julgar só se manifestam se houver uma ação.

São princípios gerais do processo: a) o acesso à justiça (CF, art. 5°, XXXV); b) a ampla defesa (CF, art. 5°, LV); c) o contraditório (CF, art. 5°, LV); d) a legalidade ou devido processo legal (CF, art. 5°, *caput* e incisos II e LIV); e) a igualdade processual (CF, art. 5°, *caput* e inciso I, e CPC, art. 139, I); f) a publicidade dos atos processuais (CF, arts. 5°, LX, 93, IX, e CPC, 189); g) a proibição da obtenção das provas ilícitas (CF, art. 5°, LVI); h) a assistência judiciária gratuita (CF, art. 5°, LXXIV); i) a motivação dos atos judiciais (CF, art. 93, IX); j) e o duplo grau de jurisdição, que, embora não tenha um dispositivo constitucional expresso, pode-se perceber a sua existência quando a CF prevê a competência recursal dos tribunais superiores (p. ex., CF, arts. 102 e 105).

O processo possui elementos e requisitos próprios para a sua existência e validade. São pressupostos de existência: a ação, o órgão jurisdicional e a citação.

São requisitos de validade: ação apta a ser processada, competência e imparcialidade do juiz, capacidade das partes e capacidade postulatória.

Também integram os requisitos de validade do processo, os pressupostos negativos: perempção, litispendência e coisa julgada.

Quanto aos fins do processo, duas posturas podem ser identificadas. A concepção *transformista* da situação jurídica, própria dos processos civil e trabalhista, e a concepção *garantista*, típica do processo penal.

A pacificação social via processo se faz através da realização da *coisa julgada*, quando os litigantes não mais poderão rediscutir a lide que foi submetida à apreciação jurisdicional.

Os principais diplomas legais em vigor que regulamentam o processo e o procedimento, são o Código de Processo Penal (Decreto-lei n. 3.689, de 03 de outubro de 1941), a Consolidação das Leis do Trabalho (Decreto-lei n. 5.452, de 1° de maio de 1943) e o Código de Processo Civil (Lei n. 13.105, de 16 de março de 2015).[3]

3. PAULA, Jônatas Luiz Moreira de. *Teoria geral do processo*, 2002.

Oitava Aula
A relação jurídica (II)

Sumário: 7. Os direitos subjetivos. 8. Dever jurídico, obrigação e responsabilidade. 9. Bem, coisa e patrimônio. 10. Os conceitos jurídicos institucionais. 11. O Estado. 12. A empresa. 13. O sindicato. 14. As organizações internacionais e as Nações Unidas (ONU).

7. Os direitos subjetivos

Ao tratar dos sujeitos de direito, destacou-se a situação especial de que goza um deles, a possibilidade de exigir de outrem o cumprimento de um dever. *Jus et obligatio sunt correlata*, reza o brocardo, significando que direito em sentido subjetivo e obrigação se correlacionam, pois a todo direito corresponde um dever por parte do sujeito passivo da relação. A esse poder, reconhecido pelo ordenamento, denomina-se direito subjetivo ou simplesmente "direito", estando implícito que se trata do sentido subjetivo da palavra.

Correlato do direito é o dever jurídico, do qual derivam os conceitos de obrigação e responsabilidade.

A noção de direito subjetivo foi desenvolvida na teoria do direito civil para exprimir a vontade ou interesse individuais, mas a evolução doutrinária do instituto levou ao entendimento de que seu titular deve exercê-lo em harmonia com o princípio da solidariedade.

Este impregna todo o direito privado e, articulado com exigências de ética e boa-fé, subordina o exercício dos direitos a razões de natureza coletiva, garantidas com a técnica das limitações e dos vínculos. As situações subjetivas sofrem limitação pelo conteúdo de cláusulas gerais e, especificamente, das de ordem pública, de lealdade, de diligência e de boa-fé, que se tornam expressões do princípio da solidariedade.

Não existe no ordenamento, portanto, direito subjetivo ilimitado, vinculado ao exclusivo interesse do sujeito, o que existe é o interesse juridicamente tutelado, uma situação jurídica que já em si mesma encerra limitações para o titular.

Daí as distinções efetuadas na doutrina entre direitos individualmente considerados, coletivos, difusos e direitos humanos.

Os direitos individuais são aqueles cuja titularidade está perfeitamente definida e identificada com uma pessoa natural ou jurídica.

Direitos coletivos são os exercidos por uma coletividade de pessoas, geralmente uma associação ou sindicato. Não se trata dos direitos individuais da pessoa jurídica, mas os de uma coletividade representada por uma organização social, como certos direitos de classe. Assim, por exemplo, os direitos inerentes à profissão de advogado não se confundem com os direitos de seu órgão de classe, a Ordem dos Advogados do Brasil (OAB), e os direitos dos trabalhadores não se confundem com os direitos dos sindicatos que os representam.

Os direitos difusos são mais amplos que os coletivos. Trata-se de uma categoria de direitos subjetivos inerentes à própria sociedade, no sentido de que todos os seus membros são titulares, embora não individualmente. São os direitos da cidadania, cujo exercício cabe a cada indivíduo, na condição de cidadão, parte da sociedade.

No Brasil, após o Código de Defesa do Consumidor, o efeito prático do reconhecimento dos direitos difusos é a inversão do ônus da prova. Sabe-se que, quanto aos direitos individuais, o ônus da prova incumbe a quem alega, isto é, quem se sente lesado deve provar que houve a violação do direito por parte do titular do dever jurídico correspondente. Mas em relação aos direitos difusos, a vítima pode simplesmente alegar, devendo a parte contrária, munida das provas que possui, demonstrar a correção de seus atos.

Já nos direitos humanos ocorre uma ampliação ainda maior de sua compreensão e abrangência. Não se trata do indivíduo, nem do membro de uma associação, nem do cidadão, mas da própria condição humana. Entende-se que a humanidade é titular dos direitos humanos.

A expressão "direitos humanos" é em princípio redundante e inadequada. Se levarmos em conta que somente os seres humanos podem ser titulares de direitos subjetivos, todos os direitos são humanos, pois não existem direitos não humanos. Entretanto, a doutrina atual os considera sob dois aspectos, formal e material. Sob o aspecto formal, direitos humanos são os que constam das declarações universais de direitos humanos e também definidos como tais nas principais constituições modernas. Sob o aspecto material, são direitos humanos aqueles cuja violação atenta a toda a humanidade, além da pessoa da vítima.

Essa compreensão abrangente, embora tenha suas origens na doutrina do direito natural, passou a ter contornos de juridicidade a partir do Tribunal de Nuremberg, quando foram julgados alguns chefes nazistas responsáveis por delitos hediondos cometidos durante a guerra, principalmente o genocídio contra os judeus, a tortura, os maus-tratos e as execuções em massa praticadas nos campos de concentração. É entendimento generalizado, hoje, que tais delitos, e mais todo tipo de barbárie contra pessoas e grupos sociais, ainda que em estado de guerra, são tidos como atentatórios aos direitos humanos.

O efeito prático dessa conceituação, que vem se impondo no direito contemporâneo, é o reconhecimento da competência de todos os países para julgar delitos contra a humanidade, e a convicção de que tais delitos são imprescritíveis.

Quanto ao conceito de direito subjetivo, as teorias que dele tratam podem ser agrupadas em torno de quatro orientações: teoria da vontade, do interesse, da autorização e teoria da implicação.

7.1. Teoria da vontade

Do ponto de vista psicológico, as faculdades correspondem a determinados grupos de fatos conscientes, como ouvir, sofrer, desejar, lembrar, amar, recear, irritar-se etc. Jolivet alude a esses fenômenos como faculdades da alma, conceituando-os como poder da alma para exercer certos atos ou sofrê-los.[1] O autor as classifica em três categorias: a faculdade de conhecer ou *conhecimento*, princípio da vida cognitiva, a faculdade de sentir ou *sensibilidade*, princípio da vida afetiva, e a faculdade de querer ou *vontade*, princípio da vida ativa.[2]

Bacon enumera três faculdades principais – memória, imaginação e razão – e utiliza essa ordem como critério de sua conhecida classificação das ciências.[3]

A identificação entre o direito subjetivo e as faculdades da alma tem levado alguns autores, como Windscheid, a conceituá-lo como poder de vontade, vale dizer, fica o direito subjetivo colocado entre as faculdades ligadas à vida ativa, como poder de vontade reconhecido pelas leis.

Tal é a famosa teoria da vontade, a *Willenstheorie*, proposta pela escola jurídica germânica dos pandectistas, dos quais o mais importante representante é Windscheid.

7.2. Teoria do interesse

Não faltaram argumentos contrários à teoria da vontade, principalmente pelo fato de que existem titulares de direitos parcial ou totalmente desprovidos de vontade, tais como os loucos e os bebês, os quais, não obstante, recebem a proteção da ordem jurídica de maneira ainda mais enfática, justamente em razão dessa deficiência psicológica.

A despeito da alegação de que, nesse caso, se trata de vontade fictícia, tal como a emanada de pessoas coletivas, como as empresas e as associações, tomou corpo a teoria do interesse. Não é a vontade individual ou coletiva, real ou fictícia, que recebe a proteção do direito objetivo, mas o interesse das pessoas, sendo que o nú-

---

1. C. LAHR, C. *Manual de filosofia*, p. 27.
2. Idem, ibidem. V. JOLIVET, op. cit., p. 125.
3. JOLIVET, R. *Curso de filosofia*, p. 73.

cleo da experiência jurídica é justamente a existência de conflitos de interesses na sociedade.

Argumenta-se ainda que um direito pode ser exercido até contra a vontade de alguém, mas não contra seu interesse, encarregando-se o Estado dessa proteção, caso o titular não deseje fazê-lo por vontade própria.

O grande expositor da teoria foi Ihering , que proferiu famosa definição de direito subjetivo como "*interesse juridicamente protegido*".

7.3. Teoria da autorização

Para García Máynez, as normas jurídicas contêm basicamente dois elementos, uma *hipótese* e uma *disposição*. A primeira encerra o suposto normativo, de cuja realização depende o nascimento do dever estatuído pela norma; a segunda indica as consequências de direito, que não consistem somente em deveres, mas também em *faculdades*, na medida em que os deveres implicam relações entre pessoas. Deveres e faculdades são correlatos,[4] sendo que dessa correlação decorre a bilateralidade da norma jurídica. Os imperativos da moral, além de categóricos, incondicionados, são unilaterais, pois, frente ao sujeito a quem obrigam, não há outra pessoa autorizada a dele exigir o cumprimento de seus deveres. Já os imperativos do direito são bilaterais, porque, além de imporem obrigações, concedem a outrem a possibilidade de reclamar ao sujeito obrigado obediência ao prescrito. A estrutura do preceito jurídico é, por conseguinte, essencialmente bilateral.

Tal conceituação abriga a clássica definição de Petrasitsky, aludindo às normas jurídicas como imperativo-atributivas, distinguindo-as das normas morais, que são somente imperativas.

García Máynez emprega o termo *faculdade*, não no sentido de faculdade natural, mas no sentido de uma *autorização* derivada da norma. O direito subjetivo consiste precisamente na autorização que um sujeito tem para exigir a prestação de um dever por parte de outro, dever este derivado da mesma norma.

Embora partindo de premissas diferentes, Telles Jr. chega à idêntica conclusão. O autor desenvolve concepções acerca da unidade substancial entre o mundo físico e o mundo ético, demonstrando, com base nas conquistas da ciência contemporânea, que o tradicional dualismo entre a ordem natural e a ordem humana é contraditado pela evidência de que a ordenação cultural é a própria ordenação da natureza, a ordem universal no setor do humano.

Para esse autor, a sociedade humana constitui basicamente uma unidade biótica, interação de seres formando uma comunidade. Sendo a comunicação condição essencial de toda sociedade, e sendo a linguagem o processo melhor elaborado para a comunicação, por meio dela os homens podem transmitir a outros não

---

4. MÁYNEZ, Eduardo García. *Introducción al estudio del derecho*, 1951, p. 14-6 e segs.

só o que está acontecendo, mas também o que se está *pensando*. A cultura é produto da *reflexão*.

Considera ainda que a sociedade é uma ordem social cuja causa final é o próprio homem. Por imposição da inteligência, por imposição do princípio de que os meios se sujeitam aos fins, cada ser humano, para poder servir-se da sociedade, está autorizado a exigir do próximo certas ações e abstenções, em seu próprio benefício. Isto implica a obrigação de praticar certas ações e de abster-se de outras, em benefício de outrem. Assim, na sociedade ocorrem *autorizações* e *proibições*, interações necessárias, condição para que a sociedade se realize como unidade biótica.

A conclusão é que, na sociedade, existe sempre um "quantum *de movimentação*" que pode ser *oficialmente* exigido e um que pode ser *oficialmente* proibido. "Oficialmente" significa que as exigências e proibições são autorizadas pela sociedade. Tais movimentos são consignados em *mandamentos*, que são fórmulas pelas quais a inteligência governante, centro cibernético da sociedade, comunica aos seus membros quais movimentos são autorizados e quais são proibidos. Tais mandamentos são as normas jurídicas, mas o autor entende como jurídicas somente as relativas às interações que a inteligência governante considera necessárias entre os membros de uma sociedade.

Tais normas não resultam de uma invenção da inteligência, mas de uma descoberta relativa às interações necessárias em cada circunstância social. Quer mandem, quer proíbam, as normas jurídicas consistem sempre em mandamentos, aos quais se dá o nome de "imperativos", e "autorizamentos", porque autorizam os lesados pelo não cumprimento dos mandamentos expressos nas normas a exigir que os violadores cumpram esses imperativos.

Todas as normas são imperativos, mas somente as jurídicas são autorizamentos, donde a definição de norma como *imperativo autorizante*.

O autorizamento é uma permissão. Não é atribuição de faculdade especial, donde ser errônea a concepção de "atributividade".

Por força do autorizamento, fica o ser humano com a *autorização* de coagir o violador da norma a cumpri-la ou a reparar o mal produzido.

Assim, define Telles Jr. o direito subjetivo como autorização, dada pelo direito objetivo, de fazer ou de haver o que não pode ser impedido ou tirado sem violação de norma jurídica.[5]

O cotejo entre ambas as exposições da teoria da autorização levam a vislumbrar algumas similitudes. Se, para Telles Jr., o direito subjetivo configura uma *autorização*, para García Máynez trata-se de *faculdade equivalente à autorização*. Se a autorização referida pelo primeiro decorre do *autorizamento* contido na norma,

5. TELLES Jr., Goffredo. *O direito quântico – ensaio sobre o fundamento da ordem jurídica*, 1985.

a faculdade a que se refere o segundo é derivada de uma norma jurídica, o que significa uma faculdade na acepção normativa.

Telles Jr. critica a tradicional concepção da *facultas agendi*, entendendo que as faculdades humanas são qualidades anteriores à regulação jurídico-normativa, que independem do direito. Os direitos subjetivos não são, portanto, faculdades, mas simples autorização para o uso dessas faculdades, logicamente posteriores àquela regulação.

Entretanto, a definição que o autor dá de *faculdade*, baseado na filosofia clássica que a concebe como *potência ativa* do ser, permite concluir que a crítica se aplica ao conceito de faculdade humana, afastado por García Máynez em sua teoria, e não à faculdade na acepção normativa.

A teoria da autorização não permanece imune a críticas. A versão apresentada por García Máynez encerra uma contradição, na medida em que aceita a noção de atributividade e, concomitantemente, pretende extrair do conceito de faculdade a ideia de autorização.

Se a norma jurídica é atributiva, ela atribui faculdades de ação, mas a autorização não pode ser concebida a não ser como algo dirigido ao uso das faculdades de ação. Quem autoriza esse uso é a norma, portanto, ela não atribui nem faculdades nem autorizações. Ela consiste, como fórmula ideal e genérica, na autorização dirigida ao uso das faculdades.

Embora vislumbrando que a essência do direito subjetivo radica na autorização que o imperativo autorizante dirige aos membros do grupo social, não logrou García Máynez libertar-se de um preconceito que o fez apegar-se às ideias tradicionais ínsitas na teoria de Petrasitsky. Mas a noção de faculdade é coerente com a de atributividade, o que levou o autor a aceitá-la, segundo o pensamento tradicional, como algo de essencial ao conceito de direito subjetivo.

Como, porém, conciliar a noção de faculdade com a de autorização? Empregar o termo *faculdade* em outra acepção foi o recurso utilizado, acepção que equivale à conceituação elaborada por Telles Jr. Entreviu uma conceituação adequada, mas permaneceu apenas no limiar da conceituação mais condizente com a realidade que pretendeu formular. Não chegou a compreender que o erro fundamental residia no próprio conceito de atributividade, com o qual se procurou demonstrar o caráter plurilateral e intersubjetivo do direito.

Telles Jr. leva a crítica a fundo e demonstra que a norma, sendo fórmula geral e abstrata, não atribui direitos e deveres, mas consiste em comandos, proibições e autorizamentos dirigidos aos membros da sociedade.

Em suma, o direito subjetivo é uma autorização que se constitui em virtude do autorizamento jurídico-normativo.

7.4. Teoria da implicação

Tendo em vista os pressupostos culturalistas da definição de direito, deve ser afirmada a dicotomia entre o direito objetivo e o subjetivo. São dois fenômenos distintos e não aspectos diferentes da mesma realidade, mas que somente podem ser compreendidos como implicação, um em função do outro. Mas não se trata de implicação analítica, própria dos enunciados da matemática e da lógica ordinária, nem de implicação causal, própria dos enunciados das ciências naturais, mas de implicação dialética, no sentido de que o caráter de juridicidade que se atribui às normas do direito importa a existência simultânea de possibilidades de agir, correlacionadas com obrigações por parte de outros sujeitos.

Daí que os direitos subjetivos só podem ser compreendidos como "direitos" na medida em que se correlacionam com deveres jurídicos correspondentes e decorrem da existência de uma norma jurídica que os define e estabelece os limites de seu exercício.

A juridicidade do fenômeno em que o direito subjetivo consiste é decorrência do seu reconhecimento pelo direito objetivo, mas sua origem e fundamento não estão no direito objetivo, mas na própria socialidade. Seja qual for a natureza da faculdade em que o direito subjetivo consiste, ela não pode ser expressa unicamente em termos psicológicos.

A dimensão humana é muito mais vasta, devendo-se considerar a vida animal e social; a primeira, relacionada com as funções fisiológicas do corpo e suas propriedades; a segunda, conduzindo a que qualquer aspecto relacionado com a vida humana possa ser encarado em um plano que sobrepassa o individual, pois *ser* e *existir* é, ao mesmo tempo, *ser com o outro* e *existir com o outro.*

A mesma dialética entre o individual e o social se verifica entre o objetivo e o subjetivo, não no sentido de uma ordem única objetiva que se reflete nas situações subjetivas, mas no sentido da existência real de dois fenômenos, uma norma e uma faculdade, que se coimplicam. É dentro dessa dialética que o direito subjetivo deve ser considerado: faculdade pessoal e transpessoal, direito e dever, individual e coletiva.

A dimensão social do direito subjetivo faz com que ele seja impensável sem a ordem objetiva que o ampare, limite e faça valer. É evidente que todas as faculdades humanas são passíveis da mesma implicação, mas as jurídicas estão mais e melhor identificadas com as que, pela importância que se lhes atribui em dado momento histórico, produto da evolução cultural, recebem a proteção do sistema normativo-objetivo mais refinado, o direito objetivo.

O conceito de direito subjetivo assume, pois, nova orientação e passa a ser considerado, não mais como poder de vontade ou interesse, mas simplesmente como *faculdade,* a qual, analogamente às que, como a memória e a imaginação, constituem expressão da individualidade, configura a expressão da socialidade.

Sumariando, a constatação de que o homem é animal social fundamenta não somente a bilateralidade e atributividade da regra de direito, como também a faculdade humana identificada com o direito subjetivo.

Da compreensão da natureza humana social é que vão derivar o alcance e as dimensões das faculdades jurídicas, como o seu caráter intersubjetivo que, determinando o equilíbrio entre a faculdade e o dever, representa uma implicação da dimensão social. Por outro lado, a origem e o fundamento do direito objetivo estão na própria sociedade, na consciência coletiva da obrigatoriedade da norma jurídica, no sentimento geral de que o seu cumprimento é necessário para que a sociedade exista e para que o indivíduo nela possa desenvolver-se. Por isso existe a imposição, feita pelo organismo representante da sociedade, o Estado, da maneira que lhe pareça mais adequada naquele momento histórico.

8. Dever jurídico, obrigação e responsabilidade

O dever jurídico é o correlato do direito subjetivo. Na doutrina civilista é denominado "obrigação", vínculo pelo qual alguém, sujeito passivo da relação jurídica, se propõe a dar, fazer ou não fazer qualquer coisa, objeto da relação, em favor de outrem, sujeito ativo.

O direito das obrigações cuida dos direitos pessoais, o vínculo por força do qual o sujeito ativo pode exigir do sujeito passivo uma prestação consistente em dar, fazer ou não fazer alguma coisa.

Diz-se "jurídico" o dever porque, sendo disciplinado pela lei, vem acompanhado de sanção.

Na obrigação destacam-se dois elementos: a dívida, dever que incumbe ao sujeito passivo de prestar aquilo a que se comprometeu, e a responsabilidade, situação do devedor em contraposição à prerrogativa conferida ao credor, ocorrendo inadimplência, de proceder à execução do patrimônio do devedor para obter satisfação de seu crédito, de sorte que o devedor se obriga e seu patrimônio responde.

Na relação de obrigação, ou relação obrigatícia, existem duas partes determinadas ou determináveis: um sujeito ativo, o credor, e um sujeito passivo, o devedor. O sujeito ativo tem a expectativa de obter do devedor o desempenho da obrigação, enquanto ao sujeito passivo cumpre o dever de colaborar com o credor, fornecendo-lhe a prestação devida.

A prestação consiste em dar, fazer ou abster-se de fazer alguma coisa.

A obrigação pode incidir sobre direito real ou pessoal. No primeiro caso, recai diretamente sobre a coisa. Peculiar a essa situação é o direito de sequela, que consiste na possibilidade de perseguir a coisa até encontrá-la. No segundo caso, o cumprimento da obrigação depende de uma prestação do devedor, o que implica necessariamente a colaboração do sujeito passivo.

São fontes das obrigações os atos ou fatos nos quais encontram nascedouro. Embora objeto de grande controvérsia, a doutrina enumera as seguintes: *contrato, delito, quase-contrato, gestão de negócios* e *quase-delito.*

O contrato é fonte de obrigação no sentido de que a avença entre as partes faz gerar um liame entre elas, de modo que uma ou ambas se comprometem a realizar uma prestação.

O delito é fonte de obrigação porque a pessoa que, intencionalmente ou não, causa dano a outra fica obrigada a repará-lo.

A figura do quase-contrato surge para justificar o aparecimento de obrigações advindas de atos que não provêm de um acordo de vontades, mas que representam procedimento muito parecido com a relação convencional, como se fora um contrato, embora não revestido das formalidades deste.

A gestão de negócios se configura quando alguém sem procuração assume a defesa de interesse alheio.

O quase-delito se aproxima do delito, o qual envolve a ideia de dolo. No quase-delito não há intenção de causar dano, mas este ocorre em virtude de imprudência ou negligência do agente.

Do ponto de vista de suas fontes, consideram-se três tipos de obrigações: as derivadas da vontade, de atos ilícitos e decorrentes da lei.

As obrigações derivadas da vontade se subdividem em dois subtipos, as que provêm do contrato e as que decorrem da manifestação unilateral da vontade.

As derivadas de atos ilícitos se constituem através de ação ou omissão culposa ou dolosa do agente, causando dano à vítima. Tais obrigações promanam diretamente do comportamento infringente de um dever legal ou social.

As obrigações que decorrem da lei, independem da vontade ou da prática de ilícito. Exemplo expressivo é a obrigação de prestar alimentos, bem assim, a obrigação de reparar o prejuízo causado, em caso de responsabilidade informada pela teoria do risco.

A lei é a fonte remota da obrigação, pois é ela que impõe ao devedor o mister de fornecer sua prestação e comina sanção para o caso de inadimplemento.

Outra classificação divide as obrigações em simples ou complexas. Nas simples há somente um credor, um devedor ou um objeto. Nas complexas há multiplicidade ou de objetos ou de sujeitos.

O não cumprimento da obrigação acarreta a *responsabilidade*.

No enfoque civilístico, ela é definida como obrigação de responder pelas consequências prejudiciais de suas ações. É o dever de reparar dano decorrente de fato de que se é autor direto ou indireto. A causa do dano pode ser fato próprio do sujeito responsabilizado, ou fato das pessoas ou coisas que dele dependam. Pode-se porém ampliar o conceito, não vislumbrando mera questão de culpabilidade, mas de repartição de prejuízos causados, equilíbrio de direitos e interesses. Na concepção moderna, a responsabilidade comporta dois tipos: responsabilidade objetiva, na qual reina o risco criado, e subjetiva, na qual triunfa a culpa.

Estes dois tipos interferem no conceito de responsabilidade, que fica aludindo à obrigação de reparar um dano, seja por decorrer de culpa ou de outra circunstância legal que a justifique, como a presunção de culpa, ou por circunstância meramente objetiva. É a aplicação de medidas que obriguem uma pessoa a reparar dano moral ou patrimonial causado a terceiros, em razão de ato por ela mesma praticado, por pessoa por quem responde, por alguma coisa a ela pertencente ou por simples imposição legal.

Com base nessas considerações pode-se definir a responsabilidade civil como a aplicação de medidas que obriguem alguém a reparar dano moral ou patrimonial causado a terceiros em razão de ato do próprio imputado, de pessoa por quem ele responde, ou de fato de coisa ou animal sob sua guarda.

Na teoria da responsabilidade civil consideram-se dois enfoques, a responsabilidade civil subjetiva e a objetiva.

O direito brasileiro adotou a doutrina da culpa como princípio da responsabilidade civil, definindo-a como obrigação de reparar o dano por parte daquele que lhe tenha dado causa, por ato ilícito.

O ato ilícito é definido como ação ou omissão voluntária que viole direito ou cause dano, ainda que exclusivamente moral, desde que o autor tenha agido por negligência, imprudência ou imperícia. Considera-se ilícito também o exercício de um direito subjetivo quando seu titular manifestamente exceda os limites impostos pelo seu fim econômico ou social, pela boa-fé ou pelos bons costumes. Mas não se considera ilícito o ato praticado em legítima defesa ou no exercício regular de direito reconhecido.

Verifica-se, portanto, a exigência de alguns requisitos essenciais para a apuração da responsabilidade civil subjetiva: a ação ou omissão, a culpa ou dolo do agente, o nexo de causalidade e o dano sofrido pela vítima, dano este que pode ser material ou moral, ou ambos.

A esse tipo de responsabilidade denomina-se "aquiliana", assegurando o castigo à pessoa que causa um dano a outrem, obrigando-a a ressarcir os prejuízos dele decorrentes.

Quando se fala em ação ou omissão, trata-se de qualquer pessoa que, por ato próprio ou de terceiro que esteja sob sua guarda, seja causador do dano, inclusive os causados por animais ou coisas que lhe pertençam.

O elemento subjetivo da responsabilidade é a referência que se faz ao dolo, quando a lei se refere à ação ou omissão voluntária, e à culpa, quando fala em imprudência, negligência ou imperícia. Ambos devem ser provados pela vítima.

Em igual raciocínio, a lei fala do nexo de causalidade, que é a relação de causa e efeito entre a ação ou omissão do agente e o dano sofrido pela vítima, pois sem ela não há que se falar em obrigação de indenizar.

Finalmente, o dano deve ser demonstrado, seja ele material ou moral, pois, sem sua prova, o agente não pode ser responsabilizado civilmente.

Esta teoria, adotada pelo direito civil pátrio, exige como fundamento da responsabilidade a culpa, e denomina-se "*teoria da responsabilidade subjetiva*" ou "*teoria da culpa*".

A falta de sintonia, entre a teoria subjetiva e o desenvolvimento da sociedade, fez com que a doutrina e a jurisprudência admitissem a responsabilidade objetiva, pois a responsabilidade civil baseada na prova da culpa não oferecia resposta satisfatória para a solução de inúmeras demandas.

Em muitas situações, a teoria da culpa mostrava-se inadequada para fundamentar a obrigação de reparar. Havia casos em que a aferição das provas constantes nos autos não eram convincentes quanto à culpa, muito embora se admitisse que a vítima teria sido realmente lesada, e que existia supremacia econômica e organizacional dos agentes causadores do dano.

Diante da exigência da prova do erro de conduta do agente, imposta à vítima, deixava-a sem a devida reparação em inúmeros casos. Em face desta situação, desenvolveu-se a doutrina no sentido da extensão da responsabilidade, estruturando-se a teoria da responsabilidade sem culpa.

Partindo desse ponto, surge a "teoria da responsabilidade objetiva" ou "teoria do risco", pela qual não há que se fazer prova da culpa, mas apenas do nexo de causalidade e do dano, conforme ensinamento de Carlos Roberto Gonçalves:

> A lei impõe, entretanto, a certas pessoas, em determinadas situações, a reparação de um dano cometido sem culpa. Quando isto acontece, diz que a responsabilidade é legal ou "objetiva", porque prescinde da culpa e se satisfaz apenas com o dano e o nexo de causalidade. Esta teoria, dita objetiva, ou do risco, tem como postulado que todo o dano é indenizável, e deve ser reparado por quem a ele se liga por um nexo de causalidade, independentemente de culpa.[6]

Quanto ao risco, é definido como o fato de que o exercício de qualquer atividade leva à responsabilidade pelos eventos danosos sofridos pelo indivíduos, independentemente da determinação de causa subjetiva. O dano é devido pelo mero fato de que quem causa risco de dano por ele responde.

A responsabilidade subjetiva ou aquiliana, em sua concepção clássica, inserida no art. 159 do Código Civil, tem como fundamento para a responsabilização do agente, a culpa, cabendo à vítima o ônus probatório.

A definição de culpa, conforme Sílvio Rodrigues, citando Marty e Raynaud, divide-se em duas vertentes. A primeira considera a culpa do ponto de vista moral, levando-se em conta, além de uma infração a uma norma, o livre-arbítrio da

6. GONÇALVES, Carlos Roberto. *Responsabilidade civil*, 1995.

pessoa. Já a segunda vertente entende a infração de norma comportamental do ponto de vista social, sem considerações morais. Para se verificar essa infração, compara-se tal atitude com a que normalmente tomaria um homem médio (*in abstracto*), um padrão a critério do julgador. Verificada a discrepância entre as atitudes – que pode ser intencional, ou por negligência, imprudência, ou imperícia – caracteriza-se a culpa. Mas a discussão da definição da culpa não se reveste, em nosso direito, de maior relevância, visto que o legislador foi preciso ao escolher as palavras, definindo o ato culposo, ao contrário da palavra vaga *faute*, encontrada no código napoleônico.

Em nossa legislação, exige-se para caracterizar a responsabilidade aquiliana a culpa em sentido amplo, uma vez que prescreve a ação ou omissão voluntária (dolo), negligência e imprudência apurada em comparação com a atitude normal de um homem médio (culpa em sentido estrito).

O Código Civil brasileiro, instituído pela Lei n. 10.406, de 10 de janeiro de 2002, amplia as hipóteses de responsabilidade objetiva, em relação ao que constava do Código Bevilacqua, de 1916.

No atual estatuto civil, a definição da responsabilidade remete ao ato ilícito, ou seja, a regra geral da obrigação de indenizar é a pressuposição da ilicitude do ato. E o ato ilícito é definido como dolo, ação ou omissão voluntária, ou culpa, negligência ou imprudência, causador de dano a outrem.

Essa definição genérica faz com que a responsabilidade objetiva seja exceção.

Além dos casos especificados em lei, é objetivamente responsável aquele cuja atividade normalmente desenvolvida implicar, por sua natureza, risco para os direitos de outrem, bem assim os empresários individuais e empresas, pelos danos causados pelos produtos postos em circulação.

É também objetivamente responsável o dono ou detentor de animal pelos danos que este causar, salvo culpa da vítima ou força maior.

Finalmente, mantém-se a separação entre responsabilidade civil e criminal, mas veda-se nova discussão sobre a existência de fato ou sobre quem seja seu autor, quando tais questões se acharem decididas no juízo criminal.

9. Bem, coisa e patrimônio

As relações jurídicas formam-se com uma finalidade, a satisfação de certos interesses de seus sujeitos. Tais interesses podem traduzir-se em atitudes, comportamento, ou objetos. Daí que entre os elementos essenciais da relação jurídica estão os objetos, os quais não se confundem com o vínculo propriamente entre as pessoas, mas aludem à matéria à qual ele se refere.

O conjunto desses objetos são os bens. A expressão "bem jurídico" é bastante ampla e comporta quaisquer prerrogativas inerentes ao sujeito de direito, inclusive de caráter moral, como honra e liberdade. São bens jurídicos. Numa acepção mais restrita, denominam-se "bens" quaisquer entidades, materiais ou imateriais, que possam ser objeto de relação jurídica.

O bem jurídico de modo geral não se confunde com o objeto, integra o conjunto de prerrogativas que a ordem jurídica atribui ao sujeito de direito, independentemente de ser este parte de uma relação jurídica. Mas quando se constitui a relação, na medida em que incide sobre tais prerrogativas, estas se transformam em bens no sentido de objeto de uma relação, geralmente referidos no plural.

A civilística considera "bens" quaisquer objetos materiais ou imateriais que tenham valor econômico. Os objetos materiais são "coisas", mas é usual valer-se da palavra "bens" para aludir às coisas.

A classificação básica dos bens diz respeito à sua propriedade, considerando-se duas classes, bens públicos e privados. Os primeiros compreendem os bens de uso comum do povo, como os rios e as vias públicas, bens de uso especial, que as entidades públicas proprietárias destinam a objetivos predeterminados, e os bens dominiais que constituem patrimônio da União, dos Estados e dos Municípios.[7]

Os bens privados podem ser de diversas espécies, conforme sua destinação, o que depende da lei: móveis e imóveis, fungíveis e infungíveis, consumíveis e inconsumíveis, divisíveis e indivisíveis, principais e acessórios, alienáveis e inalienáveis, do comércio e fora do comércio.

A divisão em móveis e imóveis considera a possibilidade de sua remoção, mas existem coisas removíveis que a lei considera imóveis. São os navios e as aeronaves. Neste caso, diz-se imóveis por destinação legal.

Coisas fungíveis são as que podem ser substituídas por outras, de mesma substância e valor, por exemplo, o dinheiro e um quilo de feijão, ao contrário das infungíveis, que não podem ser substituídas, por exemplo, um terreno.

Coisas consumíveis são as que se prestam ao consumo, no sentido de que sua existência acaba com o primeiro uso. Exemplo, os alimentos servidos num restaurante. Exemplo de coisas inconsumíveis, os veículos.

Coisas divisíveis são as que podem ser divididas, de tal sorte que cada uma das partes resultantes da divisão fica sendo uma coisa. Assim, a terra, os líquidos e os grãos. Ao contrário, são indivisíveis.

São principais as coisas que têm existência independente, e acessórias as que fazem parte de alguma considerada principal em relação a elas.

Finalmente, diz-se que as coisas estão "no comércio" – *in commercio* – ou "fora do comércio" – *extra commercium* – no caso de serem alienáveis ou não.[8]

O conjunto de coisas que uma pessoa tem forma o patrimônio. Mas existe ampla controvérsia sobre essa conceituação, registrando-se a opinião dos que o en-

7. PEREIRA, Caio Mário da Silva. *Instituições de direito civil*, 1991, v. I, p. 301.
8. Idem.

tendem em sentido amplo, e outros que o fazem em sentido restrito. Em sentido amplo, há a definição de Bevilácqua, patrimônio como complexo das relações jurídicas da pessoa, apreciáveis economicamente.[9] Tal definição espelha um conceito subjetivo, o patrimônio como projeção econômica da pessoa. Mas em sentido restrito, enfatiza-se mais o aspecto objetivo da efetiva existência dos bens de uma pessoa, considerados em conjunto, como unidade econômica.

O conceito de patrimônio avulta em importância se considerarmos que a sucessão se dá em relação ao patrimônio, e que este pode ser objeto de personificação jurídica, caso das fundações.

Além disso, fala-se em patrimônio público, conjunto de bens pertencentes ao Estado, e patrimônio particular, os bens pertencentes a pessoas físicas ou jurídicas.

Considera-se também o patrimônio moral de alguém, pois os danos causados ao patrimônio moral de uma pessoa, são indenizáveis.

10. Os conceitos jurídicos institucionais

Além dos conceitos jurídicos fundamentais inferidos das estruturas racionais objetivas da norma e da relação jurídica, a ciência jurídica atual leva em conta outros, igualmente fundamentais, construídos a partir de sua articulação com outras ciências. É que a experiência jurídica atual superou o isolamento epistemológico característico da dogmática jurídica, e procura inserir o direito na totalidade da vida social.

Como resultado dessa nova postura, alguns universais inerentes ao saber jurídico são hauridos na economia e na ciência política, mas o direito deles se apropria para enriquecer a teoria jurídica em torno das relações que deles dimanam. É o que ocorre com o Estado e a empresa, quando se fala numa teoria jurídica do Estado e numa teoria jurídica da empresa. Mas existem outros universais, o que induz a necessidade de um recorte para sua melhor compreensão.

Como a elaboração conceitual desses universais não é produto de análise da relação jurídica, embora possa articular-se com seus elementos, mas oferecem uma característica interdisciplinar, podem ser denominados "institucionais", pois a eles se aplica o conceito de "instituição". Sua apropriação como conceito jurídico decorre de que sua definição envolve necessariamente um aspecto normativo, provavelmente o mais relevante.

Tais conceitos distinguem-se dos fundamentais em razão de seu caráter histórico. Mas também distinguem-se dos conceitos jurídico-positivos, porque não são inferidos do ordenamento positivo de um país, mas estão presentes em pratica-

9. BEVILÁCQUA, Clóvis. *Teoria geral do direito civil*, p. 210.

mente todos os sistemas jurídicos. Por outro lado, não têm o caráter formal dos definidos como fundamentais, não são inferidos dos elementos lógicos que compõem as estruturas normativas e relacionais da experiência jurídica. Os conceitos institucionais formam espécie de juízos sintéticos *a priori*, pois foram construídos através da evolução histórica, e funcionam como *a priori* em relação ao tratamento que lhes dá o direito positivo.

Além dos conceitos já citados de Estado e empresa como os mais característicos, há que mencionar certas organizações sociais autônomas, ligadas ou não ao Estado.

Trata-se de "organizações comunitárias", compreendendo três tipos básicos: internacionais, confessionais, sindicais e comunitárias.

Entretanto, a vida social, atualmente desenvolvida sob a influência de fenômenos como a globalização e informação, comporta uma miríade dessas organizações, o que nos leva a restringir seu estudo a algumas consideradas de especial importância.

Das organizações internacionais, a mais importante é a Organização das Nações Unidas (ONU). Entre as confessionais, a Igreja Católica Apostólica e Romana. Entre as sindicais, o sindicato e, entre as comunitárias, as universidades.

Delas não se pode elaborar uma teoria jurídica nos moldes da dogmática, pois seus aspectos normativos são apenas parciais, dentro de um complexo institucional que os transcende. Seu estudo envolve a interdisciplinaridade própria das ciências sociais, enfatizando-se os pontos de vista econômico, sociológico e político.

Nosso estudo dos conceitos jurídicos institucionais restringe-se ao Estado, à empresa, ao sindicato e à ONU.

11. O Estado

Deve-se distinguir entre o Estado como forma histórica de organização da sociedade, e como forma jurídica dessa organização.

A partir do século XIII até fins do XVIII, consolidou-se o chamado "Estado moderno", em torno de quatro noções fundamentais: território, nação, poder político e soberania.

A evolução do conceito de Estado firmou precisamente esta compreensão, como organização mundana da sociedade, a qual deveria distinguir-se nitidamente da organização espiritual, formada pela Igreja e sob o governo do Papa.

O significado da palavra "Estado" nos documentos da época assinala esse conteúdo material que diz respeito à esfera da vida humana organizada, não diretamente voltada para fins espirituais. Assinala Bobbio que a distinção entre o espiritual e o mundano foi introduzida pelos papas para fundamentar o primado da Igreja, mas desencadeou sua força na direção do primado e da supremacia da política. Ou seja, antes que se afirmassem as características do Estado como ordem jurídica, firmou-se sua realidade como instituição.

É a partir das revoluções burguesas da Europa dos séculos XVIII e XIX, sob o influxo das ideias do Iluminismo, que ele se afirma como forma racional de organização prevalentemente política, embora voltado para fins sociais. "Forma racional" significa que ele aos poucos deixou de identificar-se com a sociedade, o país, a nação e o território, e mesmo com o poder institucionalizado, para constituir um universal, conceito jurídico fundamental, eis que pressuposto da própria ideia do direito.

A passagem do Estado histórico e institucional para o Estado universal e jurídico ocorreu em duas direções.

De um lado, o Estado como ser em si, de caráter metafísico, preexistente às próprias organizações sociais e voltado para a absorção destas, no sentido de que a plena realização do homem e da sociedade ocorre no Estado. Tal é a noção subjacente à filosofia do Estado de Hegel, e que subsidiou os totalitarismos do século XX.

De outro lado, ocorreu o progressivo desaparecimento do Estado como instituição, para ceder lugar à ideia de Estado como ordem jurídica, o que vai culminar no Estado "de direito".

A noção de Estado de direito envolve dois aspectos.

Inicialmente, a ideia de que o Estado cria o direito mas ao mesmo tempo a ele se submete. Contra o Absolutismo, que não conhecia limites ao poder político, passou-se a entender que a soberania interna do Estado – poder de fazer as leis – está limitado à observância da constituição e ao respeito a direitos fundamentais anteriores e acima dele, incorporando também a ideia de democracia. O Estado democrático de direito é fruto da doutrina do direito natural.

Mas o Estado de direito significa também que ele se identifica com a ordem jurídica, ou seja, trata-se de expressão pleonástica, pois todo Estado no sentido político é "de direito" ou não é Estado.

Mas a juridicização do Estado não inibiu sua evolução institucional. Ao contrário, sua transformação em ordem jurídica fez com que se procurasse consolidar as conquistas sociais sob a forma de direitos básicos, firmemente instalados na constituição. Daí as formas institucionais do Estado social, desde as constituições do México, de 1917, e da Alemanha, a Constituição de Weimar, de 1919, e do Estado do bem-estar (*Welfare State*).

O primeiro é resultado do movimento operário, no século XIX, contra os males da Revolução Industrial e a situação de penúria em que se achava o proletariado, em contraste com o aumento da riqueza dos donos do capital. Este movimento, em cujo contexto desenvolveu-se a luta pelo socialismo desde o *Manifesto do Partido Comunista*, de Marx e Engels, em 1848, levou à progressiva conquista de direitos sociais, tais como, horário de trabalho e descanso, repouso semanal remunerado, salário justo, férias etc., os quais foram incorporados nas constituições modernas como direitos sociais.

O segundo, embora pregado pelo pensamento político europeu desde que se afirmou o Estado social, tomou forma jurídica inicial na Inglaterra. O *slogan* do partido trabalhista inglês, em 1945, declarava: "participação justa de todos", e simbolizava a adoção de diretrizes políticas que assegurassem a todos os cidadãos, independentemente de sua renda, o direito à proteção do Estado contra situações de dependência, tais como velhice, invalidez, enfermidade, desemprego e maternidade.

Tal é a noção do *Welfare State*, posteriormente incorporado às constituições dos países industrializados. O resultado mais marcante do *Welfare State* notável foi a estruturação dos sistemas oficiais de previdência social.

O que se observa nesse desenvolvimento do Estado institucional é a ampliação da concepção jurídica do sujeito de direito: do sujeito individual abstrato construído pelo Iluminismo, passa-se à condição de sujeito social de direitos, o homem como membro da sociedade e titular de direitos assegurados a todo trabalhador e a todo cidadão.

Em suma, entende-se hoje como Estado de direito a organização política da sociedade, formalmente estruturada como sistema fundado na constituição e composta por leis gerais, garantindo as liberdades fundamentais e sistema democrático de governo, bem como separação e independência dos Poderes Legislativo, Executivo e Judiciário. No plano material, o Estado democrático de direito assegura liberdade de concorrência no mercado, e políticas sociais de acordo com as aspirações que levaram ao Estado social e ao Estado do bem-estar.

12. A empresa

A influência civilística na teoria geral do direito levou a que os conceitos jurídicos fundamentais se restringissem aos elementos das relações jurídicas de direito privado, a partir dos sujeitos de direito, pessoas naturais e pessoas jurídicas.

Esse enfoque, mais o individualismo dominante, impediu que a teoria jurídica se nucleasse em outras unidades organizacionais que pudessem atuar como sujeitos de direitos independentemente de sua condição de pessoa.

Quando o direito como experiência concreta passa a prevalecer sobre os aspectos puramente formais, o saber jurídico é levado a adotar uma ótica interdisciplinar, tendo por resultado a ampliação do próprio objeto desse saber, com a introdução de novos sujeitos, novas formas contratuais e novos direitos subjetivos.

Daí a inclusão do conceito de "empresa" entre os conceitos jurídicos fundamentais, ainda que não se trate de conceito puramente jurídico, mas o primeiro resultado da interdisciplinaridade do saber jurídico.

O conceito institucional de empresa vincula-se à necessidade de organização da atividade humana voltada para a produção de bens e serviços, a qual se faz através de organismos econômicos, oriundos da organização de fatores de produção, e que se propõem à satisfação de vontades alheias. A isso se chamou "empresa", cuja importância no seio da comunidade tem levado a que se construa um conceito jurídico.

Entretanto, essa busca decorre invariavelmente do conceito econômico original, tendo sido em vão as tentativas para a construção de um conceito especificamente jurídico, cuja necessidade era decorrente da visão civilística do fenômeno jurídico. Em outras palavras, não se concebia organização que fosse atuante na experiência jurídica e que não suportasse a definição como pessoa moral, condição *sine qua non* para o estatuto de sujeito de relações jurídicas.

Mas a visão holística e institucional trouxe para dentro do direito os aspectos econômicos da empresa, em especial alguns que mais interessam ao direito, consubstanciados nos seguintes:

A. A empresa como expressão da atividade do empresário, pois este não está sujeito a normas específicas, que subordinam o exercício da empresa a determinadas condições ou pressupostos, ou o titulam com particularidades específicas. A ordem jurídica estabelece normas referentes à empresa comercial, a exemplo do registro.
B. A empresa como ideia criadora, a que a lei concede tutela, baixando regras especiais para repressão à concorrência desleal e proteção à propriedade industrial.
C. Como complexo de bens que forma o estabelecimento comercial, a ordem jurídica regula sua proteção e forma de transferência.
D. A ordem jurídica, da mesma forma, regula as relações com os dependentes da empresa como unidade de capital e trabalho, vinculando-se ao direito do trabalho.

A ideia inicial da empresa a definia como atividade exercida pelo empresário. Essa ideia já constava do Código Napoleão, ao tratar das empresas de manufatura, mas o conceito enfrentava óbice com a adoção da teoria dos atos de comércio.

Modernamente, admite-se que o comerciante individual ou a sociedade comercial não podem exercer suas funções senão por intermédio da empresa e, nessa linha de argumentação, procura-se dissociar a figura da empresa da do empresário, porque aquela é unidade distinta e autônoma em relação a este, defendendo-se, portanto, a personificação da empresa.

No direito italiano, com o advento do Código Civil de 1942, sistema fascista, de ordem corporativa, colocou-se a empresa no centro do sistema, mas deixou-se de conceituá-la, fixando-se na ideia de empresário.

No direito brasileiro já se admite a ideia de empresa, considerando sua importância no campo econômico. O problema emerge quando se procura erigi-la à condição de categoria básica do direito comercial, pois, dados os avanços da sociedade, a evolução do direito e o aperfeiçoamento das instituições, tem a doutrina jurídica procurado definir alguns critérios, suscitando-se discussões.

Inicialmente, a figuração da empresa é no sentido de sua materialização, dando margem a que se confunda a empresa com a sociedade, ou então a empresa com o estabelecimento comercial. Com efeito, é comum o empresário referir-se a seu estabelecimento como empresa, ou à sociedade como empresa.

Para solucionar tal problema deve-se ter em mente que empresa é um ente abstrato, porque é comum situá-la como exercício de uma atividade, eis que é uma ação intencional do empresário exercitar sua atividade econômica através da empresa.

Em suma, o empresário organiza sua atividade, coordenando os bens, o capital, com o trabalho de terceiros. Mas isso não é o bastante, pois é preciso haver alguma atividade sob comando do empresário, o que só existe abstratamente.

Contra a tendência a considerar a empresa sujeito de direito, através da concessão da personalidade jurídica, outra linha de argumentação passa a vê-la como objeto de direito, distinguindo-a nitidamente da sociedade. Esta é sujeito de direito, aquela é objeto de direito. Isso porque a sociedade é constituída para ser pessoa jurídica, tornando-se capaz de contrair obrigações e exercer direitos, sendo, portanto, empresária e não empresa, porque vai exercitar a atividade produtiva. Ademais, a empresa pode representar o exercício de uma atividade individual, não pressupondo necessariamente uma sociedade comercial.

Trata-se em suma de posições doutrinárias reducionistas que não resolvem o problema da definição jurídica de empresa, pois ela tanto pode comportar tratamento normativo como sujeito, quanto como objeto de direitos subjetivos.

Ela é na verdade uma "instituição", complexo multifacetado, ambiente interdisciplinar onde ocorrem relações jurídicas dos mais diversos tipos.

13. O sindicato

As organizações sindicais constituem objetivação política de um movimento doutrinário denominado "sindicalismo".

O sindicalismo pode ser definido como doutrina que prega a transferência para os sindicatos da função de dirigir a sociedade, isto é, a tomada pelas organizações sindicais da direção dos órgãos administrativos do Estado. Ao mesmo tempo, configura uma atividade política voltada para a proteção e melhoria das condições de vida dos indivíduos que vendem sua força de trabalho. Finalmente, a doutrina sindicalista alude ao sistema de organização operária nucleada no sindicato.

Tendo surgido em meados do século XIX, na Europa, como reação à precária situação dos trabalhadores na indústria capitalista, o sindicalismo constitui também uma força transformadora de toda a sociedade. Traduz-se em organizações que gradualmente se submetem às regras de determinada sociedade, mas é sustentado por fins que transcendem as próprias organizações, e que frequentemente entram em choque com elas. Gera e alimenta o conflito dentro e fora da empresa, mas canaliza a participação social e política de grandes massas, contribuindo para integrá-las na sociedade.[10]

Ao longo da história do movimento sindical desenvolveram-se variantes de sua doutrina. Pode-se falar em sindicalismo revolucionário, derivado do marxismo, que postula a tomada do poder através da luta de classes. Uma variante do sindicalismo revolucionário é o anarcossindicalismo, inspirado no anarquismo de Proudhom.

Outra doutrina, menos agressiva, é a do sindicalismo reformista, que tende à organização política e partidária para defesa do proletariado, mas rejeita a violência como instrumento desse desiderato.

Inspirado na doutrina social da Igreja Católica, especialmente na Encíclica *Rerum Novarum*, desenvolveu-se o sindicalismo cristão, apregoando a ação pacífica segundo os princípios da realização da justiça social e do bem comum.

Outra expressão histórica do sindicalismo foi o sindicalismo nacionalista, construído pelos autoritarismos nacionalistas ocorridos na Alemanha, na Itália, na Espanha e em Portugal, que levaram à Segunda Guerra Mundial.[11]

A palavra "sindicato" vem de "síndico", palavra utilizada já desde os gregos para designar os mandatários de uma coletividade. Mas seu sentido moderno é originário do direito francês, em que a palavra foi utilizada em referência aos dirigentes de grupos profissionais. Atualmente ela é empregada em sentido amplo, abrangendo os sindicatos propriamente, as federações e confederações profissionais, e em sentido estrito, como organização das entidades menores de primeiro grau.[12]

Os sindicatos nasceram com o movimento operário, mas desenvolveram-se no sentido de organização profissional, tanto de operários quanto de patrões e estendendo-se para trabalhadores definidos como autônomos. Tal o sindicato dos médicos, dos professores, dos advogados, dos artistas, etc.

A doutrina e a dogmática sindical têm suscitado diversos tipos de sindicatos, que, conforme Mascaro Nascimento, envolvem a seguinte classificação:

---

10. BOBBIO, Norberto. *Dicionário político*. Vb. "sindicato". V. VERDIER, J. M. Syndicats. In: CAMERLYNCK. *Traité de droit du travail*, 1966.
11. NASCIMENTO, Amauri Mascaro. *Compêndio de direito do trabalho*, 1972, p. 95.
12. Idem.

A. Sindicatos verticais e horizontais, conforme atendam a um ramo ou setor da produção ou se constituam com base numa profissão ou ofício.
B. Sindicatos fechados e abertos, com base na existência ou não de obstáculos ao livre ingresso de associados.
C. Sindicatos puros e mistos, conforme se constituam somente por trabalhadores ou por trabalhadores e empregadores.
D. Sindicatos simples e complexos. Aqueles são integrados por indivíduos, estes nascem da união de outros sindicatos.
E. Sindicatos de direito ou de fato, conforme se instituam de acordo com as leis do país onde se situam, ou não.
F. Sindicatos locais e regionais, segundo o âmbito geográfico de sua atuação.
G. Sindicatos urbanos e rurais, conforme representem trabalhadores da cidade ou do campo.

A história sindical alude ademais aos sindicatos "amarelos", órgãos criados ou financiados pelos empresários para oporem-se à atuação dos sindicatos autênticos. Nos EUA, fala-se em sindicatos "brancos".[13]

Finalmente, os sindicatos podem unir-se em federações e confederações. A primeira é uma união de sindicatos, a segunda uma união de federações sindicais.

O sindicalismo contemporâneo, passada a fase das grandes lutas sindicais, está construído sobre alguns princípios, tais como, o da liberdade sindical, o da exclusividade sindical, o da unidade sindical, o da autonomia sindical e o princípio do pluralismo sindical.[14]

14. As organizações internacionais e as Nações Unidas (ONU)

A maior complexidade das relações jurídicas no interior dos Estados tem sua correspondência na ordem internacional.

Desde o fim da Segunda Guerra Mundial, em 1945, assiste-se ao surgimento de uniões entre Estados, as quais evoluem para verdadeiros sistemas jurídicos supranacionais. São comunidades formadas por Estados que se unem em razão de interesses e objetivos comuns de caráter político, econômico, religioso etc., e em razão de laços geográficos, étnicos e religiosos.

A principal característica dessas organizações é justamente seu aspecto jurídico, pois surgem em razão de acordos, convenções e tratados, e formam uma estrutura jurídica própria. É uma associação formada por sujeitos de direito internacional, instituída e disciplinada por normas do mesmo direito, concretizada

13. Idem.
14. Idem, ibidem.

numa entidade de caráter estável e dotada de um ordenamento jurídico peculiar, bem como de órgãos e meios próprios para cumprir os fins de interesse comum para os quais foi criada.

As organizações internacionais podem ser abertas ou fechadas, conforme aceitem ou não novos membros mediante cláusulas de adesão. Podem também ser por tempo determinado e indeterminado e, quanto ao seu âmbito de abrangência, universais e regionais. Quanto aos assuntos de sua competência, podem ser gerais e especiais.

As principais organizações internacionais são, na situação atual das comunidades internacionais, a Organização das Nações Unidas (ONU), a Organização dos Estados Americanos (OEA), a União Europeia (UE) e o Mercado Comum do Sul (Mercosul).

Além destas, a comunidade internacional conta com uma centena de entidades regionais voltadas para temas específicos e, assim podem ser consideradas organizações internacionais econômicas, técnicas, técnico-científicas, sociais, militares, comunicacionais etc.

Merece estudo particularizado a ONU, por sua importância no mundo atual como única organização internacional universal e por constituir um foro privilegiado de negociações e ponto de referência central nas relações internacionais contemporâneas.

As Nações Unidas constituem uma organização internacional fundada em 1945, ao final da Segunda Guerra Mundial, com os objetivos fundamentais de manter a paz e a segurança internacionais, promover o desenvolvimento da conveniência pacífica entre as nações e a cooperação na solução de problemas internacionais de ordem econômica, cultural, social, humanitária, e promover o respeito aos direitos humanos e às liberdades fundamentais.

A Carta das Nações Unidas foi adotada durante a Conferência das Nações Unidas sobre a Organização Internacional, realizada em São Francisco, EUA, de 25 de abril a 26 de junho de 1945. O documento teve por base a "Declaração das Nações Unidas", firmada em 8 de fevereiro de 1943, e as conclusões emanadas da reunião de representantes das potências aliadas, ocorrida em Washington, em 1944, com o propósito de estabelecer mecanismos institucionais coletivos capazes de garantir, no futuro, uma convivência pacífica e baseada na confiança entre as nações.

Entretanto a existência jurídica da ONU iniciou em 24 de outubro de 1945, após a maioria dos países signatários originais ter ratificado a Carta das Nações Unidas.

Em seus primórdios, contava a ONU com 51 membros e, com as adesões posteriores e em virtude do processo de descolonização desencadeado após o término da Segunda Guerra Mundial, esse número elevou-se para 185, passados 54 anos de sua criação. Hoje, ela é um vasto sistema de órgãos permanentes e temporários, voltados aos aspectos mais variados da atividade humana.

A ação das Nações Unidas baseia-se nos seguintes princípios: a) a igualdade soberana das nações; b) o não uso da força, ou ameaça de tal uso, contra a independência política ou integridade territorial dos Estados; c) a solução pacífica de controvérsias; d) o estímulo às relações internacionais com base na igualdade de direitos e autodeterminação dos Estados; e) a não intervenção em assuntos internos dos Estados-membros; e f) o respeito aos compromissos assumidos em consonância com a Carta.

Quanto aos propósitos das Nações Unidas, estão eles expressos nos primeiros capítulos da Carta e estão assim relacionados: a) manter a paz e a segurança internacionais; b) desenvolver a convivência pacífica entre as nações; c) cooperar na solução de problemas internacionais de ordem econômica, cultural, social, humanitária e na promoção do respeito aos direitos e às liberdades fundamentais; e d) tornar-se um centro para a harmonização dos atos das nações, com vistas a atingir as finalidades comuns.

O funcionamento da organização dá-se por intermédio de órgãos ligados, direta ou indiretamente, ao denominado "Sistema das Nações Unidas". A classificação desses órgãos compreende três categorias: 1) os órgãos principais; 2) as agências especializadas, também conhecidas como agências intergovernamentais ou "organismos internacionais especializados"; e 3) outros organismos.

São órgãos principais, a Assembleia Geral, o Conselho de Segurança, o Conselho Econômico e Social (ECOSOC), o Conselho de Tutela, a Corte Internacional de Justiça e o Secretariado.

As agências especializadas se caracterizam por acentuado grau de independência em relação aos principais órgãos da ONU. Sua vinculação ao sistema das Nações Unidas se faz através de acordos específicos, os quais conferem à ONU e, em particular, ao ECOSOC, função de coordenação limitada das atividades das agências especializadas mediante, por exemplo, a submissão de relatórios e propostas orçamentárias das agências.

Existem as seguintes agências especializadas: a Organização para a Alimentação e Agricultura (FAO), a Agência Internacional de Energia Atômica (Aiea), a Organização da Aviação Civil (Oaci), o Fundo Internacional para o Desenvolvimento da Agricultura (Ifad), a Organização Internacional do Trabalho (OIT), a Organização Marítima Consultiva Intergovernamental (IMO), o Fundo Monetário Internacional (FMI), a União Internacional de Telecomunicações (UIT), Organização das Nações Unidas para o Desenvolvimento Industrial (Unido), a União Postal Universal (UPU), a Organização Mundial de Saúde (OMS), a Organização Mundial de Propriedade Intelectual (Ompi), a Organização Meteorológica Mundial (OMM), o Banco Internacional para a Reconstrução e Desenvolvimento (Bird), a Corporação Financeira Internacional e a Organização Internacional do Turismo, entre outros.

Existem ademais entidades rotuladas de "órgãos relacionados às Nações Unidas", e outros designados como "órgãos especiais", que gozam de autonomia relativa e versam sobre temas eminentemente econômicos e sociais. Eles mantêm relacionamento com os órgãos principais das Nações Unidas, especialmente com o ECOSOC, deles recebendo orientação limitada, a exemplo do que ocorre com as agências especializadas.

São esses organismos: o Alto Comissariado das Nações Unidas para Refugiados (Acnur), o Fundo das Nações Unidas Para a Infância (Unicef), a Conferência das Nações Unidas sobre o Comércio e Desenvolvimento (Unctad), o Programa das Nações Unidas sobre o Desenvolvimento (PNUD), o Programa Mundial de Alimentos (PMA), o Fundo das Nações Unidas Para o Desenvolvimento de Capital (UNCDF), o Programa das Nações Unidas para o Meio Ambiente (Unep), o Conselho Mundial de Alimentos (CMA), o Comitê Administrativo sobre Coordenação (ACC), o Instituto Internacional de Pesquisa e Treinamento para o Progresso da Mulher (Instraw), a Agência de Assistência aos Refugiados Palestinos no Oriente Médio (UNRWA), a Universidade das Nações Unidas (UNV), o Escritório do Coordenador de Assistência nos casos de Calamidades Naturais (Undro) e o Centro das Nações Unidas sobre Assentamentos Humanos (UNCHS), entre outros.

O Brasil é um dos membros fundadores das Nações Unidas, à qual atribui papel central na formulação e execução de sua política externa.[15]

15. Dados fornecidos pelo Ministério das Relações Exteriores do Brasil, através de seu Escritório de Representação em Curitiba, PR.

Nona Aula
As fontes do direito

Sumário: 1. Fontes do direito e modelos jurídicos. 2. Fontes formais e materiais. 3. Lei, costume e jurisprudência. 4. A doutrina e os princípios gerais de direito

1. Fontes do direito e modelos jurídicos

Ainda que a preocupação com o problema das fontes do direito já se constate desde os pós-glosadores,[1] seu delineamento científico inicia propriamente com Savigny. Este distingue entre direito geral, que se exprime numa regra geral, e direito particular, que se exprime na decisão judicial. O primeiro incide sobre as instituições, o segundo, sobre as relações jurídicas. Fontes jurídicas são as causas de nascimento do direito geral, tanto das instituições quanto das regras jurídicas propriamente, e este direito geral preexiste ao surgimento da documentação, de sorte que a verdadeira fonte é esta vida invisível do direito, que o autor entende dimanar do "espírito do povo" (*Volksgeist*).

As instâncias que normalmente se denominam fontes, nada mais seriam do que manifestações daquela fonte originária: o costume, que vem do povo, e a lei, produzida pelo Estado. Savigny considera ainda o direito científico ou direito dos jurisconsultos (*Juristenrecht*), subdividido em teórico e prático.

O núcleo do pensamento do autor, como de resto de toda a escola histórica, está na asserção de que os citados elementos causais das fontes, o povo, o Estado e os jurisconsultos, ao criarem as normas de direito, apenas reconhecem, dão configuração ao que já existia latente no espírito do povo. A escola histórica atribui eminente dignidade ao labor do jurista, que, como parte do próprio povo, é o elemento habilitado para revelar o direito do *Volksgeist*.

A concepção de Savigny foi desenvolvida no contexto de memorável polêmica, a respeito das vantagens e desvantagens da codificação do direito alemão.

---

1. FRANÇA, Rubens Limongi. *Hermenêutica jurídica*, 1999, p. 201.

Em 1814, o jurisconsulto Thibaut, professor em Heidelberg, publicava o opúsculo *A necessidade de um direito civil para a Alemanha*, o qual provocou a réplica de Savigny, em seu famoso *Da vocação do nosso tempo para a legislação e para a jurisprudência*. Neste ensaio, o autor reconhece que o jurista não cria o direito, mas apenas traduz em normas escritas o direito vivo, latente no espírito do povo, que se forma através da história como resultado de suas aspirações íntimas.[2] O Direito emanaria, assim, da alma do povo, surgindo espontaneamente em face das mudanças de *statu quo;* a interpretação deveria pois afastar-se da letra da lei e penetrar a fundo no seu conteúdo, descobrindo-lhe o substrato, de acordo com a formação cultural do povo. Daí a valorização do costume e dos princípios processuais atinentes a reafirmar o primado da jurisprudência dos juízes e tribunais sobre o direito escrito.

Savigny exclui totalmente a ideia de uma origem acidental ou arbitrária do direito. O direito de uma nação forma-se de modo idêntico ao idioma nacional, adquirindo aos poucos seus caracteres específicos, próprios do povo, inconfundíveis, que se manifestam nos costumes, na constituição política, na linguagem, nas crendices populares. O direito participa desse todo harmônico, manifestação do *Volksgeist,* o espírito do povo.

Observa Carl I. Friedrich que, ao contrário de Hegel, os *espíritos nacionais* eram encarados pelos historicistas como entidades fechadas em si mesmas, "sem qualquer sujeição ao espírito universal, dado que, na escola histórica, teve lugar a virada para o positivismo histórico. De acordo com Savigny existe uma conexão orgânica entre direito, natureza e caráter de um povo".[3]

Os críticos do historicismo logo descartaram da ciência do direito a doutrina da "alma do povo", versão jurídica do romantismo, corrente literária e artística surgida no final do século XVIII e que valorizava a tradição, a raça, a nacionalidade e o subjetivismo dos sentimentos e da consciência, contra o objetivismo, o predomínio da forma e a valorização dos modelos da Antiguidade greco-romana, características do classicismo, que o romantismo pretendeu ultrapassar. Essa concepção do *Volksgeist* como entidade real pareceu inaceitável, a menos que se pudesse atribuir à expressão um sentido metafórico, para designar o conjunto ou soma das consciências individuais, o que não corresponde à pregação do historicismo.

Entre os críticos da escola histórica avultou a figura de Ihering, que, em sua obra *A luta pelo direito*, mostrou que a teoria do desenvolvimento espontâneo do direito não corresponde à realidade, pois esta põe à mostra, pelo contrário, uma

---

2. SAVIGNY, Carl J. Friedrich von. "Los fundamentos de la ciencia jurídica". In: *La ciencia del derecho*, 1949, p. 35 e segs. V. MEIRA, Sílvio A.B. *A Lei das XII Tábuas – fonte do direito público e privado.*
3. SAVIGNY, op. cit., p. 158.

sociedade na qual os interesses estão em luta permanente, na qual intervém a vontade consciente finalisticamente orientada.

Outro desses críticos notáveis, Stammler, ressaltou que as premissas da escola histórica não explicavam certas manifestações do direito positivo, por exemplo, o direito dimanado das revoluções políticas.

A doutrina das fontes foi desenvolvida sobretudo pela obra dos mestres ligados ao direito privado, particularmente os pandectistas. Mas a partir do incremento das pesquisas em torno do direito público, passaram também os publicistas a alargar a tradicional teoria das fontes com novas contribuições. A ciência francesa do direito administrativo, principalmente, propiciou a revisão da teoria civilista dos atos jurídicos, no sentido de uma concepção monista, em que o ato jurídico assumia o papel da fonte do direito por excelência. Destarte, a obra de autores do porte de Duguit, Jèze e Bonnard, conduziu ao alargamento da noção de ato jurídico, no sentido de abrangerem também a lei, os atos jurisdicionais e os regulamentares, entre outros. A noção de ato jurídico, originariamente vinculada ao direito privado, abrangeria a de fontes do direito.[4]

Esta mesma direção orientou a teoria dos atos jurídicos elaborada por Brethe de la Gressaye e Laborde Lacoste, distinguindo as fontes-atos, noção com que identificavam a lei, o direito corporativo, os atos jurídicos individuais e os jurisdicionais. Além das fontes-atos, reconheciam outras desvinculadas do conceito de ato jurídico, abrangendo o costume, a doutrina e os princípios gerais. Por lei, entendia-se nesse enfoque o ato jurídico legislativo, por direito corporativo entendia-se o conjunto de normas que regem as instituições sociais e por ato jurídico jurisdicional, a jurisprudência. O ato jurídico individual, coerentemente, abrangia os contratos, os testamentos etc.

A doutrina posterior ao historicismo fez aumentar a problematicidade da questão, primeiramente, pelo estabelecimento de uma hierarquia entre as quatro fontes tradicionais, lei, costume, jurisprudência e doutrina, e depois pela identificação entre fonte do direito e fundamento de validez.

Conscientizados finalmente os jurisconsultos de que a doutrina tradicional reduzia o estudo das fontes às causas do fenômeno jurídico, restou a indagação acerca da origem ou nascimento do direito definitivamente relegada ao plano sociológico, permanecendo como objeto de investigação científica, do ponto de vista da jurisprudência, somente o problema das fontes formais.

O movimento culturalista introduziu uma noção unívoca de fonte formal e material.

A teoria egológica argentina considera fontes formais as instâncias normativas que fornecem conceitos ou gêneros de conduta, normas gerais. Entretanto, como toda concepção normativa leva implícita uma valoração, isto é, um sentido

4. LIMONGI FRANÇA, op. cit., p. 205.

geral vigente na comunidade, o qual deve ser descoberto através dos processos de interpretação e com o qual deve concordar o sentido individual do caso concreto, conclui-se que as instâncias de normatividade, ao tempo em que expressam uma forma (lei, costume, jurisprudência e doutrina), encerram um conteúdo axiológico que se traduz em substância mesmo do direito; daí a terminologia proposta, de fonte formal-material.

À luz desse enfoque desaparece a distinção entre fonte formal e material, pois é impossível compreender qual o significado de uma fonte formal sem ter presente a fonte material ou estrutura social correspondente, o complexo de causas e motivos determinantes do aparecimento das regras jurídicas.

As notórias deficiências da tradicional concepção das fontes formais induziram Reale a propor a substituição da noção tradicional de fonte pela de *modelo jurídico*.

A sociedade envolve a noção de estrutura social, as formas multifacetadas de organização da vida humana em sociedade. Tais estruturas, compreendidas como instituições fundamentais de uma sociedade, apresentam-se, no que diz respeito à experiência jurídica, sob a forma de estruturas normativas ou "sistemas de modelos", sendo cada modelo dotado de especial estrutura de natureza tridimensional.[5]

O estudo desses modelos integra-se ao objeto da ciência do direito de duas maneiras distintas: primeiramente, considerando tratar-se de estruturas reais e não criações científicas, eles configuram ponto de referência do trabalho de determinação de conceitos e sua sistematização, levados a efeito pela ciência do direito. Estes conceitos são necessários para a compreensão dos modelos jurídicos. Em outro plano, a ciência jurídica indaga das condições com que as atividades técnica e científica conduzem à realização dos modelos.

Reale distingue duas espécies de modelos, os jurídicos propriamente ditos e os dogmáticos ou do direito. Ambos são estruturas normativas que ordenam fatos segundo valores, numa qualificação tipológica de comportamentos futuros, a que se ligam determinadas consequências.[6] Mas, enquanto os primeiros resultam de atos de volição, ou seja, quando as consequências assim prefiguradas são queridas na forma enunciada, os segundos são estruturas teóricas referidas aos primeiros, cujo significado procuram atualizar. Os modelos jurídicos se elaboram por atos decisórios, os dogmáticos no âmbito da ciência do direito.

Os modelos jurídicos resultam de uma opção, que tanto pode ser do legislador, quanto do juiz ou do indivíduo no uso de seu poder negocial. Os dogmáticos são construídos pela doutrina jurídica "como estruturas teórico-compreensivas do

5. REALE, Miguel. *O direito como experiência*, 1968, p. 61.
6. Idem, p. 162.

significado dos modelos jurídicos e de suas condições de vigência e de eficácia na sistemática do ordenamento jurídico".[7]

É importante fixar o que se entende por poder, na teoria dos modelos jurídicos. Ele envolve muito mais o aspecto de capacidade factual de decisão do que o conteúdo ligado à ideia de mando e autoridade que a palavra normalmente encerra. Na estrutura experiencial do fenômeno jurídico, o poder se caracteriza como negocial, através do qual se estabelecem esquemas normativos que se institucionalizam em virtude de um ato de adesão a uma estrutura social típica. A causa dessa institucionalização é a estabilidade e o sentido de continuidade de que se revestem os esquemas normativos instaurados pelo poder negocial.

O poder estatal pode reduzir-se aos termos do poder negocial. A diferença é puramente qualitativa, no que concerne ao tipo de pessoa dotada de poder, mas, em essência, tanto o estatal quanto o negocial individual consistem na mesma possibilidade fática de decisão. Conforme se trate do Estado, do conjunto de indivíduos que formam o povo e a nação, de um grupo determinado de pessoas a quem foi atribuído poder jurisdicional, de outro grupo que, pelo conhecimento científico que possuem, estão aptos a esclarecer aos demais quanto aos problemas teóricos e práticos do direito e, finalmente, das pessoas individuais, tal possibilidade se manifesta por diferentes instâncias normativas, a legislação, o costume, a jurisprudência, a doutrina, os princípios gerais de direito e o contrato.

O estudo dos modelos jurídicos, quer do ponto de vista dogmático, quer sob o prisma da teoria geral, pode ser desenvolvido em torno de dupla problemática: o modo como se apresentam, isto é, o resultado da institucionalização das estruturas-modelos em instâncias normativas e a importância cada estrutura-modelo dentro da macroestrutura formada pelo ordenamento jurídico, o que implica uma problemática de hierarquia entre os modelos jurídicos.

2. Fontes formais e materiais

O problema das fontes do direito pode ser abordado sob diferentes pontos de vista. O mais comum é a abordagem histórica, que se refere às fontes do direito que historicamente tenham prevalecido. Outro ponto de vista é o jurídico-positivo, quando se indaga a respeito dos meios utilizados pelo direito positivo para normar determinados comportamentos sociais. Um terceiro aspecto nos leva a indagar sobre a hierarquia entre elas, qual deve prevalecer sobre as demais. Finalmente, indaga-se sobre a estrutura do sistema jurídico.[8]

7. Idem, ibidem.
8. TERÁN, op. cit., p. 171.

Na ciência jurídica tradicional, a teoria das fontes do direito pretende sistematizar o estudo das formas de expressão do direito positivo, os elementos que, no ordenamento jurídico, servem de base para que se diga qual é o direito vigente, o qual possa ser aplicado a situações concretas. Tais formas classificam-se em cinco tipos fundamentais, a saber: a lei, o costume, a jurisprudência, a doutrina e os princípios gerais de direito. Elas servem de critério para a classificação das normas jurídicas referidas como legislativas, costumeiras e jurisprudenciais.

A mesma tradição consagrou a divisão das fontes em dois tipos: formais e materiais, o primeiro tipo, objeto propriamente da dogmática jurídica, compreendendo as cinco formas acima referidas, e o segundo a ser considerado pelas ciências jurídicas *lato sensu*, referido aos diversos fatores que podem ser tidos por causa da normatividade jurídica.

Admite-se que o fenômeno jurídico tem sua gênese na vida social, e que o acesso cognoscitivo a ele ocorre mediante suas formas de expressão. A gênese social do direito são suas fontes materiais, suas formas de expressão, as fontes formais.

Com a noção de fonte formal, a dogmática jurídica restringe seu estudo às instâncias que na experiência jurídica possibilitam a solução das controvérsias sociais decorrentes da inobservância das normas vigentes.

Mas o problema não é simples, pois as mais das vezes ocorre a identificação entre as duas espécies, o que se explica pela equivocidade da expressão "fonte do direito".

A palavra "fonte" no sentido jurídico deriva de uma metáfora. Na linguagem corrente, designa um fenômeno da natureza, o lugar ou fator que dá nascimento, causa ou origem a alguma coisa. O significado vulgar mais comum refere-se ao local onde uma caudal de água subterrânea aflora à superfície, constituindo a nascente de um rio ou córrego.

No sentido jurídico podem ser registradas inúmeras acepções, tais como, os textos de leis que revelam o direito vigente e o direito histórico, as forças sociais criadoras do direito, a autoridade de onde o direito dimana, os atos concretos de criação do direito (lei, costume, decisão judicial etc.), o fundamento da validez de uma regra de direito, a forma exterior de manifestação do direito e o fundamento de um direito subjetivo. Em suma, a expressão alude às origens do direito, mas com dois sentidos especiais: as necessidades individuais e sociais a que o direito é destinado a satisfazer, quando as fontes se confundem com o próprio direito como experiência, ou os órgãos sociais de onde o direito deriva de forma imediata.

Limongi França, depois de salientar a impropriedade da palavra para designar os modos de manifestação do direito, estabelece uma separação entre o estudo das fontes do direito propriamente ditas, a que denomina "etiologia jurídica", e o estudo das formas de expressão, ou "morfologia jurídica". Segundo este autor, as fontes do direito se classificam em quatro grupos: fontes históricas, genéticas, instrumentais e as impropriamente chamadas formais, ou simplesmente formas de expressão.[9]

Tão variada gama de entendimentos revela a impossibilidade de um conceito unívoco, ainda que se trate somente das fontes formais, pois a palavra "forma" pode aplicar-se a diferentes realidades.

A tradicional doutrina das fontes encerra uma concepção causal do direito, a ideia de que ele flui a partir de um ponto de origem; nesse caso, a expressão tem o sentido metafísico de causa, e as fontes do direito poderiam ser classificadas segundo as várias noções de causa.

A síntese mais elaborada sobre os vários conceitos de causa provém de Aristóteles. Considera ele quatro causas: eficiente, material, formal e final. A primeira é a causa que dá origem ao objeto, a segunda, a substância que o constitui, a terceira é sua configuração exterior, a quarta é constituída pelos objetivos que dão unidade ao conjunto.

Remontando a essa concepção, as fontes do direito podem ser classificadas em quatro tipos: a) fontes eficientes – correspondentes à *causa efficiens* – o legislador e a comunidade social; b) fontes substanciais ou materiais – a *causa materialis* – identificadas no conteúdo normativo do direito; c) fontes formais – *causa formalis* – as formas de exteriorização daquele conteúdo; e d) fontes finais – *causa finalis* – os objetivos das regras jurídicas.

A redução das fontes do direito ao conceito de causa demonstra não somente que a questão está longe de uma solução que catalise o consenso dos teóricos do direito, como também que tal solução tem sido procurada por caminhos errôneos, os quais levam sempre a uma identificação das fontes com o próprio fenômeno a que se referem, o direito.

De início, convém distinguir entre o significado filosófico e o técnico com que a expressão é utilizada.

No significado filosófico, alude-se aos fundamentos do direito, seja no sentido amplo de causa, seja no mais específico de origem primeira e suprema do fenômeno jurídico. Destarte, conforme as diversas correntes doutrinárias, constituem fontes do direito a vontade de Deus, a vontade do soberano, a vontade do povo, o poder político, a natureza das coisas, os interesses da classe dominante etc.

No sentido técnico, a expressão tem sido utilizada aludindo às fontes de produção e cognição, às fontes imediatas e mediatas, às diretas e indiretas, às originárias e derivadas, às históricas, às formais e materiais e às fontes de direitos subjetivos.

Todas estas acepções refletem a interdisciplinaridade que o saber jurídico comporta, o que possibilita que o material científico tratado seja vislumbrado sob os pontos de vista histórico, político, econômico, sociológico, ético, filosófico etc.

---

9. FRANÇA, op. cit., p. 207 e segs.

Mas a distinção que efetivamente interessa à jurisprudência deve ter por fundamento a tríplice dimensão do fenômeno jurídico, ou seja, a normatividade que deriva da expressão linguística do direito, sua facticidade revelada no conteúdo social das normas e a dimensão valorativa implícita na referência das normas às condutas intersubjetivamente relacionadas. Tal compreensão incide na tradicional distinção entre fontes formais e materiais, na medida em que consideramos as primeiras vinculadas à normatividade, as outras duas conjugando no conteúdo das normas os fatores sociais e axiológicos do direito.

Se nos reportarmos ao sentido próprio da palavra fonte, as únicas seriam as materiais, visto que a expressão em si alude à gênese, fator de onde alguma coisa provém.

Na doutrina tradicional, as fontes materiais confundem-se com as fontes de produção do direito, formadas por elementos extraídos da realidade social, da tradição e dos ideais dominantes. São constituídas pelos próprios fenômenos sociais, todas as formas de vida que abarcam agrupamentos da mais variada índole e que se confundem com as forças políticas, ideológicas e econômicas, em que também ocorrem fatores geográficos, morais, religiosos, técnicos, históricos e os ideais que fazem parte da cultura da sociedade considerada.

Remontando ao conceito aristotélico de causa, as fontes materiais do direito são constituídas pelo conjunto de suas causas eficiente, material e final. Temos, por conseguinte, três conteúdos básicos na compreensão das fontes materiais: a) Fontes materiais como causas sociológicas, os complexos histórico-sociais que ensejam a produção do direito, por exemplo, as revoluções. Nesse mesmo sentido de causa eficiente, pode-se aludir à vontade concreta do poder que exprime aqueles complexos. b) Fontes materiais no sentido de matéria social que forma o conteúdo das normas jurídicas, as relações intersubjetivas de conduta por elas normadas. c) Fontes materiais no sentido de fins ou valores que, em dado momento histórico, determinam a criação e o desenvolvimento do direito.

As fontes formais, aparência exterior desses três conteúdos, têm valor funcional próprio, porque desenvolvem o ordenamento jurídico segundo direções distintas, quando se está em presença de uma mesma fonte material.

A dogmática jurídica supervalorizou as fontes formais, ao contrário dos juristas de formação sociológica, que deram prevalência às materiais. O que ocorre na experiência é que tanto as formais quanto as materiais são invocadas no caso concreto, ambas com força impositiva. Por isso, entende Machado Neto que se trata de uma falsa distinção, preferindo falar em fonte "formai-material", já que toda fonte formal leva implícita uma valoração, a qual só pode ser compreendida no sentido de fonte material. Considera o autor que a lei, o costume, a jurisprudência e a doutrina constituem normas por oposição às representações axiológicas coletivas, aos *standards* tribunalícios, às ideologias ou valorações que aspiram à positivação, mas que apenas constituem uma valoração que ainda não se constituiu em norma. Portanto, não há que se negar a denominação de fontes materiais a estas últimas, mas também não há por que denominar simplesmente formais às primeiras. Estas são tanto materiais quanto formais, uma vez que encerram tanto uma valoração quanto uma norma.[10]

O importante é deixar claro que as fontes materiais criam o direito, constituem a gênese propriamente do fenômeno jurídico, e que as formais configuram os meios pelos quais o direito se manifesta na história.

As fontes formais podem ser estatais e não estatais.

As primeiras são de direito escrito e se subdividem em legislativas, lei, regulamentos e tratados internacionais, jurisprudência, sentença, precedente judicial, o *case law*, súmulas e pré-julgados.

As fontes não estatais podem subdividir-se em fontes de direito consuetudinário, o costume jurídico, e de direito científico, as contribuições da doutrina jurídica e os pareceres dos grandes jurisconsultos. Compreendem ainda as fontes convencionais, formadas principalmente pelas convenções coletivas de trabalho, mas que abrangem todos os acordos de natureza privada envolvendo organizações coletivas.

Conforme o setor da sociedade que lhes atribui expressão normativa característica, elas podem ainda ser classificadas em fontes legislativas, consuetudinárias, jurisprudenciais e convencionais.

Tomando por critério a soberania do Estado, podem ser consideradas as fontes formais como de direito interno (a constituição, as leis, os regulamentos, a jurisprudência, as convenções coletivas, o direito consuetudinário etc.) e de direito externo (o direito internacional, os tratados e convenções internacionais, o costume internacional, a jurisprudência dos tribunais internacionais etc.).

O critério da soberania ainda relaciona as fontes com as concepções pluralistas do direito, as quais admitem outras fontes de produção jurídica na sociedade, paralelamente ao Estado, podendo-se falar em fontes estatais, o direito oficialmente reconhecido pelo Estado, e fontes plurais, o direito que brota espontaneamente da vida social.

O problema das fontes do direito na verdade aludem às instâncias de normatividade que, numa sociedade, são utilizadas pelo Estado para manter a ordem e solucionar litígios. Considerando que tais instâncias são designadas como *lei, costume, jurisprudência, doutrina* e *princípios gerais de direito*, as fontes se confundem com o próprio direito positivo, dentro da concepção dogmática, o que explica o caráter metafórico da palavra "fonte".

10. MACHADO NETO, A. L. *Teoria geral do direito*, 1966, p. 195.

3. Lei, costume e jurisprudência

A lei é o *jus scriptum*, norma jurídica geral estabelecida mediante a palavra pelo legislador.

Desta conceituação derivam as distinções entre lei material e lei formal, lei em sentido amplo e lei em sentido estrito.

Lei formal é a regra que tem conteúdo jurídico que não seja uma norma geral: a norma individualizada, por exemplo. Considera-se lei formal também a que tenha conteúdo moral e religioso, não considerado matéria de direito. No primeiro caso, deve-se falar em normas individuais legisladas, no segundo, exclusivamente de procedimento legislativo.

Lei em sentido amplo é qualquer imperativo dimanado do Estado. Em sentido estrito, somente a lei emanada do legislativo.

A consideração do fundamento de validez das leis faz suscitar o problema da hierarquia. Considera-se que cada norma jurídica encontra sua fonte de validez na norma imediatamente anterior, até a constituição.

A hierarquia das leis é, portanto, aplicação ao direito legislado do princípio que rege a hierarquia das normas jurídicas em geral, qual seja, em grau decrescente de generalidade conceitual: normas *constitucionais*, normas *ordinárias*, normas *regulamentares* e normas *individualizadas*.

A propósito, convém lembrar que o problema da hierarquia das leis nos países federativos não é propriamente de hierarquia, mas de conflitos de leis no espaço e, embora se trate de direito interno, deve ser resolvido segundo os princípios do impropriamente chamado "direito internacional privado".

O costume é a repetição de atos de comportamento social, o *jus moritum constitutum*.

O costume jurídico envolve dois elementos, material e formal. O elemento material é a própria conduta, a prática repetida, o formal é a convicção da obrigatoriedade, isto é, o sentimento generalizado na sociedade de que tal conduta é obrigatória. Trata-se da doutrina romano-canônica da *inveterata consuetudo*, definida como *opinio juris sue necessitatis*.

Para o direito consuetudinário importa destacar a relação entre o costume e a lei, um dos pontos mais discutidos pela doutrina jurídica racionalista, a qual advoga a precedência da lei.

Consideram-se, face ao direito legislado, três formas de direito consuetudinário: o costume delegante, o delegado e o derrogatório.

O costume delegante autoriza determinada instância a criar direito escrito. Exemplo são as constituições consuetudinárias, princípios e *standards* jurídicos que, não obstante não estar escritos, estão na base de alguns documentos de natureza constitucional, como no direito inglês.

O costume delegado verifica-se quando a própria lei remete ao costume a solução de controvérsias, ou ainda, quando ele se refere a matérias não reguladas por lei. Exemplo disso é a referência que a *Lei de Introdução às normas do Direito Brasileiro* faz ao costume como recurso de integração do direito. A esse costume integrativo se diz *praeter legem*, o qual se distingue do costume interpretativo ou *secundum legem*, e do costume derrogatório ou *contra legem*.

O costume derrogatório se diz *desuetudo*. É o desuso da lei pelo costume, a situação de leis que "não pegam", permanecem válidas no ordenamento, mas não são cumpridas.

Quanto à jurisprudência, ressalvado o sentido do termo como equivalente a "ciência do direito", é usual sua utilização para referir-se à opinião dominante no Poder Judiciário sobre matéria de direito. Assim, costuma-se definir a jurisprudência, fonte do direito, como "doutrina dos tribunais", ou orientação prevalecente entre os juízes e tribunais, ou ainda, como norma jurídica formada a partir de reiterados julgados das instâncias judiciárias. Trata-se de sentido mais técnico que veio a se impor nos países de tradição romanista, designando o conjunto de princípios e doutrinas contidos nas decisões dos juízes e tribunais; baseia-se na regra do precedente.

Na obrigatoriedade da jurisprudência em relação à lei radica uma das diferenças essenciais entre o sistema jurídico da *commom law* e o sistema romanista.

Na Inglaterra, país de *commom law* por excelência, a força construtiva das decisões judiciais é em princípio absoluta, aplicando-se a regra do *stare decisis*, que vincula os julgados ao precedente.

Deve-se porém ressalvar que a evolução do direito inglês tem se processado no sentido de atenuar a regra, como se pode observar em algumas das fases de desenvolvimento do sistema da *common law*, como a instituição de tribunais da *equity*, com a finalidade de corrigir a rigidez da *common law* e a unificação jurisdicional através do *Judicature Act*, de 1875.

No sistema jurídico romanista desenvolveu-se a convicção generalizada de que o direito está contido na lei e que a função jurisdicional é interpretativa, integrativa e aplicadora dos preceitos gerais da lei. Assim, a força da jurisprudência perante a lei é puramente lógica, enquanto se insere no esquema geral da norma jurídica hierarquicamente superior, uma hierarquia analítica.

Os juristas continentais, aferrados ao dogma de que o direito equivale à lei, não pensaram, como os insulares, que a jurisprudência seria o único fenômeno juridicamente decisivo e, portanto, não interpretaram o fenômeno como denotando a obrigatoriedade dos julgados precedentes, mas como puro fato, ao qual se referiam os juízes por comodidade ou rotina. Entretanto, a tendência que ora se observa é no sentido de um prestígio crescente da jurisprudência como fonte.

Assim, por um lado, pela atenuação da obrigatoriedade do precedente na *common law*, por outro, pelo fato do crescente prestígio dos precedentes judiciais, ambos os sistemas estão se desenvolvendo no sentido da unificação.

4. A doutrina e os princípios gerais de direito

Não é possível mais desconhecer na doutrina seu caráter de fonte, posto que efetivamente invocada pelos juízes e advogados para fundamentar suas decisões. Sua importância não decorre da obrigatoriedade, como no caso do costume, da lei e da jurisprudência, mas da livre adesão manifesta pelas entidades encarregadas de elaborar, interpretar e aplicar o direito.

Ademais, configurado o ordenamento como escalonamento de valores que incidem sobre a norma, o trabalho do cientista do direito assume maior importância, como origem autêntica do direito e atividade imprescindível à realização da justiça.

O uso da expressão "princípios gerais de direito" iniciou-se em meio à ambiência forjada pelo positivismo, num contexto em que a concepção dogmática se afirmava em sua plenitude. Isso levou a que se procurasse eliminar dos textos legais as tradicionais referências ao direito natural, entendendo-se que só seriam admitidos como jurídicos os imperativos efetivamente incorporados ao direito positivo. Mesmo assim, tratando-se de procedimento integrativo de lacunas, aparecem numa ordem hierárquica em que são precedidos pela analogia e pelo direito consuetudinário, às vezes pela equidade.

Deve-se relembrar que a doutrina desenvolvida no contexto do Iluminismo identificava os princípios com as regras mais gerais, integradas ou não ao ordenamento, mas ditadas pelo direito natural. Entretanto, a concepção jusnaturalista, embora tenha sido relegada a plano secundário por influência do positivismo, em face da crise do pensamento jurídico verificada após duas guerras mundiais, nunca desapareceu da doutrina jurisfilosófica, na esteira do que se denominou "eterno retorno ao direito natural".[11]

Na visão de Del Vecchio, a tese jusnaturalista enfatiza que os princípios gerais albergam as supremas verdades do direito, de modo a transcenderem as nacionalidades, sendo comuns aos diversos povos. Ademais, que correspondem à crença numa *ratio juris* de caráter universal que, desde os romanos, é patrimônio comum que acompanha a humanidade em seu desenvolvimento e, ainda, que se acha presente na consciência jurídica, em decorrência da natureza das coisas, tal como apreciada pela razão.[12]

---

11. ROMMEN, Heinrich. *Die ewige Wiederkehr des Naturrechts*, 1935.
12. DEL VECCHIO, Giorgio. *Sui principi generali del diritto*, 1921.

Com o surgimento dos códigos, verifica-se nítido abandono da concepção jusnaturalista, quando os princípios são inicialmente entendidos como integrantes do direito positivo e, mais tarde, como *princípios gerais do ordenamento jurídico do Estado*, tendo se acrescentado ainda que se trata de princípios reconhecidos pelos povos cultos.

Tais limitações, que excluem a tradição jusnaturalista, já constam das primeiras codificações, e a referência aos princípios reconhecidos por nações civilizadas foi acolhida na ordem internacional pelo Estatuto da Corte Internacional de Justiça. Essa mesma atitude dogmática presidiu a inserção dos princípios gerais nos códigos da maioria das nações modernas, inclusive o português e o brasileiro.

No Brasil, a *Lei de Introdução às normas do Direito Brasileiro*, de 1942, admite o recurso aos princípios gerais para a colmatação de lacunas, juntamente com a analogia e o costume.[13]

É claro que tal entendimento decorre de uma posição doutrinária a respeito de sua natureza normativa, indagando-se se eles integram ou não o ordenamento e, neste caso, constituem-se verdadeiramente princípios no sentido normativo. Mas esta questão envolve uma controvérsia preliminar de natureza ontológica, admitindo-se que o uso linguístico da palavra para aludir a uma norma de ação seria tão somente em sentido figurado, já que não seriam regras, mas valores. Assim, a controvérsia doutrinária fundamental indaga primeiramente se os princípios são normas ou valores e, no primeiro caso, se conservam sua condição de princípios gerais mesmo após integrados no ordenamento.

Tal problema parece despiciendo, se considerarmos que os valores constituem fontes de imperativos, os quais se revestem da condição de normas sociais, religiosas, morais e jurídicas. A controvérsia, portanto, se reduz a uma questão semântica: os princípios gerais de direito integram ou não o direito positivo? Se tornados explícitos nos textos legais, como nas constituições modernas, continuam sendo princípios gerais?

Uma das soluções aventadas é a de Ferrara, que distingue duas espécies de princípios gerais: os do direito positivo, incorporados aos textos, e os fundamentais do ordenamento jurídico, que orientam o trabalho legislativo e, portanto, são informadores do desenvolvimento do direito positivo.

Os primeiros estão dentro do ordenamento jurídico, latentes nas normas que o intérprete desenvolve mediante o processo lógico e analógico. Os outros são condições essenciais do próprio ordenamento jurídico, os seus pressupostos básicos. Esta segunda categoria está fora e acima do próprio direito positivo, formando as diretrizes, forças propulsoras do seu desenvolvimento.[14]

---

13. Art. 4º, LINDB.
14. FERRARA Francesco. *I principi generali dell'ordinamento giuridico*, 1943.

Outra corrente postula aos princípios um caráter lógico-analítico, pois seriam normas gerais construídas pela razão, por meio de uma generalização crescente a partir de normas concretas.[15]

Uma terceira posição alarga o significado dos princípios, de forma a que eles compreendam, além dos próprios de cada ordenamento nacional, os do direito natural e os elaborados pela ciência do direito, incluindo os formados a partir de opiniões dos jurisconsultos.

Embora a concepção jusnaturalista pareça prevalecer na doutrina, a legislação, notadamente a civilística, tem acolhido a tese da subordinação dos princípios ao direito positivo, relegando-os à condição de fontes subsidiárias em caso de lacunas.

Um dos críticos da tese jusnaturalista é Dourado de Gusmão, que, em comentário sobre a posição de Del Vecchio, enfatiza a ocorrência de outros fatores sociais, como os de natureza econômica, geográfica, demográfica e ética, que concorrem para sua formulação, mesmo admitindo-se a realidade social do direito natural.[16] Este autor adere à lição de Coviello, para quem os princípios gerais do direito não podem ser outros que os fundamentais da mesma legislação positiva, que não se encontram escritos em nenhuma lei, apesar de serem os pressupostos lógicos necessários das distintas normas legislativas, das quais, por força da abstração, devem exclusivamente deduzir-se. Podem ser de fato princípios racionais superiores, de ética social, e também princípios de direito romano ou universalmente admitidos pela doutrina.

Não obstante, sua importância para o direito decorre não do fato de serem racionais, éticos ou derivados da tradição romanística, mas porque informam efetivamente o ordenamento, chegando a ser desse modo princípios de direito positivo e vigente.[17]

Estes pontos de vista espelham um sentido de conciliação entre o positivismo e o jusnaturalismo. Não se nega a relevância do direito natural como fonte para a elaboração racional dos princípios, mas leva-se em conta que, ainda que dimanados de uma ordem metafísica, eles se impuseram nas legislações em virtude do trabalho doutrinário. Deve-se, além disso, considerar que a ordem jurídica de um país é resultado de uma consciência histórica onde intervieram fatores os mais diversificados, como a religião, os costumes e as tradições do povo e as ideias políticas dos grupos no poder, fatores que constituem os dados que o jurista encontra para sobre eles fazer incidir seu trabalho de criação do direito.[18]

---

15. GROPPALLI, Alessandro. *Le disposizione del nuovo codice civile sulla interpretazione delle leggi*, 1939, apud GUSMÃO, Paulo Dourado de. *Filosofia do direito*, 1966, p. 109.
16. GUSMÃO, op. cit., p. 108.
17. Idem, ibidem.
18. GÉNY, François. *Science et téchnique en droit privé positif*, 1924/1930.

Assim é que, na atualidade, verifica-se certa tendência da doutrina em ampliar o significado dos princípios. Entende-se que eles compreendem não só os fundamentos jurídicos, legalmente instituídos, mas todo axioma derivado da cultura jurídica universal.

Considerando o alcance que os fatores extrajurídicos têm na evolução científica do direito, e, *ipso facto*, pela influência que exercem na própria formulação dos princípios mediante o labor científico, o qual deve repercutir na política legiferante, podem ser classificados em quatro grupos:

A. Religiosos, aqueles que inspiram determinada legislação positiva, impostos diretamente por força da religião.
B. Filosóficos, princípios que expressam o elemento constante e permanente do direito, fundamento de toda a legislação positiva, na medida em que o ordenamento jurídico é reflexo de determinada concepção jusfilosófica e que são tidos por verdades jurídicas universais.
C. Históricos, que dizem respeito à tradição e aos costumes de determinado povo ou nação.
D. Políticos, os que obedecem aos sistemas políticos imperantes em certo momento do desenvolvimento histórico de um ordenamento concreto e efetivamente obrigam.

Deve-se considerar que tais aspectos não são estanques, e que um mesmo princípio pode pertencer a qualquer um dos grupos ou a todos eles, o que leva a que sejam definidos como *normas de cultura reconhecidas pelo Estado*, conforme preleciona Rivacoba.[19]

Estes quatro tipos fundamentais podem, entretanto, reduzir-se a dois: os de caráter filosófico, que incorporam os religiosos, éticos, lógicos e outros propriamente filosóficos, e princípios positivados, os quais abrangem os políticos e todos os que, inseridos nas legislações, principalmente no direito constitucional e nas declarações internacionais, são considerados pela ciência do direito princípios gerais.[20]

19. RIVACOBA, op. cit., p. 194.
20. RODRIGUEZ-ARIAS BUSTAMANTE, op. cit., p. 594.

Décima Aula
A metodologia jurídica

Sumário: 1. Metodologia e metametodologia do direito. 2. Metodologia e tecnologia do direito. 3. Procedimentos usuais de técnica jurídica. 4. A informática jurídica e a tecnologia da informação jurídica. 5. A interpretação do direito.

1. Metodologia e metametodologia do direito

Toda forma de conhecimento tem seus processos especiais de realização, os métodos, cujo estudo é denominado *metodologia*. Esta corresponde à lógica material, que estuda os meios de acesso racional aos objetos, e sua relação com as ciências particulares às quais se vinculam.

O método pode ser definido como instrumento de que a razão se vale para realizar o conhecimento. Trata-se de procedimento racional à disposição da ciência e da filosofia, o que exclui, em princípio, a intuição e a simples imagem mental que caracteriza o conhecimento vulgar.

A experiência do direito é atividade ao mesmo tempo teórica e prática visando à consecução de finalidades, as quais consistem na regulação dos comportamentos sociais dos indivíduos e na solução de situações de conflito. Tal objetivo é inerente à concepção dogmática do direito, cujo núcleo metodológico é a compreensão das normas jurídicas e sua aplicação à vida social.

Objetivamente, a experiência jurídica consiste, portanto, numa série de procedimentos metodológicos para a realização efetiva das finalidades do direito.

Remontando ao que foi anteriormente estudado, a ciência do direito "descreve" o direito sob diferentes enfoques. Mas este consiste numa experiência concreta, vivida, em que se entrelaçam na mesma unidade fatos, valores e normas, os quais não podem ser considerados de maneira estanque, isolados uns dos outros, mas em dinâmica implicação.

Se o direito é experiência concreta, as normas de conduta que o integram, realizam-se como tais na medida em que dela participam. É uma forma de experiência social, a qual por sua vez consiste em interpretar as palavras e outras formas de expressão dessas normas e aplicá-las na ordenação da vida social.

Em suma, se o direito como experiência consiste num dever-ser, a ciência do direito é forma de saber descritivo sobre um ser que consiste num dever-ser. Daí que é preciso separar, na metodologia, os métodos intrínsecos ao objeto e os métodos para estudo desse objeto, de modo análogo à separação que se faz na lógica jurídica entre lógica das normas e lógica das proposições normativas, entre linguagem jurídica e metalinguagem jurídica.

Quando a jurisprudência estuda seu objeto, considera-o nessa totalidade experiencial, a qual abrange os procedimentos utilizados para a compreensão e aplicação das normas jurídicas. Em suma, a ciência do direito estuda seu objeto, o direito, nessa condição de objeto de uma atividade de conhecimento, um ser que "está aí" enquanto método em ação, uma ciência que estuda o método.

Por sua vez, na medida em que a ciência se vale de procedimentos metodológicos, o método da ciência do direito, ela está aplicando sua própria metodologia ao estudo de outra metodologia.

Não há, portanto, que confundir o método da ciência do direito com o método do direito. Um é objeto do outro. O método do direito é a metodologia jurídica propriamente, o método da ciência do direito é metametodologia.

Quando se constata que o ser jurídico consiste numa linguagem, signos, palavras e expressões que comunicam a mensagem normativa do legislador, concluímos que a ciência que os estuda é também uma linguagem sobre outra linguagem, portanto, metalinguagem. E se considerarmos que as normas jurídicas exaurem o ser jurídico, e que a ciência do direito consiste num conjunto de proposições sobre tais normas, temos igualmente um conjunto de normas sobre normas, ou seja, metanormas.

Daí a distinção entre metodologia e metametodologia do direito. A primeira é o conjunto de procedimentos inerentes à experiência jurídica, a segunda é o caminho metodológico para o estudo objetivo dessa mesma experiência.

A metametodologia, ou metodologia da ciência do direito, é parte da filosofia e vale-se da lógica material, estudo do método geral do conhecimento.

A metodologia do direito, reunião dos procedimentos de interpretação das leis, desenvolve-se dentro da teoria geral do direito, na parte dedicada à hermenêutica jurídica. Nesta aula trataremos da metametodologia.

O que estudamos a respeito dos métodos do conhecimento pode ser confrontado com os objetos, classificados segundo as regiões ônticas em que se situam. Tal confrontação leva ao seguinte:

A. Os objetos naturais têm existência real, estão na experiência, são neutros ao valor e subordinam-se a processos indutivos de conhecimento, a partir da experiência empírica.
B. Os objetos ideais não têm existência real, não estão na experiência, são neutros ao valor e se submetem a processos dedutivos, a partir de fatores exclusivamente racionais.

C. Os objetos culturais têm existência real, estão na experiência e podem ser valorados positiva ou negativamente. O método adequado à sua compreensão é o dialético, partindo, não obstante, do substrato empírico que serve de suporte aos valores.

D. Os objetos metafísicos têm existência real, mas não estão na experiência, sendo susceptíveis de apreensão gnósica por intuição, o que em princípio exclui o método, que é um meio racional.

Tendo em vista a natureza ôntica dos objetos do conhecimento, os métodos indutivo e dialético são fundamentalmente empíricos, porque partem de dados da experiência sensível. Já o método dedutivo é essencialmente racional.

O método dialético não exclui a possibilidade de tomar-se um dado racional como ponto de partida, pois a dialética não se exaure na referência axiológica a substratos empíricos. Um objeto de cultura pode ter como substrato tanto um dado da natureza quanto um dado da razão.

Para o culturalismo, o direito é objeto cultural cujo substrato é constituído ao mesmo tempo por fatos da experiência e por normas que os regulam. E assim, a valoração jurídica incide sobre fatos e normas, formando um conjunto, uma totalidade que somente é apreendida através do pensamento dialético.

As doutrinas que, sob influência do positivismo sociológico, conceituam o direito como objeto da natureza, passível de redução a leis naturais, pretendem aplicar o método indutivo.

Tal posição não resiste às críticas levadas a efeito pela epistemologia culturalista. O direito pode evidentemente ser encarado como fato social e, como tal, suscetível de pesquisa explicativo-causal. Já não será, entretanto, este o escopo da Jurisprudência, mas objeto de outra ciência, a sociologia do direito.

Do mesmo modo, a redução normativista, bem como as doutrinas idealistas que concebem o fenômeno jurídico como produto da mente, desprovido de realidade existencial, tendem coerentemente ao método dedutivo. Mas já pertence ao passado a tendência a reduzir a ciência do direito a simples interpretação e aplicação do direito positivo, mediante processos lógicos baseados exclusivamente na dedução.

Na verdade, existe lugar para ambos os métodos e a aplicação de um ou outro depende do objetivo da pesquisa. Se esse objetivo for o conceito do direito, há que se proceder dedutivamente, pois o ponto de partida será o exame das condições que determinam a possibilidade do direito e de sua cognoscibilidade. Se o escopo da pesquisa for o ideal do direito, também prevalece a dedução, pois se o considera um princípio de valoração superior ao fato e cognoscível pela razão pura. Entretanto, o método indutivo deve ser utilizado quando da valoração dos acontecimentos da vida jurídica em relação a esse ideal.

Prescindimos do acerto ou desacerto dessas opiniões, pois isto, conforme se verifica, depende da ideia que se tem sobre o objeto da ciência do direito e sobre o conceito do direito. Entretanto, o estudo que se restringe à norma jurídica, objeto ideal, às suas relações e estrutura internas e sua interpretação, pertence à lógica jurídica e é feito por processos dedutivos, mas a compreensão da conduta jurídica, a aplicação judicial ou extrajudicial da norma de direito, enfim, a vivência do direito, são realizadas através da aplicação do método dialético.

É evidente que o fenômeno jurídico pode ser estudado sob o ponto de vista de outras ciências e, sendo assim, pode valer-se de outros métodos. Da mesma forma, para obter-se a apreensão empírica da conduta, antes de relacioná-la com os valores que a informam, pode o jurista, como cientista e pesquisador, valer-se da metodologia de outras ciências.

Finda essa primeira fase do processo metodológico, a apreensão empírica da conduta, o resultado obtido será o ponto de partida para outras ciências. Nesta fase, e mesmo durante o processo dialético, que se inicia com a referência da conduta a valores sociais, colhem-se os dados necessários ao conhecimento pleno do objeto, o fenômeno jurídico, e estaremos então nos domínios das *ciências jurídicas*.

A metametodologia do direito deve então dar-se conta da dialeticidade de seu objeto, o direito como objeto cultural e, como tal, somente cognoscível pelo método dialético.

Cumpre relembrar que o método dialético assume nova dimensão, ultrapassada a fase hegeliano-marxista da dialética da contradição, para orientar-se no sentido de uma dialética de complementaridade ou implicação, e, mais ainda, de uma dialética de participação.

O estudo científico do direito exige, portanto, a visão dialética da experiência em que o direito consiste, envolvendo fatos de conduta, normas de conduta e valores, entre os quais a justiça.

Considerando-se portanto o fenômeno jurídico como objeto de uma ciência descritiva, a metodologia, nos proporciona os procedimentos para a compreensão desse objeto, os quais estão na dependência de sua conceituação.

Como esse objeto já é em si mesmo uma prática social que se manifesta numa linguagem e num conjunto de procedimentos, ou seja, numa metodologia aplicada, tais procedimentos constituem metametodologia, a qual inclui em seu campo de estudo a metodologia do direito.

2. Metodologia e tecnologia do direito

Quando se estuda o direito em ação, seu aspecto pragmático, temos de considerar, não a metodologia da ciência do direito, mas a metodologia do direito.

Se o direito é um sistema de normas, a metodologia do direito vai indicar-nos os procedimentos para compreendê-las e aplicá-las às situações da vida real, aos conflitos sociais para cuja solução foram as normas jurídicas elaboradas. Trata-se, assim, a metodologia do direito, do estudo dos métodos de interpretação, integração e aplicação das leis.

Entretanto, dentro da metodologia, existem procedimentos já incorporados à prática forense, que formam a técnica do direito.

A técnica é uma das maneiras, a que já nos referimos, de evidenciar a função humana do conhecimento: toda ciência, por mais abstrata e "pura" que possa ser, implica uma série de processos para tornar efetivos os seus fins. Mesmo que esse objetivo seja a pura satisfação intelectual, o conhecimento pelo próprio conhecimento, as formas de raciocínio, os processos de abstração e os meios de enriquecimento intelectual que tal pureza científica implica constituem processos técnicos. Como tais processos podem por sua vez constituir objeto de especulação científica, vemos o quão intimamente está a ciência ligada à técnica e o porquê das dificuldades em separar os dois campos. Trata-se apenas da mesma realidade, o conhecimento, encarada sob diversas perspectivas. É a própria ciência a realizar-se na criação humana, vale dizer, na técnica.

A absoluta separação entre ciência e técnica é assim impensável, dada a implicação entre o conhecimento e seu resultado prático, traduzido nos bens culturais e na civilização.

Não obstante, pode-se estabelecer uma divisão entre ciências teóricas e práticas: as primeiras, voltadas para o conhecimento das leis causais e naturais, as segundas, aos meios práticos para, com base no conhecimento das ciências teóricas, obter-se determinados resultados. Assim, a cada ciência teórica corresponde uma ciência prática, por exemplo, à biologia corresponde a medicina, à psicologia, a pedagogia, à economia, a política econômica, à ciência do direito, o direito como experiência.

A consideração da unidade essencial do conhecimento elimina, entretanto, a diferença entre o teórico e o prático, pois a inteligência é ativa e construtiva e a atividade intelectual é tentativa de harmonizar as estruturas de pensamento com o mundo exterior.

Existe uma continuidade funcional entre as formas superiores do pensamento e o conjunto dos tipos inferiores de adaptação cognoscitiva e motora. A inteligência, tendo natureza lógica e biológica, apresenta-se como forma de equilíbrio, à semelhança da atividade orgânica, que surge quando ocorre um desequilíbrio entre o indivíduo e o meio ambiente, e que visa à readaptação. Disso se conclui que o conhecimento em si é uma constante busca do sentido de equilíbrio ao qual tende a totalidade do ser humano, biológico, lógico e moral.

Uma distinção terminológica se faz necessária. O termo *técnica* é aqui utilizado em sentido amplo, abrangendo toda atividade humana orientada para um objeto concreto e exterior. Tradicionalmente, porém, separa-se do campo da técnica a arte, e o critério de separação é o tipo de valor que incide sobre o objeto resultante dessa atividade. Mais especificamente, a arte objetiva o belo, a técnica, o útil.

Entretanto, os problemas filosóficos que decorrem dessa separação levam-nos a preferir unificar a nomenclatura, tratando em separado da arte apenas quando a necessidade de clareza o exigir.

Desde que consideremos a ciência e a técnica como dois modos diferentes de enfoque do mesmo processo de conhecimento, não existe diferença essencial entre a ciência do direito e a técnica jurídica. Aquela pesquisa o fenômeno jurídico e o reduz a conceitos, esta aplica os conceitos à conduta do homem em sociedade. Ambas se coimplicam, pois não tem sentido uma ciência jurídica constituída por conceitos desligados de qualquer referência concreta, como igualmente não se concebe uma atividade rotulada de jurídica, a ação do juiz, do advogado, das partes no processo, sem que esteja informada pelos princípios científicos em função dos quais ela é precisamente *jurídica*.

Mesmo a elaboração dos conceitos e a construção das categorias jurídicas, segundo a lógica tradicional, são tarefas eminentemente técnicas.

Diante do exposto, podemos conceituar a técnica jurídica como conjunto de processos tendentes a realizar os objetivos do direito. Esses objetivos envolvem completamente o mundo jurídico, desde os meios pelos quais o direito se manifesta, os modos como é aplicado, até os processos que o fazem deixar de existir. Em tudo isso está presente a circunstância de que a cada processo técnico definido corresponde um princípio científico, fundamento do primeiro.

A técnica jurídica pode ser relacionada, para efeito de seu estudo, a três objetivos principais: criação, aplicação e extinção do direito.

A técnica de criação prende-se às fontes do direito, denominando-se nomogênese jurídica a seu estudo. A rigor, somente se fala em técnica jurídica tratando-se de *jus scriptum*, já que as constituições e as leis fundamentais dos Estados modernos vinculam a produção de normas jurídicas a uma série de procedimentos mais ou menos rígidos, denominados conjuntamente *processo legislativo*.

A técnica se restringe ao direito escrito, porque o direito consuetudinário, de elaboração espontânea e popular, é incompatível com procedimentos que objetivam determinar "leis" de sua elaboração, ao menos no sentido jurídico. Um dos objetivos da sociologia jurídica é justamente pesquisar as leis da natureza que comandam a evolução dos usos e costumes, desde as formas primitivas de *folkways* e *mores* até a expressão atual do direito consuetudinário. O que não impede o direito de fixar-se em torno de procedimentos técnicos relativos à prova do costume e ao seu reconhecimento pela ordem jurídica; exemplo disso é o processo de registro dos costumes nas juntas comerciais, bem como o procedimento medieval da *inquisitio per turbam*.

A técnica do direito diz respeito, de um lado, ao procedimento judicial chamado *jurisprudência*, acepção da palavra que se impôs na linguagem jurídica luso-brasileira e, de outro, à disciplina relacionada com a interpretação, aplicação e integração do direito, denominada *hermenêutica jurídica*. Trata-se em ambos os casos de uma série de procedimentos informados pela lógica ou admitidos pela ordem jurídica.

Da mesma forma, a extinção do direito está sujeita a uma técnica reconhecida pela ordem jurídica e relacionada com a *vacatio legis*, com o direito interterritorial e, sobretudo, com o direito intertemporal. Se admitirmos que as normas jurídicas possam perder sua vigência em virtude do costume – *desuetudo* – a técnica jurídica, entendida como procedimento mais ou menos rígido, não terá aí aplicação, valendo entretanto para prova de reconhecimento do costume obrigatório, processos idênticos aos utilizados na verificação do direito consuetudinário.

3. Procedimentos usuais de técnica jurídica

Abstração feita das finalidades de cada procedimento técnico, relacionadas com a criação, aplicação e extinção do direito, a técnica jurídica se serve de alguns procedimentos que estão na base da experiência profissional dos operadores do direito. Merecem especial destaque por sua importância, o vocabulário jurídico, as formas jurídicas, as presunções de direito, as ficções jurídicas, as construções jurídicas e a informática jurídica.

3.1. O vocabulário jurídico

O primeiro instrumento técnico de um profissional é o uso de linguagem adequada para a comunicação jurídica.

Toda ciência tem suas palavras especiais, e todo cientista se vale de uma linguagem comum que lhe permite comunicar-se com outros do mesmo ramo, de maneira praticamente universal. Por exemplo, os diferentes espécimes biológicos possuem, além dos nomes populares que o leigo lhes atribui, nomes científicos que os identificam universalmente. As fórmulas e símbolos químicos, bem como a linguagem universal da matemática, expressa por algarismos arábicos, constituem outro exemplo. O direito também possui sua linguagem universal, constituída em grande parte de expressões latinas. Mesmo sem essa pretensão de universalidade, a técnica jurídica consagrou termos vernáculos de uso corrente na prática judicial e cujo domínio deve ser uma constante preocupação do jurista.

Há que se lembrar, entretanto, uma restrição que se estabelece ao uso do vocabulário técnico-jurídico: o enunciado das normas de direito destina-se a todos os membros da coletividade e não aos poucos iniciados na ciência do direito, donde a preocupação estilística de clareza e possibilidade de compreensão, pelo homem comum, serem mais importantes que o emprego de palavras e expressões técnicas, que deverão por isso ser evitadas.

Expressões como *causa mortis*, empregada em medicina legal, e *mortis causa*, empregada em direito civil, são de uso corrente na literatura jurídica. A palavra inglesa *warrant* é de uso universal, e grande parte dos termos empregados no comércio é tirada da língua inglesa, como as siglas *fob (free on board)* e *cif (cost, insurance and freight)*.

Uma das finalidades do ensino jurídico é justamente familiarizar o estudante com o vocabulário técnico-jurídico, seja aprimorando seu estilo no vernáculo, seja habituando-o ao emprego adequado, sem pedantismo ou preciosismo, da linguagem jurídica internacional.

Quando se fala em arte do direito, tem-se em mira, sobretudo, o cultivo da retórica e da oratória. A arte de bem falar, a técnica da comunicação através da linguagem, tem sido desde a Antiguidade quase um monopólio dos jurisconsultos e uma das tradições que mais dignificam a profissão de advogado.

3.2. As formas jurídicas

A segurança das relações jurídicas exige que certos atos sejam praticados mediante observância de solenidades, necessárias para que a ordem jurídica repute válidos os atos praticados.

Tais atos são chamados *formais* e podem ser *solenes* e *não solenes*. Nos solenes, a não observância da forma implica nulidade ou inexistência do ato, *verbi gratia*, o matrimônio, a adoção, o testamento etc. Nos não solenes, requerem-se formalidades como meio de prova e não como requisito de validade, *verbi gratia*, nas alienações de imóveis, em que a escritura pública é meio legal de prova e, sem ela, a prova da efetiva alienação é muito difícil. Nos atos solenes, a forma exigida é *ad solemnitatem*, nos não solenes, *ad probationem*.

3.3. As presunções de direito

São conceitos jurídicos que permitem considerar verdadeiro o que é apenas provável. A ordem jurídica mistifica o real e institucionaliza o irreal, com vistas a objetivos gerais que não poderiam estar submetidos ao interesse da parte. Esta, embora em situação tida de fato como verdadeira, vê-se prejudicada por causa da presunção. A segurança das relações jurídicas, a economia processual e a coerência do ordenamento jurídico assim o exigem.

Existem presunções que admitem que a parte prejudicada as contradiga e apresente prova em contrário, destruindo o falso e fazendo prevalecer o real. São presunções relativas ou *juris tantum* – "somente de direito". Outras há, porém, que não admitem prova em contrário e, ainda que no mundo dos fatos se comprove a falsidade das situações juridicamente presumidas, estas prevalecem em qualquer circunstância. São presunções absolutas ou *juris et de jure* – "de direito e pelo direito". Ambas são presunções legais porque derivam necessariamente da lei, e não se confundem com as presunções simples, derivadas do senso comum, frequentemente admitidas em juízo.

Grande parte das presunções se expressa por "brocardos jurídicos", que são tópicos, provérbios empregados na retórica forense. Por exemplo: *jura novit curia* ("o juiz conhece o direito"), *nemo jus ignorare censetur* ("a ninguém é permitido ignorar o direito"), *dormientibus non succurrit jus* (o direito não socorre aos que dormem) etc.

3.4. As ficções jurídicas

As ficções jurídicas podem ser definidas como "mentiras técnicas". São conceitos pelos quais se considera juridicamente verdadeiro o que no mundo fático é evidentemente falso. A ficção jurídica contraria a realidade e nisto ela difere da presunção, que se baseia na maior probabilidade de o jurídico coincidir com o real.

Exemplo clássico de ficção é a atribuição de personalidade a grupos de pessoas ou conjunto de bens, para formarem uma organização social que não se confunde com as pessoas físicas de seus membros ou proprietários ou doadores. Não são pessoas, mas a ordem jurídica as trata como tais. Outro exemplo é a classificação, entre os bens imóveis, de coisas móveis, como os navios e os acessórios de um imóvel.

3.5. As construções jurídicas

São produtos da atividade criadora da doutrina jurídica, os quais, com o tempo, acabam por incorporar-se ao senso comum teórico dos juristas.

Muitas dessas construções atuam como categorias do pensamento jurídico, conceitos gerais que servem para designar relações e práticas definidas como "jurídicas".

Algumas elaborações da doutrina jurídica transformaram-se em institutos jurídicos, ou instituições, ideia de empresa ou obra coisificada na experiência social. O Estado, a empresa, a família e a propriedade são exemplos de instituições construídas pela ciência do direito. A construção dos institutos jurídicos chama-se *institucionalização.*

Entre as construções jurídicas merecem referência especial os conceitos jurídicos fundamentais, junto aos quais a doutrina atual situa outros, os conceitos jurídicos institucionais.

4. A informática jurídica e a tecnologia da informação jurídica

Desde o início da revolução tecnológica, o direito positivo e a própria ciência do direito estão sendo atingidos pela cibernética dando azo ao desenvolvimento de nova especialidade, a *juscibernética*.

No mundo atual, a técnica jurídica vale-se cada vez mais dos avanços da tecnologia da informática, o que não se limita às nações economicamente desenvolvidas, pois a globalização e as exigências da economia mundial possibilitaram o acesso de praticamente todas as nações do globo.

Hoje em dia já se pode avaliar o impacto da juscibernética na experiência jurídica, e alguns sucessos puderam ser registrados.

Na tarefa de elaboração de normas jurídicas há um duplo aspecto a observar: o primeiro diz respeito ao processo legislativo, o segundo, ao controle da eficácia das leis.

Mediante o emprego de computadores, os diversos procedimentos que compõem os trabalhos legislativos puderam ser gradualmente acelerados, possibilitando o conhecimento imediato e instantâneo de informações sobre a tramitação de projetos de lei, emendas apresentadas, seleção e confrontação com o texto original, correções, dados sobre autoria, antecedentes e confrontação com o conjunto do sistema jurídico.

Numa segunda etapa, a informática possibilitou a avaliação da eficácia das leis, confrontando-se os resultados práticos auferidos com as previsões elaboradas pelo computador. Idêntico processo pode ser aplicado em relação ao passado, reduzindo-se a dados processáveis os diferentes resultados obtidos pelas leis, com vistas à correção legislativa de distorções.

Em relação à análise de jurisprudência, o computador permite que, dentro do menor espaço de tempo, se efetue o levantamento e classificação das decisões emanadas das instâncias do judiciário, o conhecimento instantâneo do estado da jurisprudência sobre determinado assunto, as divergências na *opinio juris* e os procedimentos mais compatíveis com a unificação da jurisprudência.

No sistema da *common law*, em que o trabalho judicial é muito mais criativo do que nos sistemas romanistas, podem-se reduzir os precedentes judiciais a dados para computação e deles extrair elementos para decisões atuais.

Na administração pública em geral, tornou-se possível o cadastramento geral dos servidores públicos, confecção de ordens e folhas de pagamento, créditos diversos, processamento dos cálculos inerentes às alterações decorrentes de vantagens e majorações de vencimentos, emissão de listagem de consignações a serem pagas a credores, controle orçamentário e financeiro, emissão de dados estatísticos decorrentes de gastos com pessoal, emissão de balancetes e diárias, emissão de relatórios, controle de almoxarifado e patrimônio, implantação de serviços de ementário, jurisprudência etc.

Não obstante estes êxitos, verificaram-se alguns fracassos. No processo judicial, o processamento de dados poderia ter acabado de vez com os entraves burocráticos, suplício dos advogados e das partes, e introduzido a tão sonhada justiça rápida. Mas o que se verifica é que ainda se arrastam os processos por anos a fio.

Na administração penitenciária, almejava-se implementar um sistema mecanizado de cadastro da população penitenciária e de acompanhamento automático do cumprimento da pena. Tal sistema teria o objetivo de efetuar o registro de indultos, *sursis* e fatos relacionados com o comportamento do condenado, além de outros que possam alterar o cumprimento da pena. Mas tudo não passou de bons propósitos, sendo evidente a falência do sistema penitenciário tupiniquim.

Com relação ao planejamento econômico, almejava-se com a informática facilitar o acompanhamento e controle das decisões relacionadas com a planificação da economia. Por meio de computadores é possível a análise, mais rápida e com maior probabilidade de acerto, de setores da economia mais necessitados de dinamização, dos pontos de estrangulamento e das possibilidades de medidas corretivas em função do conjunto. Transformadas em leis, teria sido possível prever as diversas hipóteses de reação do conjunto da economia, selecionar as mais condizentes com a conjuntura e controlar a reação efetiva às medidas propostas, corrigindo distorções, introduzindo novas medidas e até relacionando novos objetivos. Entretanto, o fracasso de sucessivos planos econômicos, especialmente na América Latina, tiveram o condão de arrefecer o entusiasmo com que se saudou, na década de 1970, o planejamento econômico informatizado.

Finalmente, em relação ao futuro permanecem ainda as prospectivas que dizem respeito ao processo judicial: a possibilidade quase fantástica de o próprio ato de julgar a prestação jurisdicional ser entregue ao computador. Tal possibilidade, por mais repugnante que possa parecer, não estará fora de cogitação se considerarmos que, nas grandes empresas, nas quais o trabalhador é identificado por um número, o controle da produtividade de cada um e dos fatos relacionados com a sua atividade laboral estão entregues ao controle e ao processamento por computador. Este se encarrega de controlar não somente pagamentos de salários e vantagens, avisos de férias e contribuições sociais e sindicais, como também faltas ao serviço e comparação de metas de produção atingidas, encarregando-se o computador de emitir os competentes avisos e impor penalidades, como desconto em folha de pagamento, advertências e até suspensões e demissões, vale dizer, o julgamento, no âmbito da empresa, da conduta do empregado, realizado por um computador. Em essência, é o mesmo que entregar à máquina o julgamento da conduta ilícita.

Já se fala atualmente no cadastro centralizado de toda a população de um país. O fato é que, nas sociedades contemporâneas, a pessoa é identificada por um número em todas as suas operações da vida civil: número de registro de nascimento, de título de eleitor, de matrícula nos institutos de previdência, de matrícula para o trabalho, de registro para o imposto de renda e outros, voluntários, como o de contas bancárias, cartões de compra, cartões de crédito etc. O cadastro centralizado substituiria essa infinidade de números por um único, que serviria para todas aquelas finalidades.

A ideia, já em fase experimental, é possibilitar a eliminação da moeda corrente, pois as operações financeiras seriam indicadas pelo número das partes respectivamente envolvidas.

E já que estamos quase no campo da ficção, vejamos como poderia suceder o exercício da prestação jurisdicional pela máquina.

A existência do erro judiciário é um fato estatisticamente comprovado. A justiça dos homens é falha e a porcentagem de erros judiciários em relação aos julgados chega a atingir quase 10% num país como os Estados Unidos da América, com a agravante de a maior incidência de erros ocorrer em relação a réus de categoria econômica inferior. Ora, a sistemática judicial americana é baseada no precedente e, mesmo nos países onde a lei é a principal fonte do direito, há uma irresistível tendência para o predomínio da jurisprudência das instâncias superiores como fonte para as decisões dos juízes ordinários. Se considerarmos que as probabilidades de erro do computador são sensivelmente reduzidas e que ele realiza mecanicamente deduções idênticas àquelas que o juiz leva a efeito a partir do exame dos precedentes, *standards,* jurídicos e emendas de jurisprudência, poder-se-ia atribuir ao computador a tarefa de comparar a conduta *sub judice* com as condutas sobre as quais tenham incidido decisões consideradas precedentes e determinantes da jurisprudência dominante. E a estatística até o momento disponível sobre os resultados dos trabalhos dos computadores, autoriza a esperar uma porcentagem de erros judiciários sensivelmente inferior à dos julgamentos humanos, com a vantagem de a máquina não distinguir entre ricos e pobres, podendo assim constituir-se em fator de democratização da justiça.

No estágio atual da informática jurídica, ela converge para a mais sofisticada tecnologia, a ponto de constituir nova disciplina que une direito e informática, a "tecnologia da informação jurídica", nomenclatura já reconhecida internacionalmente.

A nova disciplina pode ser definida como aplicação contextualizada dos recursos da tecnologia da informação ao universo jurídico. A contextualização referida exerce um diferencial importante na formação do conceito da disciplina, acrescentando-se aos problemas a serem tratados os procedimentos, rotinas e métodos da teoria e da prática do direito.

Os recursos oferecidos pela tecnologia da informação podem envolver, de forma exemplificativa, a captação de documentos e formação de bases de dados, o emprego de tecnologias de comunicação (redes, comunicação sem fio, videoconferência, *workgroup*, *wap*, *web*) e desenvolvimento de aplicações inteligentes.

Quanto a estas, ficam mais destacadas as particularidades do domínio jurídico já referidas, principalmente tendo em vista a organização do conhecimento necessária para a boa construção de sistemas inteligentes e sua expressiva influência em seu desempenho. Quanto melhor representado o conhecimento jurídico, mais satisfatório o desempenho do sistema.

A inteligência artificial aplicada ao direito, procedendo-se às devidas adaptações linguísticas e culturais, é reconhecida no plano internacional pela sigla AIL (*artificial inteligence and law*), sendo considerada um dos ramos da tecnologia da informação jurídica (*information technology and the law*).

O paradigma conceitual fixado pela AIL tem seu escopo orientado para a constituição de um fórum internacional para a disseminação de pesquisas interdisciplinares nas seguintes áreas: a) estudos teóricos ou empíricos em inteligência artificial, psicologia cognitiva, jurisprudência, linguística ou filosofia, cujo objetivo é o desenvolvimento de modelos formais ou computacionais do conhecimento jurídico, raciocínio ou produção de decisões; b) estudos aprofundados sobre sistemas inovadores em inteligência artificial que estão sendo usados no domínio jurídico; e c) estudos destinados a avaliar as implicações éticas e sociais no campo da inteligência artificial e direito.

No âmbito das aplicações inteligentes, pode-se efetuar nova divisão: a) aplicações orientadas pelo aprendizado (redes conexionistas); b) sistemas estruturados logicamente; e c) sistemas estruturados sobre a experiência. Dentro desta terceira opção, é possível aplicar a AIL aos procedimentos lógicos de hermenêutica jurídica, a serem estudados adiante, destacando-se a analogia, o raciocínio analógico, a interpretação extensiva, o silogismo e o raciocínio baseado em casos.

Estas são algumas das perspectivas oferecidas pela informática ao estudo do direito.

5. A interpretação do direito

Os procedimentos técnicos analisados pressupõem a compreensão prévia das normas jurídicas às quais serão aplicados. Como a maioria dessas normas se manifesta, no direito moderno, sob forma escrita, damos-lhes o nome genérico de leis.

A experiência jurídica implica, portanto, a compreensão das leis, a consideração dos fatos aos quais se aplicam e sua efetiva aplicação. No entendimento tradicional, essa aplicação consiste em subsumir os casos concretos às hipóteses dimanadas da lei e propostas em virtude de sua compreensão.

Aos procedimentos intelectuais voltados para essa compreensão denominam-se "interpretação" e constituem objeto de uma parte da teoria geral do direito denominada "hermenêutica jurídica", objeto dos dois capítulos a seguir.

A hermenêutica jurídica tem sido geralmente conceituada como a parte da ciência jurídica que estuda os processos de interpretação da lei *lato sensu*. Este é o entendimento de Carlos Maximiliano,[1] Hermes Lima[2] e Vicente Ráo.[3] Mas a expressão também é empregada em sentido estrito como sinônimo de interpretação[4] e, em sentido mais abrangente, como teoria da técnica jurídica, parte específica da teoria geral do direito. Seu objeto compreende desde o estudo das fontes, como caracterização do que é juridicamente normativo na comunidade, até os problemas da aplicação das leis.

Como observa Vicente Ráo, o que distingue a hermenêutica da interpretação e da aplicação é a diferença que vai da teoria científica à sua prática, pois a primeira é a ciência, enquanto as outras duas constituem a técnica. Destarte, a hermenêutica objetiva os princípios científicos que disciplinam a apuração do conteúdo, do sentido, dos fins e das modalidades das normas jurídicas, bem como a restauração do conceito orgânico do direito, para efeito de sua aplicação. A interpretação, por meio de regras e processos especiais, procura realizar praticamente esses princípios, e a aplicação busca adaptar os preceitos contidos na norma jurídica e interpretados às situações de fato que se lhes subordinam.[5]

A palavra "intérprete" tem origem latina – *inter pres* – e designava o adivinho, aquele que descobria o futuro nas entranhas das vítimas. Este conceito popular permanece na expressão "desentranhar" o sentido de algo. Se considerarmos que as origens do direito se confundem com a religião, a julgar pelo conteúdo jurídico que o termo assumiu, desentranhar o significado das palavras da lei, atitude mística e a-científica do adivinho – *inter pres* – pode ser a origem provável da ciência da interpretação.

Descobrir o sentido da lei é o significado estrito da intepretação. Em sentido mais abrangente, contudo, ela envolve os procedimentos de integração e aplicação. Integrar o direito significa preencher as lacunas da lei, isto é, engendrar soluções adequadas para situações que a lei não prevê. Aplicar o direito significa subsumir os casos concretos às hipóteses previstas na lei.

A hermenêutica jurídica indaga a respeito de uma grande variedade de problemas. Qual é o sentido da lei e de que maneira se pode inferir, de uma norma geral, a norma particular para a regulamentação de um caso concreto? Quando mais de uma é aplicável à mesma situação particular e concreta, qual delas deve o intérprete escolher? E quando a lei possibilita mais de uma solução, qual deve ser dada?

1. MAXIMILIANO, Carlos. *Hermenêutica e aplicação do direito*, p. 1.
2. LIMA, Hermes. *Introdução à ciência do direito*, s/d, p. 150.
3. RÁO, Vicente. *O direito e a vida dos direitos*, 1952, p. 542.
4. MACHADO NETO, A. L. *Compêndio de introdução à ciência do direito*, 1973, p. 216.
5. RÁO, op. cit., p. 542.

Além disso, enfrenta problemas relacionados com a justiça das leis. Quando a aplicação de uma norma a um caso concreto, a qual parece inequivocamente regulá-lo, produz efeitos contrários aos visados por ela, que solução deve ser dada? Quando a aplicação da norma produz resultados injustos, ainda que visados pela norma, que critério deve prevalecer, o respeito à norma ou o sentimento do juiz que a aplica? O que é mais importante, preservar a norma em nome da segurança e estabilidade das relações jurídicas e da própria ordem jurídica, ou promover a justiça de situações particulares, em nome da equidade, do sentimento do "justo" e das exigências da justiça material?

Tais problemas implicam dificuldades imensas. No procedimento de aplicação do direito, a norma particular adequada ao caso concreto deve ser a realização, a concretização da norma geral que as instâncias da normatividade encerram, operação eivada de complexidades. Mas a *vexata quaestio* da jurisprudência contemporânea é a possibilidade de a aplicação da lei acarretar efeitos contrários aos visados pelo legislador ou pela política jurídica, quando produz efeitos que o senso comum assumido pelo intérprete considera injustos ou inadequados ao estágio cambiante da sociedade.

Suscita-se desse modo a questão das leis injustas, elaboradas para criar ou manter privilégios em detrimento da maioria ou para negar direitos constitucionais. E que dizer das leis atentatórias aos direitos humanos, ao meio ambiente, à democracia e à cidadania? Nesse contexto, discute-se a possibilidade de criação do direito pelo juiz, bem como o afastamento, no ato decisório, da norma contida no texto legal.

A reflexão sobre esse problema envolve também a questão da ideologia, agudizada pelo desenvolvimento de um pensamento crítico que recusa ao intérprete e aos operadores do direito o papel de mero espectador. Na verdade, a hermenêutica jurídica passa a ter novo significado e alcance, pois a tarefa de esclarecimento do sentido da lei depende essencialmente da ideologia do intérprete e da ideologia que a lei espelha. Como tarefa científica, tende à revelação dos pressupostos ideológicos das expressões normativas, para questioná-los em atenção ao que é melhor para a sociedade.

A hermenêutica tradicional pressupõe certo grau de autonomia significativa da lei, como se fosse possível descobrir um sentido preexistente, tal como a vontade do legislador, por exemplo, e que as expressões normativas reproduzem. Contra esse mito, a concepção crítica assume que o trabalho de descoberta de um sentido consiste numa atribuição de significado. O intérprete não é nenhum autômato que, pelos procedimentos metodológicos, possa simplesmente descrever um significado autônomo e unívoco. Ele é um criador de sentido e, como tal, o intérprete se converte em instância ideológica de atribuição de significados heterônomos. Não é o sentido da norma que se impõe ao jurista, mas é o jurista que estabelece o sentido da norma de acordo com a sua formação cultural e ideológica.

A crítica da ideologia jurídica exige que ela não permaneça inconsciente, mas que, tornando-a consciente, possa estar o jurista em condições de questioná-la quanto aos seus efeitos na vida social, e em que medida as normas a dissimulam.

Na determinação das normas que integram o ordenamento jurídico, o ato de interpretar corresponde a uma atividade de conhecimento, pela qual o sujeito, enquanto desentranha o sentido da norma jurídica, com vistas à sua aplicação potencial ou atual, participa do fenômeno jurídico. Não se pode separar o ato de interpretação do de aplicação. Se a aplicação pura e simples da norma já contém em si a interpretação, esta só pode realizar-se com base no conteúdo normativo, vale dizer, tendo em vista *fatos* sociais, ainda que *in potentia*, como mera referência do ato de interpretar.

A interpretação é sempre necessária, o que vem a propósito do brocardo *in claris non fit interpretatio* – "não se faz interpretação para o que está claro" – o qual deve ser encarado somente como um conselho dado ao intérprete para moderar-se, evitando a busca inútil de sentidos que a norma verdadeiramente não contém. O princípio *in claris* não tem o menor fundamento, pois a interpretação é sempre necessária, seja a lei clara ou não, e isso decorre da própria natureza linguística das normas interpretandas. Existe sempre a necessidade de determinar o sentido da lei, pois as palavras são plurívocas, jamais ocorrendo a univocidade, eis que as palavras nunca têm um só sentido. É a vida que determina o direito, e as condições da vida se modificam, ainda que as palavras permaneçam as mesmas.[6]

Em suma, interpretar, integrar e aplicar o direito é participar. O jurista constrói o direito que interpreta e, fazendo-o, constrói a sociedade da qual participa.

---

6. FERRARA, F. *Interpretação e aplicação das leis*, p. 36, apud Alípio Silveira, op. cit., p. 40.

Décima Primeira Aula
A hermenêutica jurídica

Sumário: 1. Dogmática jurídica e metodologia da interpretação jurídica. 2. A interpretação jurídica e os operadores do direito. 3. A interpretação jurídica e a compreensão da lei. 4. A interpretação jurídica e a extensão da lei.

1. Dogmática jurídica e metodologia da interpretação jurídica

Vimos que a concepção dominante na tradição jurídica ocidental é a dogmática, entendendo que o direito é o conjunto das leis do Estado, completado pela elaboração jurisprudencial e doutrinária.

Tal concepção leva a que toda a experiência jurídica convirja para os procedimentos de interpretação das leis, com vistas à sua efetiva aplicação às situações sociais de conflito, e que o poder judiciário é chamado a resolver. Muito embora o saber jurídico tenha alcance muito mais abrangente que o delimitado pela dogmática, o entendimento de que ele se constrói a partir da lei fez com que a hermenêutica jurídica fosse alçada à condição de momento culminante da experiência jurídica. Isso nos vem desde os jurisconsultos romanos evocando-se o pensamento do jurisconsulto Paulo: "quando nas palavras não existe ambiguidade, não se deve admitir pesquisa acerca da vontade ou intenção".[1]

A doutrina predominante em matéria de interpretação, no Direito Romano, revela-se nas palavras de Ulpiano, no Digesto: "embora claríssimo o edito do pretor, não se deve descurar de sua interpretação".[2] Igualmente expressivo é o pensa-

1. *Cum in verbis nulla ambiguitas est, non debet admitti voluntatis quaestio* (D. 32, 3, 25, § 1º). Deve-se observar que Paulo se refere aos testamentos e não a um princípio geral de interpretação da lei, e revela o excessivo respeito à última vontade do testador. Não obstante, a citação isolada do seu contexto tem servido para erroneamente afirmar a adesão do jurisconsulto ao princípio *in claris.* O pensamento de Paulo em matéria de interpretação revela-se de modo mais autêntico na seguinte expressão*: Minima sunt mutanda quae interpretationem certam semper habuerunt.* De nenhuma forma devem ser mudadas as coisas que sempre tiveram interpretação certa (D.l.3.23).

2. *Quamvis sit manifestissimum edictum praetoris, attamen non est negligenda interpretatio ejus* (D.25, 4,1 § 11).

mento de Celso: "saber as leis não é conhecer-lhes as palavras, mas, sim, conhecer a sua força e o seu poder".[3]

A mesma visão dogmática submete a metodologia da interpretação jurídica, fazendo prevalecer os procedimentos atinentes ao estabelecimento do significado da regra isolada de seu contexto fático-axiológico. Entretanto, a própria evolução dos métodos levou à progressiva atenuação dessa atitude, concedendo-se maior ênfase à compreensão da regra interpretanda em função de fatores outros que não a *letra fria da lei.*

Se articularmos esse entendimento com a visão ontológica que identifica a experiência jurídica com a implicação dialética entre fatos sociais, valores bilaterais e normas, podemos conceber essa experiência viva como *compreensão* dessa totalidade em função de sua dinâmica própria. E as questões sobre tal compreensão ficam circunscritas ao exame do modo como as regras jurídicas estabelecem a integração entre fatos de conduta e valores, ou seja, como o jurista logra a compreensão do direito mediante a compreensão do conteúdo das normas jurídicas.

O processo de compreensão envolve a juridicidade como algo vivo e permanentemente atuante, em que os valores, as relações de conduta e os enunciados normativos formam um conjunto unitário. O jurista, em sua atividade de intérprete, insere-se no processo fenomênico para compreendê-lo, sendo irrelevante a questão de o objeto da interpretação ser a norma referida à conduta ou a conduta mediante a norma. Em ambos os pontos de vista sempre teremos uma compreensão normativa, pois a intuição dos valores e o conhecimento empírico dos fatos da experiência jurídica, segundo o prisma daqueles valores, implica o conhecimento de conteúdos normativos.

Afirmar que a compreensão do direito é ato de conhecimento normativo é não somente afirmar que a norma jurídica é o objeto da interpretação, a norma dentro de seu contexto tridimensional, como também declarar que toda norma jurídica tem de ser interpretada, pois é no ato de interpretação que ela se revela ao jurista como direito.

Esse problema está na base da metodologia da interpretação jurídica, tema que a hermenêutica jurídica tradicional coloca no centro de sua problemática. São os procedimentos interpretativos, meios técnicos de que se serve o jurista para realizar a interpretação.

As escolas de interpretação manifestam sua preferência por determinados métodos, ao tempo em que minimizam a importância de outros, como se não guardassem entre si estreita relação de complementaridade.

Dentro da hermenêutica jurídica atual, o problema crítico prepondera sobre o metodológico, o que importa dizer que todos os métodos devem ser utilizados

3. *Celsus libro XXVI digestorum: "Scire leges non hoc est verba earum tenere, sed vim ac potestatem"* (D.l.3.17).

em conjunto, embora concedendo maior ou menor ênfase a certos procedimentos, por exigência do ramo específico do direito positivo no qual está ubiquada a regra interpretanda.

A interpretação se dirige à norma de direito. Esta exprime a ordem da sociedade nas relações intersubjetivas. Por isso, a primeira operação da tarefa interpretativa deve conduzir ao conteúdo intencional das expressões com que os destinatários da norma interpretanda a absorvem, integrando relações e valores intersubjetivos. A segunda operação, uma vez captado o sentido intencional da norma, precede sua aplicação correta e deve conduzir ao seu alcance em relação aos indivíduos que compõem a coletividade. Qual o significado da norma e a quem ela se aplica são as duas perguntas iniciais do jurista que a interpreta.

Isso nos leva a dois critérios básicos para a classificação dos métodos de interpretação jurídica: a *qualidade* e a *quantidade* da norma interpretanda, critérios dimanados dos princípios lógicos relacionados com a *compreensão* e a *extensão* dos conceitos.

Num conceito, a qualidade diz respeito aos elementos significativos que lhe formam o conteúdo, e a quantidade, ao número de objetos aos quais se aplica. A qualidade diz respeito à compreensão, a quantidade à extensão. A Lógica de Port Royal define a compreensão de um termo geral como conjunto de atributos que este termo encerra, atributos que não poderiam ser removidos sem comportar a destruição da ideia. A extensão, por outro lado, é o conjunto de coisas às quais ele se aplica ou, como haviam expressado os lógicos, o conjunto de seus inferiores.[4]

O pensamento atual retoma o significado lógico da qualidade e da quantidade como relação lógica que se estabelece entre o significado de um termo e sua abrangência em função deste significado. Dessa maneira, um conceito pobre em conteúdo se aplica a uma infinidade de objetos e, à medida que se vai enriquecendo pela agregação de novos elementos significativos, diminui o número de objetos em condições de ser subsumidos ao conceito. Um conceito que se aplica a um único objeto terá uma compreensão de infinita magnitude, capaz de representar os detalhes mais característicos daquele único objeto, e somente dele, por exemplo, dimensões, cor, peso, material de que é formado, a que se destina etc. Este fato fundamenta a regra lógica da proporcionalidade inversa da compreensão e da extensão: "A compreensão de um conceito é inversamente proporcional à sua extensão". Assim, quanto mais pobre for o significado intrínseco de um conceito, tanto mais ampla será sua extensão.

Analogamente, podemos afirmar que as normas jurídicas de caráter mais geral, as constitucionais, por exemplo, são mais pobres de conteúdo do que as regras do direito civil e, por isso, têm aplicabilidade muito mais ampla do que estas. Mas se considerarmos o conjunto do direito privado, veremos que o direito comercial

4. KNEALE, William y Martha. *El desarrollo de la lógica*, op. cit., p. 294.

e o trabalhista, que se referem a categorias específicas de relações jurídicas e a tipos de contrato entre pessoas individuais, são mais complexos do que o direito civil que, constituindo o direito comum das relações privadas, aplica-se subsidiariamente às de comércio e emprego não previstas pelo legislador.

Deste princípio de natureza lógica dimana uma das regras básicas da interpretação jurídica, consubstanciada no brocardo: *Exceptiones sunt stritissimae interpretatione* ("As exceções são interpretadas estritissimamente"). Em outras palavras: as leis gerais interpretam-se extensivamente, as especiais e as excepcionais, restritivamente. Outro brocardo, com idêntico fundamento, afirma que as disposições derrogatórias do direito comum interpretam-se restritivamente, confirmando a regra fundada na relação lógica entre a qualidade e a quantidade.

A compreensão da regra jurídica interpretanda é, portanto, o primeiro dos critérios de classificação dos métodos e deverá fundamentar a separação dos procedimentos tendentes a discernir na norma seu significado intencional, vale dizer, o sentido normativo que ela encerra nas suas expressões, abstraídas as referências a situações objetivas.

Tal critério nos traz quatro procedimentos basilares de interpretação, pelos quais se diz interpretação *gramatical*, *lógica*, *histórica* e *sistemática*.

Por outro lado, o critério da extensão, a quantidade, possibilita o agrupamento dos procedimentos interpretativos em três tipos: interpretação *declarativa*, *extensiva* e *restritiva*.

Ao lado destes, cumpre levar em conta o sujeito da interpretação. Esta pode ser levada a efeito por um órgão público, compreendendo-se nesta categoria as pessoas juridicamente investidas de autoridade para interpretar, ou pelos indivíduos em particular, os quais, reunindo as condições técnicas e científicas que a ordem jurídica exige, estão aptos a efetivarem a interpretação da norma jurídica, como atividade profissional ou não. Temos destarte a interpretação *pública*, realizada pelos agentes do poder público, e a interpretação *privada*, a cargo dos particulares.

A primeira compreende a interpretação *legislativa*, a *judicial* e a *administrativa*. A segunda pode ser subdividida em duas categorias, *própria* e *imprópria*, conforme seja o agente oficialmente autorizado, ou não, para realizar o trabalho interpretativo. A interpretação privada própria pode ser *doutrinária* ou *casuística*.

Ainda quanto ao sujeito, pode-se admitir uma terceira espécie, a interpretação *costumeira*, que é a um tempo pública e privada, pois, embora realizada pelos particulares, dimana do grupo social como um todo. É a soma das vontades individuais que a realiza, ou então, a vontade dimanada do inconsciente coletivo. Note-se que há uma tendência a admitir entre o direito público e o privado um *tertium genus*, o direito social, e, neste caso, a interpretação costumeira pode ser considerada *social*.

Por derradeiro, um quarto critério possibilita agrupar os métodos hermenêuticos segundo a orientação filosófica que lhes serve de fundamento e inspiração. Essas orientações nos dão três enfoques hermenêuticos: interpretação *dogmática*, *zetética* e *crítica*. A interpretação dogmática admite três enfoques: interpretação *legalista*, *conceptualista* e *analítica*. A interpretação zetética admite quatro: interpretação *teleológica*, *sociológica*, *axiológica* e *realista*. E a interpretação crítica pode ser considerada em três planos: como crítica *sociológica*, *política* e *epistemológica*. Esta última nos leva à *teoria crítica do direito*.

Classificação dos métodos de interpretação jurídica

- Interpretação jurídica
  - compreensão
    - gramatical
    - lógica
      - formal
      - dialética
    - histórica
      - interna
      - externa
    - sistemática
      - analítica
      - sociológica
  - extensão
    - declarativa
    - restritiva
    - extensiva
  - sujeito
    - pública
      - autêntica
        - legislativa
        - administrativa
        - hierárquica
      - judicial
    - privada
      - própria
        - doutrinária
        - casuística
      - imprópria
    - costumeira (social)
  - filosofia
    - dogmática
      - legislativa
      - conceptualista
      - analítica
    - zetética
      - teleológica
      - sociológica
      - axiológica
      - realista
        - psicológica
        - linguística
        - culturalista
    - crítica
      - sociológica
      - política
      - epistemológica

2. A interpretação jurídica e os operadores do direito

2.1. A interpretação pública

Levada a efeito pelos agentes do poder público, a interpretação pública subdivide-se em *legislativa, judicial* e *administrativa.*

A primeira, também chamada "autêntica", é a dimanada do próprio órgão fautor da norma interpretanda. É o significado mais amplo da expressão, e também o originário, aludindo à pressuposição de ser o intérprete idêntico ao autor da norma. Na concepção dogmática, dizia-se autêntica ou legislativa, entendendo-se que o Poder Legislativo seria o único órgão criador das leis e, *ipso facto*, o único autorizado a interpretar a lei de sua própria lavra. Quando se entende que existem outras instâncias políticas envolvidas na criação das regras de direito, será autêntica toda interpretação levada a efeito por quem faz a lei. Por exemplo, será autêntica a interpretação da norma regulamentar levada a efeito pelo autor do regulamento.

Ocorre que nem sempre o agente da interpretação, embora imbuído de autoridade idêntica à do fautor da norma, é a mesma pessoa. Assim, o Governador do Estado pode interpretar um decreto de seu antecessor e, nesse caso, ela se diz *semiautêntica,* embora tal expressão seja reservada, por alguns autores, à interpretação feita pelas partes de um contrato ou convênio internacional, quando, após celebrá-lo, não cheguem a um acordo sobre sua interpretação, cada qual enfatizando o que tenha pretendido estipular.[5]

O sentido estrito da interpretação autêntica corresponde ao sistema justinianeu, o qual não admitia outra interpretação que não a do próprio imperador, e ao sistema francês do tribunal de cassação, sistema em que o próprio legislativo institui um órgão, a ele subordinado, dotado de poder jurisdicional limitado à interpretação das leis.

O consenso comum dos juristas restringe o significado da interpretação autêntica àquela dimanada do legislador, mediante outra lei. Machado Neto chama à lei interpretativa, "secundária" em relação à lei interpretanda, que denomina "primária".[6] Assim, a lei secundária estabelece normativamente o sentido da lei primária. Nessa acepção, discute-se o caráter de procedimento interpretativo atribuído à interpretação autêntica, pois o sentido normativo dimanado da lei secundária vale como lei nova. Se a lei nova revoga a anterior, não ocorre interpretação, pois revogar não é interpretar; se a lei primária permanece em vigência, a teoria

5. GOLDSCHIMDT, Werner. *Introducción al derecho*, 1962, p. 236. Cite-se a conceituação sugerida por Kelsen, concebendo a interpretação *autêntica,* como a *criadora* de direito. *Teoria pura do direito*.
6. MACHADO NETO, op. cit., p. 217.

hermenêutica não exclui a possibilidade de realizar-se a interpretação da norma primária em sentido divergente do contido na secundária.

Preferimos assim o significado amplo inicialmente formulado, condizente com o critério de classificação ao qual se refere este procedimento; a interpretação é autêntica quando coincidem o sujeito da interpretação e o autor da norma a que se refere.

Essa coincidência pode ocorrer sob três formas: a) quando se refere à pessoa do agente; b) quando se refere à *autoridade* do agente; neste caso, embora tenha sido a norma elaborada por uma pessoa e interpretada por outra, ambas se revestem de idêntica autoridade; e c) quando não há coincidência nem de pessoas nem de autoridade, mas o agente da interpretação é hierarquicamente superior ao fautor da norma. Um dos princípios basilares do direito administrativo atribui ao superior hierárquico a competência para avocar para sua própria decisão os atos de seus subordinados; em virtude desse princípio, a autoridade superior hierárquica interpreta autenticamente as normas de autoridades hierarquicamente inferiores, por exemplo, o Governador do Estado pode interpretar as resoluções e portarias de um Secretário de Estado e, nesse caso, a interpretação também é autêntica.

A segunda espécie de interpretação, quanto ao agente, é a denominada *judicial*; esta não oferece dificuldades de conceituação e refere simplesmente que o agente da interpretação está revestido de poder jurisdicional, ao levar a cabo o trabalho hermenêutico; é o procedimento dimanado do juiz e dos órgãos do Poder Judiciário. Quando a interpretação judicial é produto de consenso entre a maioria do juízes e tribunais, consenso que se verifica quando as decisões são reiteradas, forma-se a jurisprudência, sentido diferente do originário, que alude à ciência do direito. Quando o sentido hermenêutico de uma norma é objeto da jurisprudência dos tribunais, diz-se interpretação jurisprudencial.

A terceira espécie dentro do gênero da interpretação pública é a denominada *administrativa*. Na administração pública, ela se refere ao dia a dia da autoridade que opera a interpretação das normas jurídicas cuja execução lhe compete. Este procedimento não se restringe às autoridades do Poder Executivo, entendimento errôneo a que o leitor poderia ser conduzido, por analogia aos outros dois procedimentos, respectivamente do Poder Legislativo e do Judiciário, mas abrange qualquer representante do poder público na sua competência administrativa. O juiz não é somente o julgador, ele também administra, nomeando e designando pessoal e atribuindo tarefas; os membros das casas legislativas, além de participarem na elaboração de leis, administram suas próprias repartições segundo regulamentos próprios. Nesse caso, a interpretação levada a efeito pelo juiz não é *judicial*, a qual está circunscrita ao trabalho de julgar, mas é administrativa; e a dimanada do legislativo é autêntica ou legislativa somente se através de outra lei; em caso contrário, será administrativa.

2.2. A interpretação privada

Referimo-nos à interpretação privada imprópria apenas para levar em conta um fato evidente, o de que a vida jurídica é um dos aspectos da existência humana social, e que todo homem circunscrito em sua atividade pelas normas do direito, as está continuamente interpretando. Trata-se porém de algo situado fora da hermenêutica jurídica, eis que o conhecimento jurídico na dimensão dogmática, onde o sujeito cognoscente é partícipe do fenômeno que conhece, pressupõe o preparo científico que lhe dá a condição de jurista, e o preenchimento dos requisitos legais que o tornam um profissional do Direito. Assim sendo, a interpretação privada, no sentido hermenêutico, é a que definimos como *própria,* isto é, levada a efeito pelo jurista, não como representante do poder público, mas na sua condição de particular e cidadão.

Esta espécie admite dois procedimentos básicos: a interpretação doutrinária e a casuística.

A primeira, também chamada científica, dimana do jurista como cientista que expressa suas opiniões em obras jurídicas e pareceres. Na história do pensamento jurídico, a interpretação doutrinária teve o seu ponto culminante na atribuição, pelo Imperador Romano, do *jus respondendi* a determinados jurisconsultos, cujo efeito era dar força de lei às respectivas opiniões doutrinárias.

A interpretação casuística, segunda das espécies mencionadas, refere-se à atividade científica e profissional diuturna dos advogados, magistrados, promotores de justiça e outros profissionais e juristas, os quais realizam a interpretação de normas jurídicas com vistas à sua potencial ou atual aplicação aos casos concretos trazidos a seu conhecimento, a demandarem a competente orientação, quando não a solução dos litígios. No procedimento casuístico, revela-se toda a dignidade da jurisprudência e o real alcance científico das atividades do jurista, pois todo o conhecimento jurídico na dimensão dogmática é um ato decisório. Não é somente o juiz, na prestação jurisdicional, que decide; a sentença e a decisão judicial constituem um momento culminante de um processo que tem início em atos intersubjetivos privados, cuja essência já é uma decisão, e que passa pelos atos decisórios do advogado, do assessor jurídico, do representante do Ministério Público e de outros. Todos eles, relativamente ao caso concreto, decidem em função da norma jurídica, a qual é objeto do procedimento interpretativo que, em face do contexto no qual ocorre, é denominado interpretação casuística.

2.3. A interpretação costumeira

Define-se o procedimento interpretativo costumeiro como o dimanado da coletividade mediante o costume jurídico, tendo como resultado a fixação do sentido de uma norma legislativa, jurisprudencial ou doutrinária. A interpretação costumeira é também chamada *consuetudinária* e *social*.

Estudado na teoria das fontes do direito, o costume, quando relacionado com a lei, pode ser considerado em três espécies: o costume interpretativo ou *secundum legem*, o integrativo ou *praeter legem* e o derrocatório ou *contra legem*.

O primeiro apenas estabelece o sentido da lei, sem modificações aparentes, o segundo ocorre quando a lei ou o ordenamento oferece lacunas, e o terceiro revoga a lei. A doutrina jurídica admite a revogação da lei pelo costume, o que se verifica quando ela deixa de ser aplicada, perde sua eficácia e vira letra morta.

Quando se fala em costume interpretativo, há de se distinguir na palavra "interpretativo" o sentido lato e o estrito. *Lato sensu*, abrange as três hipóteses; *stricto sensu*, somente o costume *praeter legem*.

Embora constitua espécie distinta, na tradição doutrinária o costume interpretativo é apresentado como espécie da interpretação pública, geralmente estudada como uma quarta espécie. Na verdade, ele é privado na medida em que o particular adere ao costume e participa inconscientemente da formação da regra jurídica correspondente; mas é *público*, sobretudo, porque sua normatividade só se configura em função do todo social. Tendo em vista a existência do direito social, é preferível defini-lo como costume social.

3. A interpretação jurídica e a compreensão da lei

3.1. A interpretação gramatical

É o mais antigo dos métodos de interpretação da lei, também chamado *literal* e *filológico*. O adjetivo mais adequado é "literal", pois envolve a pré-compreensão do direito tal como expresso nas palavras da lei. Os críticos da concepção dogmática usam a expressão "letra fria da lei". Mas a tradição impôs o adjetivo "*gramatical*", ainda que este já não comporte o alcance atual deste tipo. Tendo em vista a evolução dos estudos sobre a linguagem e a comunicação, também se diz "*linguística*" e "*semiológica*". É preferível, hoje, falar em interpretação *linguístico-semiótica*.

O sentido das palavras varia com o tempo, e a interpretação literal objetiva estabelece a coerência entre o sentido da lei e os usos linguísticos, seja da época em que a lei foi elaborada, tendo em vista a vontade do legislador, a *mens legislatoris*, seja atualizando o significado linguístico, com vistas ao sentido aparente da lei, a intenção da lei ou *mens legis*.

Na interpretação literal, levam-se em conta os elementos propriamente gramaticais relacionados com o significado semântico das palavras da norma, bem assim os elementos lógicos dimanados do contexto em que as palavras estão inseridas, a partir dos usos linguísticos da comunidade, ou seja, o significado pragmático da regra interpretanda.

A hermenêutica jurídica atual atribui ao procedimento literal importância relativa, pois se considera que outros elementos, de natureza histórica, sociológica, ideológica e filosófica, devem complementar o sentido aparente que a interpretação literal de início revela.

Deve-se considerar que na jurisprudência tradicional há uma preocupação sobretudo semântica em relação ao significado literal. O jurista parte da falsa noção de que o direito existe como um dado da experiência, o qual a interpretação pode identificar. Diz-se o que é o direito à luz de sua expressão semiológica, e vai-se além, procurando identificar a realidade imaginada do direito, a sua ideologia, com dados empíricos, por exemplo, a vontade do legislador, a intenção da lei, a vontade real do soberano ou de alguma entidade abstrata.

No contexto da doutrina atual, em virtude do primado que se concede à realidade, o elemento pragmático da interpretação filológica assoma ao primeiro plano, prevalecendo sobre o sentido semântico. Ela passa assim a constituir uma interpretação *linguística*, eis que se vale das noções da semiologia ou teoria dos signos. Destarte, é muito mais importante o efeito social da lei, o que a lei realmente causa na sociedade, do que o que ela pretensamente significa.

Em síntese, observa-se um desenvolvimento histórico desse método de interpretação no sentido de um enriquecimento a partir do desenvolvimento da própria ciência da comunicação.

De interpretação inicialmente restrita ao método gramatical, passou sucessivamente a interpretação literal, filológica, linguística e semiológica.

3.2. A interpretação lógica

Se tomarmos como exemplo uma definição recorrente, exposta no *Vocabulário jurídico* de De Plácido e Silva, a interpretação lógica é a que vai perquirir o *pensamento* do legislador, tendo por fim adaptar a lei aos fatos correntes, tomando-se em consideração os que ela rege, a analogia e semelhança entre eles.[7]

Tal opinião denota certa confusão entre interpretação lógica e elemento lógico da interpretação literal. Na verdade, o elemento lógico apenas dá relevância ao significado sintático das expressões da lei, em complementação ao seu significado gramatical. Pode ser o ponto de partida da interpretação lógica, mas esta é bem mais abrangente e define-se como procedimento que procura descobrir o sentido da lei mediante a aplicação dos princípios da lógica formal, ou seja, procura-se aplicar as leis do pensamento correto, tal como sistematizadas pela ciência da ló-

7. SILVA, De Plácido e. *Vocabulário jurídico*, vb. "interpretação".

gica: o princípio de identidade, o princípio de não contradição, o princípio do terceiro excluído e o princípio da razão suficiente.

O princípio de identidade afirma que uma coisa é idêntica a si mesma e não pode ser outra coisa: "O que é, é, o que não é, não é". O princípio de contradição, formulação *a contrario sensu* do anterior, enuncia que o contrário do que é verdadeiro é falso e vice-versa, ou que a mesma coisa não pode, ao mesmo tempo, ser e não ser. Seu enunciado é mais adequado como princípio de *não contradição.* O princípio do terceiro excluído declara que entre duas proposições contraditórias não há terceira opção entre o verdadeiro e o falso. O princípio da razão suficiente afirma que nada ocorre sem que haja uma causa ou razão determinante, que tudo o que é tem sua razão de ser.

Tais princípios reduzem-se efetivamente a dois, o de identidade e o da razão suficiente, pois o segundo e o terceiro derivam do primeiro.

Já o quarto fundamenta os princípios da metodologia científica, consubstanciados na causalidade, no determinismo natural e na finalidade: tudo o que existe pressupõe uma causa e uma finalidade. Toda atividade se dirige a um fim.

Em face da grande evolução da ciência da lógica, não se admite mais que este tipo de interpretação permaneça restrita à lógica formal. Incorporando-se à lógica do direito novos sistemas, inclusive heterodoxos, ela deixa de ser puramente analítica, para transformar-se em interpretação dialética. Não obstante, a tradição dogmática apega-se aos procedimentos lógico-formais, denominados argumentos *a fortiori, a maiori, a minori, a simili* e *a contrario.*

O argumento *a fortiori* ou *a fortiori ratione* admite duas expressões: primeiramente, entende-se que a lei se aplica a situações muito gerais, e que ela forçosamente se aplica a situações não expressamente previstas, mas que podem ser consideradas desdobramentos ou consequências daquela situação geral. "Quem pode o mais pode o menos" – *qui potest plus potest minus* – reza o brocardo, significando que, quando a lei protege um direito, este tem abrangência sobre direitos menos importantes, implícitos no que se considera mais importante. O argumento *a fortiori* autoriza interpretar a lei no sentido de que ela se refere àquelas coisas que o intérprete reputa menos importantes.

A segunda expressão do argumento *a fortiori* dimana da abrangência das proibições estabelecidas na lei. Considera-se, então, que, se a lei proíbe uma conduta, estão implícitas nessa proibição as condutas menos importantes do que a que foi expressamente proibida. Todavia, esse argumento encontra limites no *princípio da legalidade,* pelo qual se exige que as ações proibidas, porque consideradas pela ordem jurídica como delito, estejam inequívoca e detalhadamente tipificadas na lei. Por outras palavras, não há crime sem lei anterior que o defina, *nullum crimen sine lege.*

Estas duas expressões do argumento *a fortiori ratione* configuram os argumentos *a maiori ad minus* e *a minori ad maius,* respectivamente. A terminologia *a for-*

tiori deriva do caráter *apodítico*, palavra que significa "absolutamente verdadeiro", "inquestionável", dos raciocínios que lhe servem de fundamento, rigorosamente baseados nos princípios de identidade e de contradição.

O argumento *a contrario*, ou *a contrario sensu* também tem caráter apodítico, sendo utilizado na interpretação de normas que restringem certas ações, pelo emprego da palavra *somente* e seus sinônimos, interpretando-se estas normas como se expressamente excluíssem as ações não relacionadas à palavra *somente*. Tal argumento fundamenta-se no princípio da plenitude do ordenamento jurídico, pelo qual se afirma que a ordem jurídica é um contínuo de licitudes e um descontínuo de ilicitudes, que tudo o que não está expressamente proibido está juridicamente permitido. Outro princípio que está na base do mesmo argumento é o expresso no adágio latino *inclusius unius, exclusius alterius*, ou seja, a inclusão de um no texto da lei implica a exclusão dos demais, o que se fundamenta no argumento *a contrario sensu*.

O argumento *a simili* é também denominado *a simili ad simile, a pari, a pari ratione* ou ainda, *per analogiam*. Todos eles se referem ao raciocínio analógico, pelo qual se aplica a lei a situações não previstas, tendo em vista a semelhança com as situações expressamente previstas.

Além destes, existem outros procedimentos interpretativos que, embora aplicando os princípios da lógica formal, não possuem o caráter apodítico dos anteriores. São formados por *paralogismos*, tipos de raciocínio apenas aparentemente lógicos, formalmente assemelhados aos lógico-formais, podendo levar a erros. Quando um paralogismo é empregado de má-fé, denomina-se *sofisma*.

Nos raciocínios jurídicos, constituem procedimentos *paralógicos*, porque constituídos por paralogismos, os argumentos *a rubrica, ab auctoritate, pro subjecta materia, ratione legis stricta* e *a generali sensu*.

O argumento *a rubrica* consiste na descoberta do sentido da lei a partir do título ou da respectiva súmula.

O argumento *ab auctoritate* dimana da referência à doutrina como fonte. Pode-se também com esse argumento aludir à autoridade da jurisprudência, para enfatizar o significado que se atribui à lei interpretanda.

O argumento *pro subjecta materia* tem estreita vinculação com a interpretação sistemática, a qual veremos adiante, e consiste em descobrir a *mens legislatoris*, a intenção do legislador, revelada nos trabalhos preparatórios à elaboração da lei. Além disso, utiliza-se para revelar o sentido oculto da lei, que dimana do conjunto do sistema jurídico, isto é, da situação da lei no contexto da lei maior em que se insere ou do sistema jurídico como um todo. Mas o alcance real do argumento está em que se considera a existência de situações implícitas, que por meio dele se pretende tornar explícitas.

O argumento *ratione legis stricta*, isto é, estritamente em razão da lei, enfatiza o princípio *in claris non fit interpretatio* e revela a adesão dogmática ao texto da lei.

Emprega-se o argumento *a generali sensu* para ampliar a extensão da lei em relação ao número de situações a que por hipótese poderia ser aplicada. É o fundamento da interpretação extensiva.

O conteúdo das regras jurídicas é também ponto de referência da interpretação lógica, mas valendo-se de uma série de paralogismos e outros meios extralógicos, as mais das vezes fixados em provérbios, usuais na linguagem técnica, denominados *brocardos jurídicos,* autênticos axiomas do ramo particular do direito a que se referem.[8]

Costuma-se distinguir, no procedimento lógico que leva em conta o conteúdo das leis, três elementos considerados básicos na interpretação jurídica: a *ratio legis,* razão ou motivo que justifica o preceito, a *vis legis,* que se refere à eficácia objetiva da norma interpretanda, e *a occasio legis,* conjunto de fatores que condicionam historicamente o preceito, isto é, a sua circunstância histórica.

Tais procedimentos podem ser tidos como de caráter lógico-formal, embora incorporem aspectos materiais. Seriam melhor enquadrados como espécie de lógica material, o que é objeto de inúmeras controvérsias. Entretanto, esses princípios de interpretação que, distanciados da lógica analítica, dimanam de considerações de justiça e equidade, a *recta ratio agibilium* dos antigos, conduzem a interpretação lógica para o plano da dialética.

Uma terceira derivação do procedimento lógico de interpretação é a chamada interpretação *sistemática,* a qual participa de ambos os procedimentos anteriores.

Na dogmática tradicional, a interpretação lógica ainda se apega a critérios lógico-formais, pois a argumentação jurídica na prática processual comum vale-se largamente dos raciocínios *a fortiori* e *a contrario,* com objetivos mais retóricos de demonstrar a validade formal da argumentação, do que a verdade dos fatos *sub judice.*

A atual crítica do direito atribui importância maior aos fatos e à equidade, fazendo prevalecer os aspectos paralógicos e extralógicos de elaboração das premissas que levam à concludência jurídica, e não à sua coerência dimanada dos princípios da lógica formal.

Em outras palavras, na hermenêutica anterior prevalece a lógica formal, na hermenêutica crítica, a lógica dialética, em que há espaço para o bom senso, a intuição e a equidade.

3.3. A interpretação sistemática

Consiste em interpretar o preceito jurídico como parte do sistema normativo mais amplo que o envolve. Dessa forma, tanto pode ser considerado o conteúdo da lei de onde é extraída uma parte para ser interpretada, por exemplo, um artigo de Có-

8. KALINOWSKI, George. *Introduction à la logique juridique.* Op. cit., p. 161.

digo Civil em relação ao sistema geral do Código, como também o formado pelo conjunto de normas que constituem o ramo especial do direito positivo, por exemplo, o mesmo artigo em relação aos princípios gerais do direito civil ou do direito privado como um todo. Pode-se ainda considerar o sistema jurídico nacional e, bem assim, a "família" em que este se situa, por exemplo, considera-se o preceito em relação ao conjunto do sistema jurídico romanista. Este último processo desemboca no direito comparado, a ciência jurídica que se refere aos ordenamentos jurídicos positivos no que eles têm de universal.

A interpretação sistemática parte do princípio de que a legislação é um conjunto orgânico e que as leis têm seus lugares específicos, como se fossem partes de um organismo. Há leis que preponderam sobre outras, e o reconhecimento dessa ordem hierárquica ajuda de modo extraordinário a que se dê a cada lei o seu significado dentro do conjunto.

A maioria dos autores considera este procedimento uma derivação do lógico; assim, Vicente Ráo[9] e Machado Neto[10] o denominam lógico-sistemático.

A consideração do contexto normativo, com vistas à atribuição de sentido jurídico à lei, pode ter por base considerações outras que não as de índole exclusivamente lógica. Entretanto, tendo em vista a abrangência que se atribui à lógica jurídica, envolvendo o pensamento dialético, dificilmente poder-se-á encarar o sistemático como procedimento à parte, pois a própria palavra *sistema* e os objetivos de uma *sistematização* do ordenamento jurídico, cujos princípio hão de repercutir necessariamente na interpretação sistemática, derivam de considerações lógico-analíticas.

A hermenêutica de orientação crítica, todavia, modifica o sentido que se atribui à interpretação sistemática.

Pelo senso comum teórico dos juristas, a inserção da lei no seu contexto é encarada, em sentido lógico, a partir da noção de ordem jurídica como sistema fundado na hierarquia das leis, embora se admita que o sistema possa extravasar-se quando se utiliza o método comparativo. Dessa concepção deriva o princípio da plenitude do ordenamento jurídico.

Mas no contexto da teoria crítica, o sistema em que a lei se insere não é uma ordem lógica, mas uma ordem real, caracterizada por uma estrutura política de poder. Sistema, portanto, pode ser o sistema social, o político, o moral, o econômico etc. *Sistema* é interpretado como *interdisciplinaridade*, o que exige conhecimentos básicos de praticamente todas as ciências sociais, bem como de filosofia, como condição para uma interpretação jurídica mais próxima do real concreto.

Na verdade, o moderno operador do direito não é mais o técnico em legislação, aquele que conhece as leis e nada mais. Exige-se hoje de um juiz, advogado,

---

9. RÁO, op. cit., p. 581.
10. MACHADO NETO, op. cit., p. 217.

procurador, promotor ou delegado, que tenha conhecimentos suficientes de história, sociologia e filosofia, com o que ele jamais será um profissional medíocre, mas um cidadão preparado para as responsabilidades sociais de sua profissão.

3.4. A interpretação histórica

Este procedimento interpretativo objetiva esclarecer o sentido da lei mediante um trabalho de reconstituição de seu conteúdo original. Desse modo, o intérprete remonta aos documentos relacionados com a elaboração da lei, e procura reconstituir as circunstâncias históricas que a ensejaram. Trata-se de descobrir a intenção real do legislador à época em que a lei foi elaborada.

A teoria jurídica considera as fontes históricas do direito sob dois prismas, como história interna e a externa. A primeira diz respeito às instituições, por exemplo, a família, a propriedade, a empresa e o Estado, e objetiva fixar no tempo certos aspectos relevantes que denotam as transformações sofridas pelo instituto. A história externa pretende estabelecer os marcos da evolução do direito através da legislação.

A interpretação histórica não se restringe, por conseguinte, ao exame dos documentos que evidenciam a *mens legislatoris,* mas atribui importância também às circunstâncias histórico-sociais que ensejam a elaboração da norma interpretanda.

Por outro lado, no exame das fontes históricas, deve ser tomada em consideração a sua divisão em fontes remotas e próximas: estas abrangem as circunstâncias que, de modo imediato, precederam a elaboração da lei, por exemplo, os anteprojetos e projetos de lei, as exposições de motivos, os debates expressados através da imprensa, os levantamentos estatísticos e estudos socioeconômicos, os planos de governo etc. Aquelas, as circunstâncias mais longinquamente relacionadas com o preceito, inclusive os elementos filosóficos, éticos, religiosos e sociológicos que, formando um contexto ideológico característico da época e do lugar, vieram a repercutir na vontade do legislador, normativamente expressa.

A interpretação histórica tem por meta indagar a *occasio legis* – circunstância histórica da regra interpretanda – com vistas à revelação de um sentido original que deverá ser adaptado às condições sociais cambiantes.

Entretanto, a mesma noção de interdisciplinaridade serve para distinguir a interpretação tradicional da preconizada pela teoria crítica. Na hermenêutica tradicional, ela é um complemento da interpretação filológica no nível semântico, pois a história é admitida em sentido próprio, de reconstituição da *mens legislatoris* ou das circunstâncias sociais originárias.

Na teoria crítica, o sentido da interpretação histórica implica a concepção da história como interdisciplinaridade. Aliás, a própria historiografia tem sofrido enorme transformação, o que não pode ser ignorado pelo jurista que deseja permanecer fiel à vocação crítica da jurisprudência.

A história do direito, interna ou externa, não é a simples *crônica do passado*, mas construção e reconstrução dos sistemas jurídicos históricos, valendo-se o jurista historiador dos conceitos e categorias modernos, amoldando a experiência do passado à realidade presente. Nesse processo, o sentido prospectivo deve prevalecer, pois a experiência do passado tem o sentido revelador da ideologia que condiciona o presente. Em outros termos, a construção crítica de uma ordem social justa não prescinde da assunção da ideologia, nas condições em que ela impregnou no passado o direito e a sociedade.

4. A interpretação jurídica e a extensão da lei

4.1. Interpretação declarativa, extensiva e restritiva

A aplicação do preceito às situações concretas engendra a possibilidade de sua maior ou menor amplitude, isto é, de ficar restrito aos casos expressamente declarados ou de ser aplicado a situações não previstas. Daí a clássica tipologia dos procedimentos quanto à extensão: interpretação declarativa, restritiva e extensiva.

Uma questão preliminar se apresenta, quando se indaga do critério, em relação ao qual se declara, restringe ou estende o conteúdo de uma norma. Novamente dois critérios podem ser propostos: evoca-se a *mens legislatoris* ou a *mens legis.*

Em relação ao primeiro, o preceito é tido por declarado, restringido ou ampliado com relação à vontade originária do legislador, reconstruída pela interpretação histórica. Assim, a interpretação declarativa consiste na revelação pura e simples, como resultado do trabalho hermenêutico, de seu conteúdo normativo, coincidente com o resultado da investigação histórica.

No segundo critério, tal coincidência não ocorre, atribuindo-se como resultado da interpretação, um conteúdo mais abrangente – interpretação extensiva – ou menos abrangente – interpretação restritiva – de situações reais, do que o desejado ou previsto pelo legislador.

O critério da *mens legis* considera o preceito algo independente da vontade do legislador. Entende-se que a regra jurídica, uma vez expressada, desvincula-se do seu agente e assume significado próprio. Nesse caso a interpretação histórica tem importância secundária, pois, pela conjugação dos métodos literal, lógico e sistemático, revela-se o sentido aparente da lei, para numa segunda etapa declará-lo, ampliá-lo ou restringi-lo.

Interpretação declarativa será então aquela em que os efeitos coincidem com o sentido aparente que suas expressões denotam. Extensiva, ou ampliativa, aquela que, como resultado da interpretação, leva à possibilidade de aplicação do preceito a casos não previstos.

Na interpretação restritiva duas hipóteses podem ocorrer: primeiramente, quando a aplicação do preceito, em decorrência do labor hermenêutico, incide somente sobre situações expressamente previstas e, nesse caso, ela se confunde com a declarativa; em segundo lugar, pode dar-se que as situações a que o preceito possa ser efetivamente aplicado sejam inferiores em número às declaradas no preceito, isto é, em decorrência das mudanças sociais, determinadas situações, originalmente contidas no texto legal, são excluídas como decorrência do trabalho hermenêutico, ficando o preceito ainda mais restrito.

A possibilidade de realizar-se a interpretação restritiva ou ampliativa depende do tipo de norma interpretanda. Determinados ramos do direito têm como regra a interpretação extensiva. É o caso das normas dispositivas, bem assim do direito civil e do comercial, em que existe grande quantidade de regras dispositivas e concede-se maior importância à autonomia das pessoas, ou seja, respeita-se a vontade individual. É o caso também do direito do trabalho, no tocante a todo o tipo de trabalho subordinado, ainda que excluído de sua aplicabilidade por força de leis especiais. Assim, as lacunas do direito administrativo relativas ao funcionalismo público podem ser supridas pela aplicação analógica de preceitos da legislação trabalhista, pois é no direito do trabalho que constam os princípios gerais das relações de trabalho subordinado.

Por outro lado, em matéria de direito criminal, a consciência jurídica exige sempre que os tipos de infrações estejam exata e inequivocamente previstos no texto legal, não se admitindo que alguém seja punido, dada a similitude de seus atos com atos delituosos. Trata-se do princípio *nullum crimen sine lege*, basilar no moderno direito penal. Idênticos princípios são acatados pelo direito tributário, no que se refere à instituição de tributos pelo Estado, os quais devem ser previamente definidos em lei.

O direito administrativo em geral admite a interpretação extensiva de seus preceitos, em virtude do princípio da *discricionariedade*, pelo qual os atos da administração pública presumem-se amparados por lei. Mas este princípio é discutível, e sua aplicabilidade encontra limites nas regras que definem o estado de Direito. Assim, o próprio Estado, instituidor de direito, estabelece normativamente limites à sua atividade. Além disso, ninguém pode ser compelido a fazer ou deixar de fazer algo a não ser em virtude de lei.

Estas, de modo muito sucinto, são algumas das regras sistematizadas pela hermenêutica jurídica, as quais, todavia, estão subordinadas ao *bom senso*, à *equidade* e à *justiça*.

4.2. A analogia

A analogia é procedimento metodológico voltado para a integração da lei, para colmatar-lhe as lacunas. Ela se define como interpretação extensiva de um preceito a partir de sua semelhança com outro preceito. Só que este não está claramente definido na legislação, mas é o que o legislador criaria se houvesse tido consciência da omissão.

Há aqui certa confusão. A analogia não ocorre entre normas interpretandas, mas entre situações diversas, das quais uma está claramente regulada enquanto outra não. Em face dessa carência de regulação jurídica, o juiz pode aplicar a lei voltada para a situação análoga. Neste caso, emprega-se o argumento lógico *per analogiam*.

Trata-se da aplicação subsidiária da norma interpretanda a uma situação aparentemente não regulada, quando não há dispositivo próprio que a regule. Juntamente com os princípios gerais de direito, a analogia destina-se a colmatar as lacunas da legislação.

Denomina-se "lacuna" às situações que envolvem silêncio ou obscuridade da lei. É a falta de menção a determinados casos que se apresentam ao julgamento do juiz, seja porque o legislador haja entendido desnecessário ou politicamente indesejável tal regulação, seja porque a evolução da vida social tenha engendrado novos tipos de relações sociais, eis que a ordem jurídica é sempre anacrônica.

Na concepção dogmática do direito entende-se que não existem a rigor lacunas, pois o mero fato de o legislador prever recursos metodológicos para preenchê-las, os quais constam da lei, já por si só implicam o desaparecimento da lacunariedade.

Por outro lado, a inexistência de lacunas decorre do princípio da plenitude do ordenamento jurídico, pelo qual se entende que todo ordenamento jurídico deve ser fechado em si mesmo, albergando regras de interpretação que impeçam a possibilidade da existência de litígios sem solução pela lei.

Sabe-se, porém, que, na prática, o princípio da plenitude hermética é puramente retórico, pois existem lacunas no ordenamento, inclusive intencionais.

Há de se distinguir entre *lacuna legis* e *lacuna juris*. A primeira é lacuna da lei, a qual regula determinada situação de modo insuficiente. A segunda é lacuna no ordenamento como um todo, é a falta de previsão legal para solucionar litígios ocorridos na sociedade. Dessa diz-se também lacunas axiológicas, pois o fato de o legislador omitir-se quanto a determinadas exigências normativas induz a que ele não tenha aceito a valoração que, em caso contrário, o teria levado a criar as normas adequadas.

Décima Segunda Aula
A filosofia da interpretação jurídica

Sumário: 1. Interpretação jurídica e fundamentos do direito. 2. A dogmática da interpretação jurídica. 3. A zetética da interpretação jurídica. 4. A crítica da interpretação jurídica. 5. A teoria crítica do direito.

1. Interpretação jurídica e fundamentos do direito

Outro critério de classificação dos métodos de interpretação do direito diz respeito aos fundamentos filosóficos subjacentes às técnicas de solução de litígios, as quais espelham posicionamentos doutrinários com respeito ao modo de conceber o ser do direito e o saber jurídico, bem como a respeito das relações entre as normas interpretandas e a vida social.

Consideram-se três grandes orientações hermenêuticas: *dogmática*, *zetética* e *crítica*. A primeira enfatiza o princípio jurídico e os valores da segurança e estabilidade das relações jurídicas. A segunda atém-se às leis vigentes, mas subordina sua interpretação e aplicação às exigências da justiça material, tratando de realizar os objetivos para os quais foi criado o direito e levando em consideração a necessidade de adaptação das leis às transformações sociais. A terceira questiona a separação entre as leis e a política, denuncia o conservadorismo dogmático e o caráter mitológico dos princípios em que se apoia o direito tradicional e postula uma ciência jurídica comprometida com a transformação social.

2. A dogmática da interpretação jurídica

A interpretação dogmática entende que o princípio jurídico expressado mediante a norma jurídica deve ser preservado, à margem de considerações outras de natureza filosófica ou mesmo éticas. Subentende-se que o direito tem a finalidade básica e geral de promover e manter a ordem e, por isso, situações peculiares que não estejam conforme a lei não devem prevalecer, sob pena de instaurar-se o caos, a desordem e a insegurança nas relações jurídicas.

Conforme o modo como o princípio jurídico é concebido, a interpretação dogmática admite pelo menos três enfoques: *legalista*, *conceptualista* e *analítico*.

Na dogmática legalista, o princípio jurídico dogmatizado é a *lei*. A conceptualista procura preservar os *conceitos gerais* subentendidos nas normas positivas de toda espécie e delas racionalmente inferidos. E a dogmática analítica identifica o princípio com a vontade do Estado e privilegia a racionalidade dos métodos hermenêuticos para discernimento do princípio jurídico aplicável, não abrindo espaço para a intuição ou quaisquer formas de sentimentalismo. Ocorre assim uma dogmatização do método, na medida em que os procedimentos decorrentes da ciência da lógica passam a catalisar a investigação científica no campo das ciências jurídicas, concentradas na análise do direito.

2.1. A dogmática legalista

Impregnada do espírito racionalista dos séculos XVII e XVIII, a Revolução Francesa havia consagrado um conjunto de princípios considerados de direito natural, imprescritíveis, imutáveis e eternos, inerentes ao ser humano. No campo político, a Revolução Francesa e, de resto, as revoluções burguesas, pretenderam realizar na experiência política esses direitos naturais, afirmados exaustivamente pelos enciclopedistas contra os despotismos absolutistas. Tal obra consolidou a tradição política e filosófica que remonta às origens do pensamento jusnaturalista.

Compreende-se, pois, que um dos grandes objetivos da Revolução Francesa, no campo jurídico, fosse a construção de um sistema normativo estruturado de acordo com as normas da natureza, com o fito de assegurar os direitos subjetivos fundamentais do homem e do cidadão.[1] Em síntese, tratava-se de levar a cabo a tentativa de substituir as legislações imperfeitas da história, nascidas do arbítrio dos déspotas, pelos frutos de um trabalho considerado perfeito, construído pela razão, necessariamente válida para todos os povos civilizados. Subjacente a essa meta, almejava-se por em prática os ideais do racionalismo e do Iluminismo, assegurar que o governo da cidade fosse trabalho científico e racional. Para isso, tornava-se necessário construir leis cujo conteúdo fossem normas derivadas analiticamente dos princípios eternos da natureza, ou seja, que o direito natural pudesse ser traduzido na linguagem das leis escritas.

A concretização desse ideal foi representada pelo Código Civil francês, promulgado em 1804, pelo imperador Napoleão Bonaparte.

O *Code Civil* foi, desde logo, saudado como a lei do universo civilizado, resumo da moral do mundo, que tanto serviria de regra para a França como de modelo para todas as nações.

---

1. *Declaração dos Direitos do Homem e do Cidadão*, de 1789, inscrita na Constituição da França, de 1791.

Sob influência dessas ideias e agrupando os juristas mais eminentes, surgiu na França a escola da exegese – palavra que significa "conduzir para fora", do grego *gestain*, "conduzir" e prefixo *ex*, "fora" – identificada com o fetichismo da lei e culto ao Código promulgado pelo Imperador.

Exegese era o nome que se dava à interpretação das sagradas escrituras, dos dogmas do cristianismo. No contexto do pensamento racionalista francês, a exegese voltou-se para a lei consubstanciada no Código Civil, cujos preceitos passaram à condição de autênticos dogmas, considerando-se o intérprete escravo da lei, e esta a única fonte válida do direito. Os exegetas franceses dedicavam-se ao estudo do Código Civil, destacando-se Aubry, Blondeau, Mourlon e Bugnet.

Esta tendência do pensamento jurídico explica-se em parte pelo racionalismo que precedeu a era das modernas codificações, e pela ulterior influência da filosofia positivista. Em função do racionalismo, dava-se a impressão de que os Códigos, monumentos imperecíveis da razão humana, continham todo o direito, devendo o intérprete proceder *more geométrico,* deduzindo o sentido oculto da lei mediante procedimentos lógicos e filológicos. Laurent, Bugnet e Mourlon são os exegetas mais intransigentes, mas a evolução da escola revela a passagem de uma atitude extremada, que admitia somente a interpretação literal, para outra mais moderada, que admitia a interpretação histórica, e, depois, a sistemática. Entre outros comentaristas que adotaram tal atitude, destacam-se Baudry-Lacantinerie, Aubry e Rau, os quais recomendavam a consulta às fontes que propiciaram o texto ao legislador, aos trabalhos preparatórios e a interpretação sistemática.[2]

Quanto ao positivismo, é paradoxal a transposição de uma atitude basicamente jusnaturalista, para o que veio mais tarde a identificar uma das correntes mais expressivas do positivismo jurídico.

O positivismo filosófico veio legitimar a atitude exegética como "científica", superadora do estado metafísico anterior, da época iluminista com sua busca do direito natural. Se o científico identificava-se com o positivo, e se o positivo era o código, não haveria porque não limitar o estudo do direito à interpretação do Código Civil. O que os exegetas entendiam, sem abandonar seus postulados e origens jusnaturalistas, era que o Código encerrava a resposta pronta a todas as questões jurídicas que se apresentassem na prática. Para que então estudar o direito civil, se o Código Civil continha a solução aos problemas da sociedade?

A escola da exegese trouxe implicações importantíssimas para a prática do direito; era ultralegalista e a consequência mais relevante desse espírito é que toda solução jurídica – toda decisão judicial – não seria mais que a conclusão de um silogismo, e que a premissa maior é a lei, e a menor, o enunciado do caso concre-

2. LIMONGI FRANÇA, Rubens. *Formas e aplicação do direito positivo*, 1969, p. 50. V. BIELSA, Rafael. *Metodología jurídica*, 1961, p. 265 e segs.

to; a função do intérprete e do julgador é subsumir os fatos concretos à norma geral, uma função mecânica de lógica dedutiva.

Outro significado importante da escola é que ela representa a passagem, no pensamento jurídico, de um racionalismo impregnado de metafísica, para o positivismo, embora este parecesse contraditório com a metafísica anterior.

O resultado foi que o positivismo exegético deu os contornos definitivos à concepção jurídica do senso comum, a dogmática jurídica.

2.2. A dogmática conceptualista

A orientação dogmática acabou por envolver o pensamento jurídico europeu, mesmo em países onde não se cogitava de uma compilação das leis ou da codificação. Nesses países, a concepção predominante era a da escola histórica do direito, avessa à ideia da codificação, que entendia que as instituições político-jurídicas formavam-se espontaneamente pelo costume e pela tradição.

A evolução dessa escola, todavia, ensejou a conciliação entre seu próprio irracionalismo historicista e o racionalismo positivista francês. Tal articulação operou-se, na Alemanha, com a obra dos pandectistas, e na Inglaterra, com os trabalhos da escola de jurisprudência analítica – *Analytical School of Jurisprudence.*

O historicismo alemão desenvolveu-se em duas direções: de um lado, agrupavam-se os juristas que se apegavam ao direito alemão, procurando estabelecer as origens autênticas das instituições germânicas e excluindo tanto quanto possível influências alienígenas, dentro de um romantismo que procurava a alma da nação, revelada nos seus costumes e tradições, no seu direito. Esta direção germanista iniciou com Eichhorn e desenvolveu-se com Jacob Grimm e Gierke. De outro lado, temos a escola romanista, que, seguindo ao próprio Savigny, fundador da escola e seu representante maior, abeberava a tradição jurídica alemã a partir das fontes romanas.

Os seguidores da orientação romanística, entre os quais Windscheid, ficaram conhecidos como "pandectistas" e desenvolveram a metodologia hermenêutica denominada "conceptualismo jurídico" ou escola de jurisprudência conceitual – *Begriffsjurisprudenz* – que estabelece a conciliação entre atitudes aparentemente opostas, a historicista e a exegética.

Entendia-se que os textos legais interpretandos, por trás de sua transitoriedade histórica, continham elementos permanentes, conceitos jurídicos fundamentais, os quais constituiriam o objeto próprio da pesquisa jurídica.

A atitude positivista dos pandectistas, dedicados ao direito vigente, recuperava assim as raízes racionalistas, mas contando com novo elemento, o dado histórico, introduzido por Savigny e sua escola.

Considerou-se que os métodos interpretativos tradicionais, gramatical, lógico, histórico e sistemático, não são espécies de interpretação, mas operações distintas que devem atuar em conjunto. Por outro lado, o elemento histórico levaria o intérprete a situar o legislador no seu conspecto temporal, como catalisador do espírito do povo – *Volksgeist* –, a verdadeira gênese do direito interpretado.

O apego ao conceito, elemento permanente do direito, levou os discípulos de Savigny, germanistas e pandectistas, a desinteressar-se do elemento histórico, malgrado os esforços do mestre em manter contato com tal aspecto da experiência jurídica. Assim é que os elementos logicistas, a-históricos, passaram logo ao primeiro plano, concebendo-se a jurisprudência como a descobridora dos elementos conceituais que permaneciam acima das modificações históricas. Ao fetichismo da lei, da escola da exegese, caracterizavam-se os historicistas por um fetichismo dos conceitos, espécie de dogmatismo conceitualista, contra cujos exageros levantaram-se Ihering e Heck.

2.3. A dogmática analítica

Outra corrente da ciência jurídica europeia que superou a oposição entre racionalismo exegético e irracionalismo historicista foi a escola de jurisprudência analítica – *Analytical School of Jurisprudence* – a qual tem particular importância no mundo da *common law*.

O iniciador da escola é John Austin, o qual critica o casuísmo da *common law* e recomenda a adoção de processos lógico-analíticos na interpretação e aplicação do direito costumeiro.

Para Austin, dever-se-ia separar o estudo do direito em dois campos: de um lado, a jurisprudência geral ou filosofia do direito positivo, de outro, a jurisprudência particular, compreendendo o estudo da legislação vigente. O aspecto ético das normas não constituiria matéria de interesse para o jurista, o qual ficava restrito à consideração das leis, tal como se apresentam, sendo irrelevante o fato de serem boas ou más.

O direito positivo define-se como aquele que emana do soberano. Austin não esclarece sobre o seu conceito de soberano, mas leva a que se entenda que o direito consiste nas ordens emanadas de uma vontade, a qual se impõe coercitivamente em caso de desobediência. O titular de um dever está sob o mandado da pessoa ou instituição para a qual deve.

Seguidor de Bentham, destaca-se em Austin o utilitarismo como princípio ético que deve orientar a elaboração das leis. A jurisprudência analítica não admite a ética no direito, entendendo que a ciência jurídica tem por objeto o estudo das leis e de sua interpretação, prescindindo de considerações éticas. Tal separação entre o direito e a moral é uma das principais características da escola, ao lado do rigor metodológico.

A teoria analítica pressupõe a existência de um corpo completo de direito, sem lacunas nem antinomias, revestido de autoridade pelo Estado. Se a lei está na forma de um Código, seus adeptos aplicam os cânones da interpretação genuína e perguntam o que as múltiplas provisões do Código significam, ao serem observadas mais logicamente do que historicamente. Se a lei for na forma de um corpo de decisões registradas, partem do princípio de que tais decisões podem ser tratadas como se tivessem sido todas expressas simultaneamente e contendo, implicitamente, todo o necessário para a decisão de causas futuras, que não estejam nela formuladas. Podem definir concepções ou declarar princípios. A aplicação da lei ou do precedente reduz-se meramente à formulação num julgamento do resultado obtido pela análise do caso e desenvolvimento das premissas contidas nas decisões registradas.[3]

A *analytical school* iniciou uma poderosa corrente desenvolvida por duas escolas contemporâneas, a escola analítica inglesa e a escola analítica argentina. Esta dedicou-se à elaboração da ciência do direito a partir das contribuições da filosofia da linguagem e da ciência da lógica, tendo construído a monumental obra da lógica atual do direito. Mas os pressupostos da jurisprudência analítica inglesa foram mantidos, especialmente a metodologia baseada na exigência de coerência lógico-formal dos respectivos enunciados.[4]

Observa Reale que, não obstante a natureza especial da *common law*, a escola analítica assimilou a atitude de compreender o direito segundo esquemas lógico-formais, como sistemas de vínculos normativos: e isso por se entender que o costume só assume juridicidade quando consagrado pelo órgão judiciário estatal, o mesmo podendo afirmar-se quanto às normas jurisprudenciais, as quais só constituem direito quando exprimem a vontade do Estado.[5]

3. A zetética da interpretação jurídica

A palavra "zetética" vem do grego *zetein* – indagar, pesquisar, perguntar e, em oposição ao dogmatismo, identifica a busca da verdade mediante o questionamento constante, recusando as respostas prontas e acabadas.

Por interpretação zetética entende-se a atitude hermenêutica que preconiza a prevalência do conteúdo da lei sobre o significado aparente das palavras. Ela envolve, de modo geral, as correntes do pensamento hermenêutico que colocam em primeiro plano o conteúdo social e ideológico do direito. Estas escolas não aceitam acriticamente o princípio jurídico e, algumas com maior intensidade, outras menos, subordinam a lei, o conceito e o método às situações reais e sempre cambiantes da vida social. A tese basilar da atitude zetética é que o direito não é imóvel, nem vazio, mas essencialmente mutável, devendo adaptar-se às condições sem-

3. POUND, Roscoe. *Introdução à filosofia do direito*, 1965, p. 66.
4. VERNENGO, Roberto J. *La interpretación literal de la ley*, 1994.
5. REALE, Miguel. *Filosofia do direito*, 2002, p. 403.

pre renovadas da sociedade. O direito existe para solucionar concretos problemas sociais e não para manter dogmas, teorias e princípios abstratos, afastados da realidade da vida.

No momento, todavia, em que se procura definir o conteúdo do direito, existem divergências e antagonismos, seja quanto à compreensão da experiência jurídica, seja pela indicação de qual fator do conteúdo normativo seja merecedor da prevalência. Destarte, as escolas hermenêuticas, ora acentuam os fins visados pela lei, ora as condições do meio social, ora os valores do direito, ora aspectos outros, tais como, motivações psicológicas das decisões, elementos linguísticos, condições sociais, polísticas, econômicas, etc. Conforme se defina esse conteúdo, é possível discernir quatro orientações zetéticas: *teleológica*, *sociológica*, *axiológica* e *realista*.

A zetética teleológica abrange a teleologia de Ihering e a jurisprudência de interesses de Heck. A sociológica compreende a escola da livre investigação científica, a escola do direito livre e a escola norte-americana de jurisprudência sociológica. A axiológica reúne as correntes culturalistas, escolas que postulam a prevalência dos valores na experiência jurídica e sua realização nos atos decisórios. E a zetética realista orienta os trabalhos hermenêuticos levando em conta como o direito se apresenta na realidade histórica, como decisão, linguagem ou forma de cultura. Compreende três expressões do realismo jurídico, o psicológico, o linguístico e o culturalista.

3.1. A zetética teleológica

A zetética teleológica, do grego *telos* – finalidade – postula que a interpretação das normas jurídicas deve subordinar-se às finalidades para as quais tenha sido elaborada. Entende-se que o conteúdo principiológico a ser preservado consubstancia-se em objetivos que tenham sido definidos quando da elaboração da lei ou que tenham sido acrescentados pela doutrina.

Embora a orientação teleológica esteja mais ou menos difusa em todas as correntes que se opuseram aos exageros da escola da exegese e da jurisprudência conceitual, a noção de finalidade caracteriza particularmente as teorias de Ihering e Heck.

A ideia de fim ressalta sobretudo em Ihering. Na ambiência jurídica da Alemanha de seu tempo, introduziu Ihering o critério teleológico a atrapalhar os procedimentos lógico-abstratos da jurisprudência conceitual.

O autor concebe o direito como criação objetiva e real da história, mas não o resultado de um processo natural, como propunha Savigny, mas de um trabalho árduo de conquista, a luta pelo direito. Mas essa evolução tem um sentido, pois tudo no direito existe para um fim, objetivando garantir as condições de existência da sociedade.[6]

---

6. Ihering, op. cit., 1956, p. 336.

Deve-se ressaltar a importância desta teleologia, numa época em que o pensamento científico estava dominado pela ideia de causalidade e de rigor metodológico, o que ensejava uma atitude cética no tocante à cientificidade do direito. Ihering, embora não tenha provavelmente se conscientizado da importância epistemológica de sua doutrina, abriu o caminho para a substituição, dentro da ciência do direito, do critério da causalidade pelo da finalidade.

O fim do direito, ele o identifica na proteção dos interesses, mas os individuais se unem e por isso assumem caráter social. A subordinação dos interesses individuais a um fim comum determina a cooperação, do que resulta o comércio, a sociedade e o Estado.

O ponto de partida para a elaboração das leis está nas situações reais da vida. Estas ocupam importante lugar na teoria de Ihering, e envolve não somente os aspectos físicos e materiais, como também os subjetivos, imateriais e ideais, os quais constituem objeto de luta da humanidade, configurando-se como honra, paz, liberdade, educação, religião, amor às artes e à ciência. Embora tais condições sejam variáveis para a sociedade e para o indivíduo, o importante é que elas giram em torno de um mesmo plano e convergem para um sentido comum, a meta do direito.[7]

A interpretação da lei depende, por conseguinte, das circunstâncias, e o critério para seu julgamento não é a verdade absoluta, mas um critério relativo, estabelecido em razão dos fins visados pelo direito em cada caso concreto. Em consequência, o conteúdo do direito é infinitamente variado porque infinitamente variada é a condição da vida humana.

Outro autor a desenvolver a ideia de finalidade foi Heck, o mais destacado representante do movimento da ciência do direito alemã, denominado "jurisprudência de interesses" a *Interessenjurisprudenz.*

Os seguidores desta orientação preocupavam-se, sobretudo, com o processo decisório e procuraram descrever o que realmente acontece quando o juiz decide. O autor afirma que o juiz é um colaborador, dentro da ordem jurídica, para que se realizem os ideais em que essa ordem se inspira. Ela é um conjunto de leis e estes mandamentos afetam a vida humana. Esta é sempre cambiante, como cambiantes são os interesses, os quais se acham sempre em competição. É exatamente com o fim de tornar mais compreensíveis os mandamentos jurídicos, de um lado, e os interesses da vida, de outro, que surge a ciência jurídica, a qual classifica os mandamentos e os interesses em conceitos gerais.

Insurgindo-se contra o abstracionismo dos conceitualistas, entende que os conceitos jurídicos, apesar de serem instrumentos indispensáveis do jurista, não devem ser convertidos em operadores, pois não geram o direito, nem explicam as

---

7. Idem, ibidem, p. 334.

normas jurídicas existentes. São etiquetas, conceitos classificadores, que o jurista guarda em gavetas para tê-las facilmente à mão.

Aceitando a noção de direito subjetivo como interesse protegido, estabelece que a função do juiz é a de proceder ao ajuste de interesses, devendo prevalecer o ajuste que o legislador faria ao legislar sobre aquele caso. O juiz deve submeter-se à lei, e não aos seus ideais de justiça, mas, diante de um fato concreto que a lei regula mal, sua função é construtiva, a de criar regras se estas não existem.

Além de completar o teleologismo de Ihering, Heck vai mais além, abrindo a perspectiva de entender que o papel da magistratura não é meramente reprodutora de significados preestabelecidos no texto da lei, mas de autêntica criação de direito novo.

3.2. A zetética sociológica

Outra maneira de conceber o conteúdo da lei é identificá-lo com o contexto social para o qual ela é produzida. Tal orientação se manifesta na França com a escola da livre investigação científica, na Alemanha com a escola do direito livre, e nos Estados Unidos com a escola da jurisprudência sociológica.

3.2.1. A escola da livre investigação científica

No pensamento jurídico francês, essa orientação acha-se exposta por François Gény, em duas obras fundamentais, *Méthode d'interprétation et sources en droit privé positif*[8] e *Science et téchnique en droit privé positif.*[9] Atribui-se ao conjunto de sua teoria o nome de Escola da Livre Investigação Científica do Direito.

Para Gény, o direito comporta dois enfoques distintos, a ciência e a técnica. O domínio da ciência é o conhecimento objetivo das realidades sociais que fornecem ao direito a sua matéria social. Esta matéria é *dada;* o jurista não pode criá-la nem modifica-la, mas aplica-lhe a sua técnica, sua arte específica de jurista. É esta técnica que constitui para ele um campo de ação criadora, o *construído* no direito.[10]

Dessa maneira chega o mestre à sua famosa distinção entre o *donné* e o *construit*, o *dado* e o *construído.*

O dado é um conjunto de realidades existentes numa sociedade e que independem da vontade dos legisladores, mas que representam o material real com que lida o jurista na elaboração dos seus conceitos.

O construído é o que o jurista obtém como procedimento formal na elaboração dos conceitos, e o campo da técnica jurídica é o construído; mas aqui se trata

8. GÉNY, François. *Método de interpretación y fuentes en derecho privado positivo*, 1925.
9. GÉNY, François. *Science et technique en droit privé positif*, 1924/1930.
10. FRIEDMANN, op. cit., p. 287.

somente de uma técnica geral denominada técnica jurídica fundamental, que se sobrepõe às técnicas jurídicas particulares – legislativa, gramatical e doutrinária.

Por meio dela, o jurista molda os dados de maneira a fazê-los corresponder às necessidades da vida social. Destarte cabe à técnica a adequação do direito à realidade, pois sem ela o direito positivo reduzir-se-ia a linhas vagas e gerais, moldando o núcleo da vida social de modo indefinível.

A fonte basilar do direito é uma prática fundada num conhecimento; mas o problema emergente é a possibilidade de discernir regras jurídicas independentemente de suas formas de expressão, as quais revelam um direito deformado, e os procedimentos para implementá-los na vida social.

A técnica jurídica compreende dois movimentos: adaptar meios e artifícios aos fins do direito e adaptar o direito às exigências concretas da vida. Estes meios e artifícios constituem o construído. São as *construções jurídicas,* recursos inúmeros, infinitos, essencialmente variáveis e contingentes, que dependem das circunstâncias de tempo e lugar. Como exemplos dessas construções temos as *formas* e as *categorias,* institutos que são construções plásticas do direito; e as *presunções* e *ficções.* Como certos conceitos puramente jurídicos, por exemplo, o conceito de pessoa, construções jurídicas puramente intelectuais.

A elaboração do direito exige a ciência dos dados e a técnica do construído.

A livre investigação científica não é, portanto, a liberdade para o jurista de investigar nos fatos qual a melhor solução para as controvérsias e para as lacunas da lei. Ela não é criação arbitrária do juiz, produto das convicções pessoais do intérprete, mas consiste na técnica de construir os meios para realizar o direito e conseguir a justiça. É o trabalho científico de extrair, dos *données* da realidade social, o direito, sempre levando em conta os interesses das partes, sem, contudo, afetar o equilíbrio que deve imperar entre os interesses em conflito.

A obra de Gény abre caminho para o movimento sociológico no pensamento jurídico e para as teses pluralistas, com a afirmação de que a lei não é a única fonte do direito, pois, ao lado do legal, estatal, existe um mundo de produção jurídica que se adapta às transformações da vida social e que deve ser estudado mediante a livre investigação científica.

3.2.2. A escola do direito livre

O movimento sociológico se manifesta na Alemanha, pela escola do direito livre, a *Freie Rechtschule,* na expressão de seus três representantes mais importantes, Ehrlich, Zitelmann e Kantorowicz.

Basicamente, afirmam estes autores que o intérprete, ou o juiz ao aplicar a norma, devem apreender a realidade social como autênticos sociólogos. A vida social é muito mais rica que a norma, da qual poderiam afastar-se caso a solução por ela apontada não conduzisse à verdadeira justiça.

Partindo do conceito positivista da ciência, considerou Ehrlich que a verdadeira ciência do direito é a sociologia jurídica, investigação dos fatos nos quais o fenômeno jurídico se assenta, sem, por isso, pensar imediatamente em uma aplicação prática de seus resultados pelos tribunais. O centro de gravidade do desenvolvimento jurídico não radica nem na legislação, nem na ciência jurídica, nem na decisão judicial, mas na própria sociedade.

Segundo Ehrlich, a realidade jurídica envolve, além das proposições abstratas da lei e das regras de decisão em caso de conflito, o direito da sociedade extraestatal.[11] A categoria principal é esta última, que nada tem a ver com o governo do Estado.

A sociedade humana é um conjunto enorme de associações, as quais criam suas ordenações jurídicas, que são internas e autônomas. Estas são de extraordinária importância porque nelas é que se desenvolve nossa vida real. Vivemos direito de grupos. É bem verdade que uma parte de nossa vida se desenrola fora de qualquer associação, mas nossa vida corrente se passa dentro de associações as mais diversas, e cada uma tem sua própria ordenação, constituindo o direito vivo da sociedade, que não depende do Estado e que atende às necessidades vivas.

A esta concepção, que admite a coexistência de várias ordenações, denomina-se "pluralismo jurídico", e opõe-se ao "monismo", teoria que aceita a ordenação do Estado como a maior expressão da normatividade jurídica.[12]

Ehrlich opõe o direito vivo ao direito do Estado. É um direito espontâneo e dinâmico, visto que maleável. É direito concreto, cuja eficácia é real, eis que se apoia sobre a ação das associações e porque dispõe de suas próprias sanções.

O direito estatal está sempre em atraso em relação às exigências da vida e do direito dinâmico e concreto que se estabelece dentro das associações. Aquele, embora seja do Estado, é impotente perante este, ao qual sempre se submete, embora tardiamente. A grande tarefa da Jurisprudência é resolver esta permanente tensão. Ehrlich considera que o lugar da Jurisprudência é entre a aplicação do direito e a legislação, ambos produto e estímulo dos desenvolvimentos sociais.[13] Em consequência, o intérprete não deve se sujeitar à aplicação do direito ao fato.

Ehrlich combate opinião de que o juiz está vinculado aos juízos de valor do legislador, pois "da multitude de juízos de valor que contém a lei de um Estado moderno, pode-se lançar mão, para cada decisão, de qualquer deles".[14]

Outro pensamento que se acha na mesma linha de Ehrlich, mas que se desenvolve por argumentos diferentes, é o de Kantorowicz.

---

11. Idem, p. 202.
12. TELLES Jr., Goffredo. A *criação do direito*, p. 513.
13. FRIEDMANN, op. cit., p. 81.
14. LARENZ, op. cit., p. 81.

Como os demais autores contrários à concepção estatal do direito, Kantorowicz contesta o primado da lei, e põe em relevo a formidável significação das normas jurídicas brotadas do grupo social. Este funciona como fonte de normas e esta é livre; é a vontade livre dos homens que se constitui em fonte das ordenações que regem o comportamento dentro desses grupos. Trata-se de libertar o direito da tirania da lei.

O ordenamento jurídico nada tem a ver com o Estado, é um direito livre, constituído na sua maior parte por convicções predominantes em certo lugar e tempo. O direito livre é o direito positivo fundamental, porque é sustentado pela vontade e pelo poder da sociedade. O sentimento dominante dentro de uma coletividade é o que constitui o direito fundamental.

Em matéria de interpretação, Kantorowicz propõe quatro diretrizes: a) se o texto da lei é unívoco e sua aplicação não fere os sentimentos da comunidade, o juiz deve decidir de acordo com a lei; b) se o texto da lei não oferece solução pacífica, sendo insusceptível de ser arguida de injusta, o texto da lei aplicado ao caso concreto conduz a uma solução que o próprio legislador do Estado, ao elaborar a lei, não poderia querer; nesse caso deve o juiz ditar a sentença que, segundo a sua convicção, o legislador ditaria se tivesse pensado naquele caso concreto; c) se o juiz não pode formar uma convicção sobre como o legislador resolveria o caso concreto, deve o juiz se inspirar no direito livre, isto é, no sentimento da coletividade; d) quando, mesmo apelando para o sentimento da coletividade, o juiz não encontra a solução, deve então julgar discricionariamente.

A vontade é que dita a sentença, chamada por Kontorowicz de *lex speciali*.

3.2.3. A escola da jurisprudência sociológica

Nos Estados Unidos, a escola sociológica de jurisprudência possui como expressão de maior destaque, Oliver W. Holmes, Roscoe Pound, Benjamim Cardozo e Luiz Brandeis.

Inspirada na lógica experimental de John Dewey, a tese fundamental da escola é a necessidade da compreensão correta das realidades sociais em permanente fluxo histórico, como atitude preliminar à interpretação das normas expressas nos costumes, na lei e nos precedentes.

A escola se situa no período mais crítico da história americana contemporânea, entre as duas guerras mundiais, marcado pela grande recessão após o *crack* de 1929. É a época do *New Deal*, a legislação de emergência do Presidente Roosevelt, quando o Poder Judiciário da nação americana foi chamado a sacudir o pó dos precedentes, para adaptá-los às exigências de uma nova sociedade e conceder o respaldo jurídico necessário para soerguimento da nação.

Filosoficamente, a escola situa-se entre dois extremos. De um lado, a corrente tradicionalmente aceita pela jurisprudência americana, de que os juízes absolutamente não legislavam, pois que uma regra preexistente ali estava, escondida, no corpo do direito costumeiro e que os juízes limitavam-se a revelar. Coke, Hale e Blackstone são os representantes mais influentes. De outro lado, uma ala extremada do *legal realism*, que, sob a influência de Austin e absorvendo certos princípios da psicanálise então em evidência, acreditavam que o direito era somente o declarado pelos juízes; os costumes não constituem direito, salvo se adotados pelos tribunais, e mesmo as leis não o constituem, porque os tribunais podem fixar-lhes o sentido. Entre estes dois extremos situa-se a jurisprudência sociológica, que cria ser o papel do juiz também constitutivo do direito, e um realismo jurídico moderado, que procurava definir a verdadeira função do juiz, sem menosprezo às outras fontes do direito.

O ponto de partida da *Sociological Jurisprudence* é a constatação de que a *common law* revelava-se inadequada para a solução dos problemas surgidos nos novos tempos. Em consequência, ocorre a necessidade de novas normas ou de nova interpretação das normas velhas, objetivo impossível de ser atingido pela metodologia dogmática tradicional, que fazia dos processos da lógica formal clássica, o método por excelência da técnica jurídica. O que é necessário antes de tudo é uma operação prévia, que consiste na análise conscienciosa e compreensiva da realidade dos tempos atuais. O conhecimento social desta é, portanto, a base para a formulação das normas gerais e individuais, realmente inspiradas num espírito de autêntica justiça.

O movimento sociológico inicia propriamente com Oliver Wendell Holmes. Em sua obra publicada em 1881, *The common law*, um enunciado contido na primeira página provocou a reviravolta da ciência jurídica norte-americana: "A vida do direito não foi lógica; foi experiência".[15] Em 1903, sentenciava: "As constituições foram feitas para preservar direitos substanciais e práticos, não para manter teorias".[16]

A partir de Holmes, manifesta-se uma mudança de atitude na maneira de encarar o que, no mundo da *common law*, se considerava tradicionalmente o direito, abrindo-se as perspectivas de uma sociologização do saber jurídico e a ubiquação da conduta judicial como fator decisivo, o mais importante elemento experiencial do direito; mas a conduta judicial deve ser considerada, não no modo concreto de atuar dos juízes, evitando-se a prevalência de um certo psicologismo, mas de um modo indireto, nas leis, nas sentenças e nos escritos teóricos, embora submetidos a uma manipulação parcialmente lógica, parcialmente histórica e parcialmente axiológica.

Outro jurista que bem representou a escola foi Benjamim Cardozo. Suas ideias estão contidas em três obras principais: *A natureza do processo e a evolução do direito*, texto das conferências pronunciadas em 1920 na Yale University e publicado pela primeira vez em 1921, *A evolução do direito*, de 1924, e *Os paradoxos da ciên-*

15. HOLMES, Oliver Wendell. *O direito comum*, 1967, p. 29.
16. HOWE, Mark de Wolfe. *Introdução ao direito comum*, op. cit., p. 17-8.

cia do direito (*Legal Science*), quatro conferências pronunciadas na Columbia University, em 1927.

Cardozo foi, sobretudo, um magistrado, um dos artífices de nova atitude dos tribunais americanos em relação à *common law*, no sentido de despojá-la do excessivo apego aos precedentes que a tornavam instrumento de atraso da ordem jurídica em face das novas exigências sociais, para transformá-la em autêntico instrumento de reorganização social.

Benjamim Cardozo classifica os métodos no processo de elaboração da sentença em quatro tipos: a) dedutivo ou lógico; b) histórico; c) ater-se o juiz aos dados e costumes e às convicções sociais vigentes; e d) buscar a inspiração em considerações de justiça e bem-estar social.[17]

Os três primeiros são insuficientes, somente o quarto tipo é que propicia uma decisão prévia sobre qual método deve ser empregado em cada caso. É um procedimento necessário para dar solução aos casos em que os demais métodos sejam insuficientes e nos casos de conflitos resultantes da aplicação destes; isto porque os fins supremos do direito são justamente a justiça e o bem-estar social. Essa concepção da prevalência de um valor soberano a conduzir as atitudes do juiz, da subordinação da prestação jurisdicional a uma finalidade de justiça e bem-estar social, mais do que aos textos ou às regras extraídas dos precedentes, é o núcleo do pensamento de Benjamim Cardozo.

Roscoe Pound é, por fim, o grande filósofo da jurisprudência sociológica norte-americana. Suas principais obras são: *Outlines of lectures on jurisprudence* (1914), *The spirit of the common law* (1921), *Introduction to the philosophy of law* (1922), *Interpretations of legal history* (1923), *Law and morals* (1924), *The formative era of American law* (1938), *The history and the system of the common law* (1939), *Contemporary juristic theory* (1940), além de intensa produção publicada em revistas especializadas.

A filosofia jurídica de Pound está impregnada de profundo senso de equilíbrio, o que o levou a combater tanto a jurisprudência conceitual e analítica quanto as manifestações extremadas do realismo jurídico. Contra a primeira orientação, procurou inserir o direito no mundo das ações concretas tendendo à efetiva realidade das coisas e da gente que as realiza, conduzindo-o para fora do puramente normativo e conceitual; contra a segunda, refutou a tendência a excluir do direito o elemento ideal, o *dever-ser*.

O problema capital que os pensadores do direito devem afrontar consiste em achar a maneira de poder reconciliar a ideia de um corpo de direito fixo, que não deixe margem ao capricho, com as ideias de transformação, desenvolvimento e criação de um novo direito.[18] Numa fórmula que se tornou clássica, descreve a ta-

17. CARDOZO, Benjamin N., *A natureza do processo e a evolução do direito*, 1956.
18. POUND, Roscoe. *Las grandes tendencias del pensamiento juridico*, 1950, p. 5.

refa principal do pensamento moderno sobre o direito como obra de construção social, uma "engenharia social",[19] "cuja competência corresponde àquela parte de todo o campo social no qual pode lograr-se a ordenação de relações humanas através da ação da sociedade politicamente organizada".[20]

A administração da justiça radica na metódica resolução das controvérsias por parte dos tribunais, cujo poder tem origem consuetudinária, contratual, religiosa ou política. A modificação das circunstâncias determina a modificação dos critérios de avaliação, sendo então preciso dar-se novas interpretações a normas velhas, a fim de que estejam elas de acordo com os novos critérios. A aplicação individual das normas conduz a jurisprudência ao terreno da intuição, a qual se manifesta no arbítrio dos tribunais quando recorrem à equidade, na interpretação de certos conceitos como os de conduta leal *(fair conduct)*, diligência devida *(due care)* e outras situações onde se depara com um elemento que é único em cada caso e que exige, de acordo com Bergson, "este perfeito domínio de uma situação particular na qual rege o instinto".[21]

3.3. A zetética axiológica

Uma terceira corrente identifica o conteúdo normativo, o qual se sobrepõe à interpretação dogmática e literal, nos valores sociais ínsitos nas leis. Entende-se que estas constituem tão somente meios para a realização de valores no meio social, definidos como ordem, paz, cooperação, solidariedade e outros, mas sobretudo *justiça*.

Esta direção doutrinária pode ser definida como uma zetética axiológica, a partir do conceito de "valor" já anteriormente estudado. Acha-se manifesta na *jurisprudência de valores* da filosofia jurídica alemã e no culturalismo jurídico ibero-americano.

Na ciência jurídica alemã, a antiga escola de jurisprudência de interesses aos poucos transformou-se em jurisprudência de valorações, na medida em que os juristas passaram a identificar interesses com valorações subjetivas, evocando a filosofia dos valores de Lask, Rickert, Hartmann e Radbruch. Tal atitude representou ainda a recuperação de antigas tendências jusnaturalísticas que consideravam a lei e o direito como suportes de valorações objetivas.

No primeiro caso, a filosofia jurídica alemã incorporou as elaborações de Scheler e Hartmann no sentido de uma ética material dos valores, reconhecendo a realidade de um direito suprapositivo como expressão de um valor absoluto. Em Sche-

19. POUND, Roscoe. *Interpretations of legal history*, op. cit., p. 294.
20. POUND, Roscoe. *Las grandes tendencias*, cit., p. 200.
21. BERGSON, *A evolução criadora*, p. 153-73, apud Pound, op. cit., p. 204.

ler, como consciência jurídica dimanada de uma visão pessoal dos valores; e em Hartmann, como algo em si, conteúdo axiológico específico.

Esta ética material repercutiu tanto na jurisprudência desenvolvida na Alemanha após a derrocada do III Reich, como nas concepções culturalistas que tiveram desenvolvimento no mundo hispânico e luso-brasileiro, em que se articulam com a fenomenologia.

No segundo caso, ocorreu uma superação do conteúdo privatista da antiga jurisprudência de interesses, ao procurar-se separar os interesses propriamente limitados das partes em conflito dos critérios de valor consagrados nas normas jurídicas, restaurando a prevalência do social sobre o individual, critério que ficara comprometido em face do individualismo que anteriormente prevalecia.

De acordo com essa nova orientação, considerou-se que a função judicial tem realmente o objetivo de compor interesses em litígio, tese basilar da jurisprudência de interesses, os quais são humanos, reais e concretos, mas com importantíssima modificação: tais interesses, bem como as possibilidades de solução dos respectivos conflitos, deixavam de ser encarados no plano puramente individual e passavam a ser vistos como valores objetivos da comunidade, os quais deveriam ser concretamente realizados. Além dos já citados, também Germann, Kroustein, Esser e Larenz podem ser situados nessa corrente.

Mas a jurisprudência das valorações é muito mais abrangente e, fora do mundo da língua alemã, está presente na hermenêutica jurídica culturalista, a qual ocorre em diversas escolas do pensamento jusfilosófico hispânico e luso-brasileiro. Diferentemente da escola alemã, a consideração dos valores como critério de interpretação jurídica é voltada para a descoberta de uma verdade normativa identificada com a efetiva realização dos valores sociais. E assim, as escolas culturalistas desenvolveram uma jurisprudência de valores de fundamentação ontológica, a partir da conceituação do direito como algo cujo ser envolve uma relação de imanência os valores específicos do direito, nucleados no valor justiça.

Para Cossio, fundador da teoria egológica do direito, a interpretação jurídica não se dirige à norma, mas à conduta em interferência intersubjetiva, a qual é, na sua concreção existencial, o substrato dos valores bilaterais – ordem, segurança, paz, poder, cooperação, solidariedade e justiça – que se realizam através da norma jurídica. O objeto da jurisprudência como ciência não é, portanto, a norma, a qual é um conceito que pensa a conduta, mas a própria conduta. O papel do juiz tem assim um alcance ao mesmo tempo axiológico e lógico-transcendental, na medida em que, como sujeito cognoscente da relação gnósica estabelecida com o objeto jurídico, cumpre-lhe compreender a relação dialética, consubstanciada na conduta; este acesso compreensivo ao mundo dos valores dá-se através da norma jurídica, empregando o jurista um método próprio, definido como empírico-dialético.

Idêntica concepção está na base da *lógica do razoável*, de Recaséns. A partir da concepção orteguiana de que a norma jurídica é um pedaço de vida humana, objetivada, considera Recaséns que aplicar a norma é revivê-la e, ao ser revivida, deve experimentar modificações para ajustar-se às novas realidades em que é revivida e para as quais é revivida; daí que o labor hermenêutico do jurista deva levar em conta, principalmente, os valores com os quais opera o legislador e que são completados pelo juiz. Os valores incluídos num preceito positivo devem ser completados pelos critérios axiológicos contidos nas convicções predominantes e que efetivamente atuam na coletividade, em determinada situação histórica; o processo lógico pelo qual se opera essa concretização de valores não é a analítica tradicional, mas um *logos* específico, o *logos* do razoável - *razonable* - centrado nos valores, cujo produto é a decisão. Esta constitui um juízo axiológico. O *logos* do razoável constitui a lógica que serve ao homem, destinada não a explicar, mas a compreender, a penetrar o sentido dos objetos humanos.

Também a teoria tridimensional do direito, de Miguel Reale, resolve-se numa jurisprudência de valores. Dentro do enfoque culturalista que o aproxima de Cossio e Recaséns, atribui Reale ao fenômeno jurídico um estatuto ontológico que o leva a integrar os valores jurídicos - liberdade, justiça, certeza, ordem e segurança, dimanados do valor-fonte, a pessoa humana - numa estrutura unitária tridimensional - o direito como fato, norma e valor - a que o jurista tem acesso mediante um processo dialético de implicação e polaridade. Nesse contexto, a interpretação das normas jurídicas tem sempre caráter unitário e pressupõe a valoração objetivada nas proposições normativas; assim sendo, o processo hermenêutico é condicionado pelas mutações históricas dos sistemas de direito, implicando tanto a intencionalidade originária do legislador, quanto as exigências fáticas e axiológicas supervenientes, numa compreensão global, ao mesmo tempo retrospectiva e prospectiva. Conclui Reale que, entre várias interpretações possíveis, é sempre viável, e também necessário, optar por aquela que mais corresponda aos valores éticos da pessoa e da convivência social.

Numa visão de conjunto, é possível vislumbrar em todas essas correntes da zetética axiológica, inclusive em sua vertente germânica, o canto do cisne da dogmática jurídica tradicional, que começa a ser ultrapassada por nova jurisprudência de caráter crítico, voltada menos para o direito e sua realização histórica como fenômeno valorativo do que para o homem concreto e a sociedade histórica concreta, em que o direito é visto como prática social específica, produzido e manipulado por grupos sociais dominantes, em função de um contexto ideológico que deve ser considerado em qualquer estrato em que se pretenda fazer "*ciência*" do direito.

A jurisprudência de valores tem os mesmos pressupostos ideológicos das escolas hermenêuticas que a precederam: a concepção monista do direito e sua identificação com a produção normativa estatal e, sobretudo, a atribuição ao direito de estatuto ontológico estanque - o direito como algo em-si - embora integrativo de valorações; quanto a estas, a jurisprudência de valores apenas recupera velhas noções jusnaturalísticas, eivadas de um idealismo não mais condizente com a realidade social do mundo contemporâneo.

3.4. A zetética realista

A "zetética realista" configura a pesquisa jurídica voltada para o conteúdo das leis, mas enfatizando os aspectos que as evidenciam como realidade factual, o direito tal como se apresenta no universo fenomênico. Não se trata de identificá-lo nos princípios, na legislação ou em noções metafísicas de fins e valores – justiça e direito natural –, mas descobrir os fatores da realidade histórico-social que estão na base dessas noções.

Em que consiste a realidade jurídica, e como ela se relaciona com as expressões normativas do direito, eis o problema fundamental de um notável movimento de ideias, ao qual se denomina *realismo jurídico*. No que tange à teoria da interpretação jurídica, a atitude basilar é justamente subordinar os princípios a essa realidade e, mais ainda, estabelecer a adequação da metodologia do direito ao que as diferentes escolas consideram como realidade fenomênica.

A expressão "realismo jurídico", empregada muitas vezes com o significado de positivismo ou empirismo, indica o conjunto de escolas e doutrinas que repelem quaisquer indagações de caráter metafísico ou ideológico no terreno filosófico-jurídico, e negam todo fundamento absoluto à ideia de direito, levando em conta apenas a realidade jurídica, isto é, o direito efetivamente existente ou os fatos sociais e históricos que a ele deram origem.

No realismo jurídico distinguem-se dois movimentos bem definidos: o norte-americano, formado por John Gray, Karl Llewellyn e Jerome Franck, e o grupo escandinavo constituído por Hägeström e seus discípulos, Lundstedt, Olivecrona e Ross.

Mas a atitude realista está presente em muitas outras escolas hermenêuticas que extravasam os dois grupos citados. Por isso, emprego a expressão com sentido mais amplo, abrangendo todas as correntes de orientação zetética que se apegam a um posicionamento ontológico a respeito da realidade experiencial do direito, rejeitando sua ubicação no campo do ideal e do abstrato.

Com maior ou menor variação, a realidade jurídica é apresentada pela zetética realista segundo três diferentes enfoques: como fato psicológico, como fato linguístico e como fato cultural. Em atenção a esse critério, as escolas hermenêuticas de orientação realista podem ser classificadas em três grupos: *realismo psicológico*, *realismo linguístico* e *realismo culturalista*.

O primeiro grupo encontra sua mais notável expressão no realismo jurídico dos Estados Unidos. O segundo, no realismo escandinavo, e também nos movimentos contemporâneos da tópica e pragmática do direito. O realismo culturalista refere-se às implicações hermenêuticas das diversas expressões do culturalismo jurídico.

3.4.1. O realismo psicológico

Sob a influência de Freud, Dewey e Bergson, a realidade empírica na qual se insere o direito passou a ser procurada no mundo do irracional, em que prevalecem a intuição e o sentimento. Com essa orientação, a ciência do direito passou a ser concebida mais como psicologia ou psicanálise dos juízes, do que como uma teorização racional.

O movimento psicologista manifestou-se universalmente. No mundo germânico, com o psicologismo jurídico de Isay, o qual rejeita o entendimento geral de que a elaboração jurídica levada a efeito pelos juízes e tribunais seja baseada em qualquer processo racional. Ao contrário, considera que essa elaboração consiste, sobretudo, num processo intuitivo dirigido por fatores irracionais, sentimento e preconceitos.

No mundo hispânico, Joaquim Dualde, influenciado pelo intuicionismo de Bergson e pela escola do direito livre, entendeu dever ser aplicada à vida do direito, uma das expressões do movente, de que fala Bergson, uma interpretação intuitiva, já que o intelecto é limitado ao mundo estático do tempo espacializado, incapaz de apreender a qualidade pura. Diz Dualde que a lei não é o simples efeito de um *fiat lex* do legislador, que nosso mundo de razão é construído em grande parte sobre um mundo de sentimentos, e que a lei é a expressão abstrata de nossa vida psicológica de relação. A interpretação da lei é, portanto a descoberta dos sentimentos do legislador, o que exige o emprego da intuição.

Na Itália, Emilio Betti levou a cabo a tarefa de sistematizar os fundamentos da interpretação jurídica a partir de uma teoria geral da interpretação, válida para todas as ciências do espírito, e que se especializa no campo do direito. Distingue três tipos de interpretação: *histórica*, *normativa* e *comunicativa*.

A primeira consiste em entender uma produção jurídica, artística ou econômica com o exato sentido de que esta produção já tinha no contexto histórico da época em que surgiu. A segunda, normativa ou dinâmica, consiste em entender uma produção do espírito como expressão normativa, servindo de critério prático para a ação. Não constitui somente a evocação do sentido originário, mas implica o estabelecimento de uma norma que não se confina em sua formulação primitiva, mas é de valor atual. Em consequência, a missão do intérprete não finda com a reconstrução do sentido originário, vai até conjugá-lo com as necessidades do presente, infunde vida atual ao sentido da lei. O terceiro tipo, interpretação comunicativa ou transmissiva, é a que ocorre na tradução de um texto ou na representação dramática de uma ideia, a interpretação que um artista dá a um papel, a uma peça musical. Objetiva estabelecer a comunicação entre o que interpreta e o que recebe interpretação.

A interpretação jurídica está no âmbito da normativa, a qual não prescinde da história, mas a completa, e o interesse do direito não se concentra no propósito de achar o sentido invariável, definitivo, da lei, mas descobrir seu sentido originário e completá-lo, fazendo com que a lei seja cada vez melhor e condiga com as necessidades da realidade presente.[22]

Segundo leciona Betti, a técnica jurídica tem três tarefas importantes: como técnica de elaboração de normas jurídicas, como técnica de interpretação e como técnica de aplicação e realização concreta do direito.[23]

É nos Estados Unidos, porém, onde o psicologismo se manifesta com maior nitidez, expressado na escola do "*realismo jurídico norte-americano*".

O objetivo essencial desta é a procura da realidade efetiva sobre a qual se apoia e da qual dimana o direito vigente. Seus representantes afirmam que o direito real é somente o declarado pelo órgão jurisdicional sobre o caso concreto e não o conjunto de leis e princípios. Desenvolvendo uma desmascaradora análise do processo judicial, dentro de extremado realismo sociopsicológico, sustentam seus seguidores que a atividade jurisdicional não segue o processo lógico, das premissas à conclusão, mas o processo psicológico, da conclusão à procura de premissas convenientes.

Os realistas americanos consideram o direito mais que um corpo de normas, mas um corpo de decisões. Acreditam que as regras jurídicas têm influência relativamente pequena sobre as decisões dos juízes e que os jurados devem dirigir sua atenção para os outros elementos do procedimento judicial, enfatizando a importância do elemento humano no processo, os instintos herdados, os preconceitos, as opiniões, as debilidades, as qualidades de caráter e a bagagem cultural dos juízes. O problema central é saber o que faz na realidade um juiz ao decidir uma controvérsia.

John Chipmann Gray é o precursor da escola, ao lado de Oliver Wendell Holmes, cuja influência se fez sentir tanto em relação à jurisprudência sociológica, quanto no realismo jurídico.

O ponto de partida das bases teóricas da escola pode ser identificado na distinção estabelecida por John Gray entre o direito efetivo e as fontes do direito. Em sua obra, *A natureza e as fontes do direito*, considera Gray que o direito efetivo é o constituído pelas regras assentadas e aplicadas pelos tribunais e que as fontes do direito são os fatores em que os juízes e tribunais se inspiram para depois estabelecerem as regras efetivas da sentença. A lei só é direito depois de aplicada pelo juiz, depois de incorporada à sentença. O direito do Estado, como de qualquer outro grupo social, é composto de regras estabelecidas pelos órgãos judiciais desse grupo social para determinação dos direitos subjetivos e dos deveres jurídicos.

Outros autores que devem ser considerados são Karl Llewellyn e Jerome Frank.

22. BETTI, Emilio. *Interpretazione della legge e delli atti giuridici*, 1949, p. 22.
23. BETTI, Emilio. *Cours de théorie générale du droit*, apêndice a *Cours de droid civil comparé des obligations*, 1958, p. 204-6.

O primeiro, ao analisar o processo mental de elaboração de sentença, constata que o juiz, em primeiro lugar, toma conhecimento dos fatos e já forma a sua convicção antes mesmo das provas, das audiências, da peritagem, convicção esta que o juiz estima como sendo justa. Num segundo ato, o juiz reconfigura, reimagina os fatos de modo que possam servir de base para a conclusão que já tomou. Em terceiro lugar, vai procurar a norma que justifique sua conclusão; destarte, a norma assume um caráter de justificativa *a posteriori* de decisões já tomadas com fundamento nas convicções íntimas do juiz.[24]

Para Jerome Frank, provavelmente o mais expressivo dos representantes do realismo norte-americano, o direito nada tem de geral, de uniforme, de certo, de seguro, pois o único direito certo é o da sentença sobre determinada circunstância; enquanto não há sentença, só pode haver um direito *provável*, o dos pareceres. No ato jurisdicional deve o juiz partir de princípios, aplicá-los aos fatos e tirar a conclusão. Sendo o direito efetivo o que se consubstancia nos atos decisionais, infere-se que o fato mais importante num processo é a personalidade do juiz. O direito efetivo não se deve a regras abstratas, mas à ação de seres humanos.

No que tange à segurança e certeza do direito, reafirma Frank que ela não existe nem nos sistemas legislados rigidamente. A sociedade prescinde de tal certeza, e necessita muito mais que juízes amadurecidos e autoconscientes promovam as mudanças que a prática exige.

A convicção do juiz é resultado de uma intuição, um sentimento de justiça que depende de seu sistema de referência, de seus ideais pessoais e sua escala axiológica. O juiz julga à luz de sua consciência, que resulta de um conjunto de experiências e, em consequência, a personalidade do juiz é o principal fator na determinação da sentença.

Conclui Frank que a certeza do direito não passa de ilusão. Entretanto, é da vocação do ser humano aperfeiçoar-se, e, por isso, o direito se aperfeiçoa porque não está petrificado em normas absolutas.[25]

3.4.2. O realismo linguístico

No realismo linguístico é nítida a influência da filosofia da linguagem. O direito é basicamente concebido como sistema de signos dotados de significado normativo, o qual compete ao intérprete elaborar, contando com as contribuições da linguística e da semiologia. Ela está presente, primeiramente, no chamado realismo jurídico escandinavo, formado pelos juristas da escola de Upsala; mas manifesta-se bem mais acentuadamente em algumas expressões notáveis do pensamento jurídico contemporâneo, entre os quais cumpre salientar Viehweg e sua tópica jurí-

---

24. LLEWELYN, Karl. *The bramble busch*, 1930, p. 12; apud Gurvitch, op. cit., p. 20.
25. FRANK, Jerome. *Law and the modern mind*, 1930.

dica, Perelmann e sua nova retórica, Ferraz Jr. e sua pragmática jurídica, e Luiz Warat e sua semiologia jurídica.

Os realistas escandinavos procuram assumir uma posição frente ao problema dos fundamentos metafísicos do direito e, resolvida essa questão, pretendem extrair consequências para a teoria e a técnica do direito. Tal preocupação com o problema ontológico é o ponto de partida das teorias de Olivecrona, Lundstedt e Ross, discípulos de Hägerström e que formam a escola de Upsala.

O direito não tem propriamente uma realidade ontológica, mas é tão somente um meio de comunicação entre os seres humanos, sendo que o sentido jurídico-normativo das expressões linguísticas que o identificam deve ser procurado, não no nível do metaempírico, mas socorrendo-se da análise linguística, no nível da sintaxe, da semântica e, principalmente, da pragmática. Por isso, pode-se identificar a filosofia jurídica do grupo escandinavo, no que concerne às suas implicações na teoria da interpretação jurídica, como um *realismo linguístico,* o que o distingue do realismo psicológico dos juristas norte-americanos e do realismo axiológico dos culturalistas.

Os realistas escandinavos têm como uma de suas preocupações básicas superar o dualismo que se insinuou no pensamento jurídico contemporâneo: de um lado, a concepção que considera o direito como conjunto de fatores sociais, espécie de psicologia social; de outro, o jusnaturalismo da tradição continental europeia, que vê no direito um sistema normativo que deriva sua validez de princípios apriorísticos.

O caminho para a reunificação do pensamento filosófico-jurídico é apontado por Alf Ross, atribuindo ao fenômeno jurídico nítida prevalência do aspecto factual, a experiência jurídica concreta sobre o conceitual, isto é, interpretando "as ideias de validez apriorística como racionalização de experiências emocionais".[26]

O iniciador desse movimento é Axel Hägerström. No seu entender, os chamados direitos subjetivos e deveres jurídicos não existem, pois não podem ser identificados com nenhum fato, carecendo, pois, de realidade efetiva.

Lundstedt completa esse entendimento, procurando compreender o fenômeno jurídico a partir da linguagem do direito, a qual assume caráter basicamente diretivo, em oposição às linguagens informativas. Isso significa que a finalidade das expressões jurídicas é influir na conduta dos homens, dirigi-la como instrumento de controle social.[27]

Essa linguagem jurídica não pretende, nem o pode fazer, refletir a realidade, mas tão somente plasmá-la.[28]

---

26. ROSS, op. cit., p. 12.
27. OLIVECRONA, Kart. *Lenguaje Jurídica y Realidad.* ob. cit., p. 43.
28. Idem, p. 59.

As investigações da escola atingem o ponto culminante em Alf Ross, cujo realismo é um misto de psicologismo e condutivismo social. O autor aceita o realismo condutista na medida em que a conduta verbal do juiz – o ato decisional – revela consistência e pré-decibilidade, e o psicologista, pelo seu entendimento de que essa consistência, é a de um todo coerente de significado e motivação, cuja possibilidade envolve o pressuposto de que o juiz se acha influenciado por uma ideologia normativista.

O autor contesta e polemiza com todas as doutrinas que atribuem validez transcendente ao direito e preconiza um sentido de validez apoiado na realidade dos fatos.

A partir da interação mútua que existe entre o conhecimento e a ação, entre ideologia e atitude, desenvolve-se uma teoria que considera a ciência e a política jurídicas, de maneira unitária.

O ponto de partida da política jurídica não está determinado por um objetivo específico, mas por uma técnica específica. Para Ross, o objeto da política jurídica extravasa a atividade legiferante e abarca todos os problemas práticos decorrentes do uso da técnica do direito para a consecução de objetivos sociais. Entre esses problemas, ressalta a política *de sententia ferenda*, um dos aspectos da constituição do direito vigente.

Toda administração de justiça contém um ponto de decisão que vai além da mera atividade intelectual; a decisão judicial, embora seja menos livre que a legislativa, apesar de a autoridade que administra o direito, particularmente o juiz, sentir-se obrigada pelas palavras da lei e das outras fontes do direito, tem um papel inequivocamente constitutivo; isso significa que a norma jurídica concreta em que a decisão se traduz é sempre criação no sentido de que não é mera derivação lógica de regras dadas.

Do ponto de vista jurisprudencial, cada solução normativa positivada representa o superamento de uma tensão fático-axiológica numa estrutura que, ao mesmo tempo, torna objetiva a certeza do direito, pois garante a situação e dispensa formas de agir aos elementos que dela participem, preservando-se o valor de cada um deles e o do todo.[29]

Os realistas escandinavos pretendem a total eliminação dos juízos axiológicos da jurisprudência. Lundstedt chega a propor a substituição do método da justiça, que considera totalmente inútil, pelo método do bem-estar social, isento de qual-

29. ROSS, A1f. *Sobre el Derecho y la Justicia*. 2ª ed. Trad. Genaro Carrió. Buenos Aires: Universitaria, 1970. Tb. *El Concepto de validez y otros ensayos*. Trad. Genaro R. Carrió y Osvaldo Paschero. Buenos Aires: Centro Editor de América Latina, 1969.

quer avaliação ética e referido somente a convenções que, *hic et nunc*, são consideradas úteis pela sociedade.[30]

Destarte, os juristas da escola de Upsala rejeitam o direito natural e todas ideias absolutas de justiça. Tal atitude conduz ao relativismo, pois nega que as regras de conduta jurídica possam ser obrigatoriamente tiradas de princípios imutáveis de justiça. Mas não existe no contexto da escola a negação total dos ideais jurídicos como algo efetivo, mas, sim, uma interpretação antijusnaturalista e antiapriorística desses ideais, o que conduz, não à negação radical, mas à descoberta dos princípios gerais do direito, de ideais jurídicos empíricos, que estão mais ou menos ocultos na coletividade, os quais não são de modo algum apriorísticos, mas o resultado da experiência concreta da mesma coletividade.[31]

3.4.3. O realismo culturalista

As correntes culturalistas entendem que os valores integram o ser jurídico, e que a interpretação das leis deve enfatizar a efetiva realização desses valores.

Trata-se de uma atitude realista no sentido de que aceitam o fenômeno jurídico como "fato", isto é, que o direito se apresenta na experiência como fato social, embora definido fenomenologicamente como fato cultural. Daí que a integração dos valores nesse fato leva à inclusão do realismo culturalista entre as correntes definidas como zetética axiológica, bastante próximas da jurisprudência dos valores da filosofia alemã. O culturalismo jurídico participa de ambas as orientações.

Embora expressada por diversas escolas, em Reale encontramos uma síntese da hermenêutica culturalista, quando enfatiza os princípios básicos do processo hermenêutico: unidade, natureza axiológica, integralidade, limites objetivos, concreticidade histórica, racionalidade, problematicidade, razoabilidade, economicidade, eticidade e globalidade.

Lembre-se que em Reale a interpretação dirige-se às fontes do direito compreendidas como modelos jurídicos, formas concretas do direito como experiência. As características então da interpretação dos modelos são apresentadas no seguinte texto do autor:

A. A interpretação das normas jurídicas tem sempre caráter unitário, devendo as suas diversas formas ser consideradas momentos necessários de uma unidade de compreensão [unidade do processo hermenêutico].
B. Toda interpretação jurídica é de natureza axiológica, isto é, pressupõe a valoração objetivada nas proposições normativas [Natureza axiológica do ato interpretativo].

---

30. LUNDSTEDT, Vilhelm. *Legal Thinking Revised*. Estocolmo, 1956, p. 6, 137 e 191, apud BODENHEIMER, Edgar. *Ciência do Direito*, 1966, p. 147.
31. FRIEDMANN, op. cit., p. 265.

C. Toda interpretação jurídica dá-se necessariamente num contexto, isto é, em função da estrutura global do ordenamento [natureza integrada do ato interpretativo].
D. Nenhuma interpretação jurídica pode extrapolar da estatura objetiva resultante da significação unitária e congruente dos modelos jurídicos positivos [limites objetivos do processo hermenêutico].
E. Toda interpretação é condicionada pelas mutações históricas do sistema, implicando tanto a intencionalidade originária do legislador, quanto as exigências fáticas e axiológicas supervenientes, numa compreensão global, ao mesmo tempo retrospectiva e prospectiva [natureza histórico-concreta do ato interpretativo].
F. A interpretação jurídica tem como pressuposto a recepção dos modelos jurídicos como entidades lógicas, isto é, válidos segundo exigências racionais, ainda que a sua gênese possa revelar a presença de fatores alógicos [natureza racional do ato interpretativo].
G. A interpretação dos modelos jurídicos não pode obedecer a puros critérios da lógica formal, nem se reduz a uma análise linguística, devendo desenvolver-se segundo exigências da razão histórica entendida como razão problemática [problematicismo e razoabilidade do processo hermenêutico].
H. Sempre que for possível conciliá-lo com as normas superiores do ordenamento, deve preservar-se a existência do modelo jurídico [natureza econômica do processo hermenêutico].
I. Entre várias interpretações possíveis, optar por aquela que mais corresponda aos valores éticos da pessoa e da convivência social [destinação ética do processo interpretativo].
J. Compreensão da interpretação como elemento constitutivo da visão global do mundo e da vida, em cujas coordenadas se situa o quadro normativo objeto de exegese [globalidade de sentido do processo hermenêutico].[32]

4. A crítica da interpretação jurídica

Muito embora as escolas hermenêuticas de orientação zetética tenham representado mudança bastante significativa no modo de interpretar as leis, redefinindo o papel do juiz, ampliando a autonomia do judiciário, concedendo mais espaço para a consideração dos valores e provocando novos questionamentos sobre a função social do direito, não resistem a uma análise crítica mais profunda.

32. REALE, Miguel. *Estudos de filosofia e ciência do direito*, 1978, p. 81-2. Esta citação consta do Prefácio escrito por Reale a meu livro *Lógica jurídica e interpretação das leis*, 1982.

A crítica à interpretação zetética tem sido realizada desde fora, interdisciplinariamente, sob o ponto de vista das outras ciências sociais e jurídicas, e desde dentro, mediante a reflexão dos operadores do direito sobre os fundamentos em que se apoia. O que essa crítica tem revelado é que, inobstante os bons propósitos e os elevados ideais que nortearam as escolas hermenêuticas, não se observaram progressos substanciais na realização dos valores jurídicos, tendo permanecido o direito como instrumento de dominação. O fato é que, durante o século XX, aprofundaram-se as desigualdades sociais, ocorreram conflitos de dimensões planetárias que quase destruíram a humanidade, e a distância entre povos ricos e povos pobres ficou ainda mais visível. Até que ponto teria o saber jurídico contribuído para atenuar ou agravar esses problemas?

Tal reflexão marca o início de nova postura hermenêutica, denominada propriamente "crítica". Seus antecedentes podem ser encontrados, além da própria evolução do pensamento crítico em todos os setores do saber, em acontecimentos da história recente que provocaram uma grande reflexão sobre o papel do direito e de seus operadores. Em especial, deve-se lembrar o período que, na Europa, sucedeu à segunda guerra mundial, e, na América Latina, à eclosão das ditaduras militares.

No continente europeu, passada a Segunda Guerra Mundial, a doutrina jurídica e mesmo a experiência da aplicação das leis, na Itália e na Alemanha, enfrentaram um período de enorme tensão, quando à necessidade de mudanças radicais nas estruturas políticas, econômicas e sociais foram confrontadas com a persistência de uma legislação retrógrada, sobretudo em direito privado, apoiada numa mentalidade conservadora que ainda era dominante na magistratura, a despeito da tragédia que afligira o mundo e destruíra a Europa.

Mas o principal obstáculo que a teoria do direito enfrentava era ainda a corrupção, que solapava os fundamentos do direito e aliava-se às velhas elites dominadas por organizações criminosas, a exemplo da Itália, em que o poder passaria rapidamente das mãos dos fascistas vencidos para a máfia. E a manutenção de privilégios aristocráticos nas nações que precisavam soerguer-se era incompatível com as novas exigências da sociedade do pós-guerra.

Na América Latina, os ditadores ibero-americanos, entre os quais os ditadores tupiniquins, através do uso da força militar, a pretexto de salvar o país da "ameaça vermelha" – eufemismo com que se referiam ao comunismo e à ideologia socialista – em nome das "sagradas tradições de nosso povo" e outros *slogans* bastante sedutores, incentivados e apoiados logisticamente pelo governo dos Estados Unidos, entregaram a sociedade ao sufoco da liberdade política e à pilhagem econômica escancarada.

Por outro lado, o triunfo da frente política de Salvador Allende, no Chile, com sua proposta de instaurar o socialismo pela via democrática, havia representado para uma ala da esquerda acadêmica, que não aceitava a inexorabilidade marxista da luta de classes, uma alternativa política digna de ser seguida.

Entretanto, a tomada do poder pelos militares no Brasil em 1964, seguido pela ditadura Pinochet em 1973 no Chile e pela ditadura Videla em 1976 na Argentina, frustraram as expectativas socialistas.

Quando setores expressivos da sociedade, entre os quais, professores, estudantes, magistrados, artistas e intelectuais, passaram a conscientizar-se dos atentados que se cometiam à dignidade da pessoa humana e do uso perverso da lei e das instituições, generalizou-se o repensar do papel do direito e dos juristas, mas a partir de linhas alternativas de pensamento, voltadas para as necessidades da transformação social.

Tais antecedentes são característicos da esquerda acadêmica ibero-americana, mas estão igualmente próximos de movimentos análogos na Europa e nos Estados Unidos. E, de modo geral, assinalam os questionamentos que abalaram os fundamentos epistemológicos das antigas posturas dogmáticas e zetéticas. São movimentos críticos setoriais que vieram a constituir vertentes dessa orientação. Merecem especial menção a *epistemologia crítica* de Popper e Bachelard, a *filosofia fenomenológica* de Husserl, a *sociologia crítica* de Max Weber, a *psicanálise freudiana*, a *filosofia marxista* e a *teoria crítica da sociedade*, dos pensadores da escola de Frankfurt.

Da epistemologia crítica, recolhe-se a ideia de que as teorias científicas são sempre provisórias e que o objeto do saber é construído pelo cientista, a partir das influências ocorridas em seu passado teórico.

Da fenomenologia, recolhe a teoria crítica os fundamentos ontológicos que levam à concepção objetiva, estruturalista e dialética do direito, a qual converge para o culturalismo jurídico. Também a teoria dos valores, especialmente sua noção objetiva como algo aderente ao ser, é fundada na fenomenologia.

Da sociologia crítica, a noção de que o poder político consiste na dominação exercida por pessoas ou grupos sobre a maioria das populações, e que, para a ciência política quanto para a sociologia, mais importantes que a legitimidade do poder, definido como consenso dos dominados, são os instrumentos de obtenção desse consenso.

Da psicanálise, recolhem-se as pesquisas freudianas e de seguidores de Freud, atinentes à descoberta dos mecanismos psicossociais tendentes à manutenção das formas de organização social e da divisão do trabalho, mediante a compensação das frustrações vivenciadas pelos setores mais desprovidos da sociedade.

Da filosofia marxista, além da citada proposta da *Undécima Tese*, a noção de ideologia como superestrutura, mas desprovida do caráter mecanicista que lhe atribui Marx, bem como a de alienação como inconsciência, produto da ideologia. Além disso, recolhe-se a evidência de que a ideologia é instrumento de manipulação dos setores dominantes na sociedade, pois é através dela que se incutem formas de comportamento, as mais das vezes inconscientes, o que caracteriza a alienação.

Da teoria crítica da sociedade, a noção mesma de teoria crítica, envolvendo o desvelamento da ideologia, denúncia da alienação e alcance político da ciência.

Além dessas vertentes interdisciplinares, a teoria crítica haure seus fundamentos na concepção culturalista do direito, de base fenomenológica e existencialista, enfatizando os valores como seu conteúdo inafastável, mas inserindo-os no contexto da experiência social concreta, em que eles, embora voltados para o bem comum, são manipulados no sentido do mal.

Essa contextualização histórica e filosófica levou a uma crítica tanto das correntes dogmáticas quanto zetéticas.

No que tange às escolas de orientação dogmática, a crítica revela que, deixando de considerar os aspectos éticos da ordem social e jurídica, garantida e legitimada pelo princípio jurídico, elas na verdade colocam o direito e a jurisprudência a serviço, não da paz, da ordem, da segurança, da liberdade e da justiça, mas das pessoas que se beneficiam de uma ordem social que deve ser mantida e a cujos interesses convém permaneça inalterada. Isso em detrimento das grandes massas de pessoas alijadas dos benefícios da cultura e da civilização, as quais têm interesse, não na manutenção do *status quo*, mas na sua transformação no sentido de uma distribuição mais equânime dos bens, pelo menos dos considerados essenciais à sobrevivência e à dignidade.

Quanto à hermenêutica de orientação zetética, a crítica revela que suas diversas escolas, embora subordinem declaradamente o princípio dogmático a considerações político-sociais, acabam por reduzir-se a um dogmatismo encoberto. Em outras palavras, seus pressupostos são dogmáticos, pois nenhuma dessas escolas consegue desligar o direito da ideia de ordem vinculada à estaticização da sociedade, nem da noção idealista, anacrônica e, evidentemente, falsa do Estado como entidade situada acima da ordem social e neutralmente responsável por ela.

Em outras palavras, as escolas teleológicas, sociológicas, axiológicas e realistas problematizam o princípio jurídico em função das exigências da vida social, mas fazem-no dentro de um quadro ideológico que permanece à margem dessa problematização e cujos limites são constituídos pela ordem social, considerada fundamentalmente boa, e o Estado de direito, considerado neutro em relação às pessoas e às classes sociais.

A crítica do direito constata que as escolas tradicionais de hermenêutica jurídica servem na realidade para legitimar a ordem real, qualquer que ela seja. O recurso à equidade, à justiça e ao direito natural, reduz-se a mero instrumento retórico para impor uma ideologia e ocultar a realidade, que deve permanecer inalterada. E isso a história comprova, pois nenhuma doutrina conseguiu até agora fazer com que os fracos e oprimidos deixassem de sê-lo. O mundo aí está, com suas guerras, subdesenvolvimento, fome e miséria, com a exploração dos pobres, indivíduos e povos, com a dominação de uma parte do mundo por alguns Estados, isso tudo em nome da liberdade, da dignidade e do respeito pela pessoa humana, e ultimamente em nome dos direitos humanos e da proteção ambiental. E o alheamento do jurista em relação a esse quadro faz parte da ideologia de manutenção da ordem social, pois o jurista é homem que pensa, que tem ótimas condições de enxergar um palmo diante do nariz. Mas a divisão do saber, excluindo do pensamento jurídico a preocupação ética, faz com que ele deixe esta tarefa de pensar a ordem real de que o direito é ordem conceitual, para os políticos e politistas, senão para os tecnocratas.

Assim, embora voltada para o conteúdo social e axiológico do direito, a hermenêutica de orientação zetética reduz-se a uma zetética intradogmática, visto que voltada para a legitimação da ordem jurídica, não sendo por isso compatível com a função transformadora e construtiva do direito e da jurisprudência.

Não obstante, essas considerações ensejaram uma produção filosófico-jurídica que convergiu para a hermenêutica crítica, reunindo as manifestações mais recentes da teoria hermenêutica. São autores que recusam ao saber jurídico o papel de instrumento de manutenção do *statu quo*, e procuram imprimir-lhe um compromisso com a sociedade concreta, aquela que a doutrina jurídica tradicional geralmente esquece, ou dissimula mediante a manipulação de mitos e mentiras técnicas. Essa realidade abrange a grande maioria das populações, especialmente nas sociedades marginalizadas do progresso social e excluída dos benefícios da civilização.

O compromisso com a verdade envolve o jurista numa práxis de conscientização acerca dos problemas das sociedades dos países em desenvolvimento, e trata de repensar o papel dos operadores do direito, procurando levá-los a assumir responsabilidades políticas pelo exercício profissional.

Embora essa adjetivação já careça de sentido em face dos acontecimentos mundiais que traduzem o abandono do socialismo como prática política, a interpretação crítica pode ser definida como um pensamento "de esquerda" dentro da doutrina jurídica. Ela se desenvolve no mundo capitalista, na contramão dos princípios básicos que fundamentam o saber jurídico tradicional.

Esse movimento de autêntica "esquerda jurídica" manifestou-se na Europa pelo movimento da "magistratura democrática" e através da teoria do "uso alternativo do direito"; nos Estados Unidos, pelo movimento denominado *critical legal studies*, "estudos críticos de direito", conhecido pela sigla CLS e, no Brasil, pelo movimento do "direito alternativo".

Essas linhas alternativas podem ser agrupadas em torno de três orientações, às quais denomino sociológica, política e epistemológica. O critério desta divisão é o predomínio de determinado setor das ciências humanas nas respectivas pesquisas. Assim, enquanto para alguns autores a crítica do direito reveste-se de caráter sociológico, para outros o ponto de vista dominante é o político, enquanto que para um terceiro grupo prevalece o aspecto epistemológico.

4.1. A crítica sociológica

É a manifestação inicial da crítica do direito posto, tendo como antecedentes a escola sociológica norte-americana, a qual questionou a validade dos pressupostos dogmáticos assentado nos precedentes, em face das necessidades da nova ordem social estadunidense. Ela foi basicamente uma crítica das instituições, a qual atingiu o direito, a partir do pensamento sociológico. Ou seja, feita não por juristas, mas por sociólogos, economistas e politistas, uma crítica externa, desde fora, que repercutiu na atitude dos juristas quanto à função social do direito.

A crítica sociológica teve o mérito de, sob a influência do pensamento positivista, afastar as considerações puramente especulativas, então predominantes sob influência da tradição filosófica europeia.

No Brasil, o resultado desse trabalho intelectual no contexto sociológico foi a reaproximação da intelectualidade à realidade social, e uma primeira desmistificação do idealismo ingênuo incutido pela educação tradicional. Temas como a fome e a miséria, a concentração de renda, o trabalho escravo na zona rural, o analfabetismo, a situação dos negros, das mulheres, das crianças, das minorias e dos excluídos de todo o tipo, vieram à tona e sepultaram o *ufanismo* brasileiro que considerava o Brasil o *país do futuro*,[33] e o brasileiro, um homem feliz porque *nosso céu tem mais estrelas, nossas matas são mais verdes* e *nosso mar é mais azul.*

Pode-se afirmar que sob a influência da filosofia marxista, essa vertente sociológica, que ostenta nomes como Caio Prado Jr.,[34] Florestan Fernandes,[35] Sérgio Buarque de Hollanda,[36] Nélson Werneck Sodré,[37] Fernando Henrique Cardoso,[38] Octavio Ianni[39] e Raimundo Faoro,[40] entre outros, abriu caminho para uma *sociologia do conflito*,[41] que tratou de superar a velha sociologia da ordem e reaproximar a intelectualidade da práxis social.

---

33. ZWEIG, Stephan. *Brasil, país do futuro*, 1941.
34. PRADO Jr. Caio. *História econômica do Brasil*, 1970.
35. FERNANDES, Florestan. *A revolução burguesa no Brasil* (ensaio de interpretação sociológica), 1975.
36. BUARQUE de HOLANDA, Sérgio. *História geral da civilização brasileira*, 1977.
37. SODRÉ, Nelson Werneck. *História da burguesia brasileira*, 1964. *V. Evolución social y económica del Brasil*, 1965; *As razões da independência* (Retratos do Brasil, 39), 1969; *Síntese da história da cultura brasileira* (Retratos do Brasil, 78), 1980.
38. CARDOSO, Fernando Henrique. *Capitalismo e escravidão na América Latina*, 1962. *V. Mudanças sociais na América Latina*, 1972.
39. IANNI, Otávio. *Estado e capitalismo*, 1965.
40. FAORO, Raimundo. *Os donos do poder:* formação do patronato político brasileiro, 1979.
41. FERNANDES, Florestan. *Fundamentos empíricos da explicação sociológica*, 1980.

4.2. A crítica política

Outro grupo de doutrinas críticas pautou-se por um alcance mais prático, voltado para a práxis política. Trata-se de orientação hermenêutica identificada como "política", pois, diferentemente do anterior, basilarmente intelectual e de cunho sociológico, nesta prevalece um sentido de atuação dos operadores do direito, voltada para o uso político das leis e das instituições. Não o uso conservador, mas o uso efetivo em defesa dos hipossuficientes, dos pobres, dos miseráveis e excluídos.

Conformam-se seus seguidores com a legalidade instituída, mas entendem que a ordem jurídica alberga os direitos e garantias fundamentais que protegem a dignidade do ser humano tão somente no plano teórico e nos textos constitucionais, eis que desprovidos de efetividade. O que seus teóricos pretendem é tirar do papel os direitos reconhecidos na Constituição e dar-lhes plena eficácia, através do labor hermenêutico, da atividade jurisdicional, do trabalho intelectual e de magistério e da participação política.

Procura-se resgatar a função política do direito, desmistificando a separação entre o saber jurídico e o político, pois ambos se integram na mesma práxis, quando vislumbrados do ponto de vista instrumental de princípio de construção do social e não da mera descrição de suas relações juridicamente normadas.[42]

Manifestou-se na Europa, pelo movimento da *magistratura democrática*, nos Estados Unidos pelo desenvolvimento de pontos de vista críticos, através do grupo voltado para a "*critical legal sudies*" – *CLS* –, e no Brasil pelo *direito alternativo*, versão tupiniquim da teoria do uso alternativo do direito.

4.2.1. A magistratura democrática

No direito italiano, verifica-se uma reação, no seio da magistratura, à manutenção de práticas judiciais e da própria legislação herdadas do fascismo, a resistência de uma jurisprudência alternativa preconizada pelo movimento denominado *magistratura democrática*.

Surgido em 1964, através da *Associação Magistratura Democrática*, seus militantes propuseram-se a proferir sentenças progressistas, ainda que utilizando as normas positivas existentes.

Por sentenças progressistas entendia-se um *basta* à aplicação acrítica e mecânica da ultrapassada legislação fascista, para dar lugar aos princípios constitucionais da isonomia e dos direitos fundamentais. Na medida em que essas decisões investiam contra a velha e rançosa jurisprudência fascista, ainda dominante,

---

42. LOPES CALERA, Nicolas María. "El uso alternativo de la legalidad franquista y el nacimiento de la democracia española". In: *Revista "Contradogmáticas"*, v. I, n. 2/3.

chamava-se ao seu conjunto e às ideias que as inspiravam, *jurisprudência alternativa.*[43]

4.2.2. O movimento "*critical legal studies*"

Também de índole política é o movimento ocorrido nos Estados Unidos, denominado *critical legal studies*[44] (estudos críticos de direito) referido pela sigla CLS. Embora bastante efêmero, pois não teve em seu país a repercussão dos movimentos análogos em outras partes do mundo ocidental, representou inegável contribuição ao desenvolvimento do pensamento crítico em geral.

O CLS revestiu-se de características decorrentes das especificidades da mentalidade jurídica americana, forjada na tradição da *common law*, em que os significados normativos do direito são hauridos no nível dos precedentes judiciais, muito mais do que no plano da legislação. O movimento foi formado por um grupo de estudiosos da filosofia jurídica americana, que vem polemizando com o pensamento tradicional, questionando seus fundamentos filosóficos, sociológicos e políticos. Seu objetivo primordial tem sido a crítica interna da razão jurídica, revelando suas contradições linguísticas e axiológicas em diversos setores da doutrina e da prática jurídicas, para demonstrar seu caráter indeterminado e ideológico e impugnar assim a falsa autonomia do direito e do pensamento analítico, com respeito ao debate substantivo de caráter moral e político.

Os posicionamentos críticos do movimento CLS, enunciados a partir de uma esquerda bastante heterodoxa, herdeira do radicalismo cultural da *new left* americana dos anos 1960 e distanciada do marxismo científico, têm sido dirigidos contra uma imensa variedade de discursos: contra o formalismo jurídico, a *policy analysis*, a sociologia positivista, a jurisprudência de princípios, a filosofia política liberal, o determinismo marxista, a análise econômica do direito, a grande teoria social clássica, a educação jurídica etc., mas sempre pressupondo a rejeição às pretensões de objetividade, racionalidade, cientificidade e apoliticidade desses discursos, que os converteriam em discursos de poder ao incorporar e transmitir uma visão sólida e estável do *statu quo*, o que desanima as tentativas de subvertê-lo.[45]

4.2.3. O direito alternativo

Malgrado a importância da crítica do direito levada a efeito pelo movimento "magistratura democrática" e pela CLS, o trabalho mais significativo, de caráter político, e também o mais importante do ponto de vista de suas repercussões, ocorreu no Brasil, com o *direito alternativo.*

---

43. LOZANO, Mario. *La legge e la zappa:* origini e sviluppidel diritto alternativo in Europa e in Sudamerica. Texto fornecido pelo autor, aguardando publicação.
44. LLEDÓ, Juan A Perez. *El movimiento "critical legal studies"*, 1996.
45. Idem.

O movimento do direito alternativo, além dos antecedentes no pensamento crítico europeu, é resultado de um desenvolvimento doutrinário que remonta à resistência de setores intelectuais da sociedade às ditaduras militares latino-americanas.

Para entender sua índole política, deve-se considerar que a Constituição brasileira de 1988 objetivou resgatar os direitos fundamentais da condição humana e da cidadania, vilipendiados pelos regimes autoritários anteriores. Por isso mesmo, foi denominada "Constituição cidadã".

Entretanto, grande parte desses direitos, que efetivamente representavam para a maioria da população a esperança de melhores dias, com garantia de emprego, salário, educação e saúde, não passou de declarações vazias, permaneceu no papel, eis que as velhas estruturas políticas e sociais, os interesses econômicos e os privilégios das antigas oligarquias, que haviam sido preservadas à sombra das ditaduras militares, ainda se mantinham.

Daí que, analogamente às atitudes dos magistrados italianos que procuraram impedir que o velho direito fascista fosse mantido em detrimento do povo, pretenderam os magistrados brasileiros, reunidos em torno do "grupo de direito alternativo", tornar efetivas as conquistas da nova Constituição, restauradora do Estado democrático de direito.

O impulso inicial deve-se à influência de Luís Alberto Warat, Roberto Lyra Filho e Roberto Aguiar, e também a partir da *hermenêutica jurídica crítica*, nomenclatura que aludia aos trabalhos desenvolvidos nas aulas de teoria geral do direito, professadas na Universidade Federal de Santa Catarina e em diversos conclaves e cursos de aperfeiçoamento da magistratura e do Ministério Público, no Estado do Rio Grande do Sul.

Paralelamente, verifica-se a grande divulgação e consequente maior influência das propostas basilares da teoria do *uso alternativo do direito*, a partir dos contatos com alguns de seus principais representantes. Destacam-se entre estes, o espanhol López Calera,[46] o italiano Pietro Barcellona[47] e os franceses André Jean Arnaud[48] e Michel Miaille.[49]

Registre-se que, além da influência exercida pelo movimento italiano da magistratura democrática, tiveram intensa repercussão na América Latina os textos produzidos pela *Association Critique du Droit*, especialmente após a tradução portuguesa do livro de Michel Miaille, *Une introduction critique au droit* (Uma introdução crítica ao direito).

---

46. LOPEZ CALERA, Nicolás María. *Sobre el uso alternativo del derecho*, 1978.
47. BARCELLONA, Pietro; COTTURRI, Giuseppe. *El estado y los juristas*, 1976.
48. ARNAUD, André-Jean. *Les juristes face à la société du XIXe siècle à nos jours*, 1975. V. *Critique de la raison juridique*, 1981.
49. MIAILLE, Michel. *Uma introdução crítica ao direito*, 1979. V. *El estado del derecho*, 1985.

O direito alternativo representou a continuação de um intenso trabalho de conscientização, que teve início durante os obscuros anos do autoritarismo brasileiro, no ambiente universitário, tendo sido acolhido por grande parcela da magistratura.

Essa orientação política veio a adquirir contornos próprios em torno da hermenêutica jurídica crítica e, finalmente, consolidou-se num movimento de profundas repercussões, denominado *direito alternativo*, eclodido a partir das decisões judiciais e trabalhos teóricos do chamado *grupo de direito alternativo*, constituído por magistrados e professores de direito. No Estado do Rio Grande do Sul,[50] onde se acha a gênese do movimento, os *magistrados alternativos* passaram a prolatar sentenças *contra legem*, ou então a politicamente adaptar os textos da lei aos ditames da justiça material.

Considerava-se que, em face do conflito entre o legal e o justo, deveria prevalecer o justo. Com essa postura, os magistrados alternativos insurgiram-se contra as normas que fundamentavam a constrição dos bens de agricultores para saldar dívidas contraídas durante o "Plano Cruzado", cujo fracasso provocou uma situação de caos na economia, em detrimento, como sempre, do povo, mas em benefício dos grandes bancos, grandes proprietários, alta burguesia e capitais multinacionais.

Embora manifesto em diversos centros de cultura jurídica – como é o caso de Roberto Lyra Filho,[51] da Universidade de Brasília, em trabalho conjunto com José Geraldo de Souza Jr., com suas pesquisas em torno do *direito achado na rua*[52] e sua tentativa de fundar a Nova Escola Jurídica Brasileira (NAIR), o pensamento jurídico alternativista forjou-se no programa de pós-graduação em direito, em nível de mestrado, da Universidade Federal de Santa Catarina, na cidade de Florianópolis, nos anos 1980, a partir dos ensinamentos de Luís Alberto Warat.[53] Pela influência que esse autor exerceu e ainda exerce junto à juventude acadêmica brasileira, seria imperdoável a omissão de deixar de reconhecer esse dado importantíssimo para a história das ideias político-jurídicas no Brasil. Deve-se igualmente reconhecer o trabalho acadêmico de José Eduardo Faria, na Universidade de São Paulo.[54]

50. PORTANOVA, Rui. *Motivações ideológicas da sentença*, 1992. *V.* CARVALHO, Amilton Bueno de. *Magistratura e direito alternativo*, 1992.
51. LYRA FILHO, Roberto. *Para um direito sem dogmas*, 1980. *V. O que é direito?*, 1982.
52. SOUZA JR., José Geraldo de. *Para uma crítica da eficácia do direito*, 1984. *V. O direito achado na rua*. Curso de extensão universitária à distância, 1987.
53. WARAT, Luis Alberto. *O direito e sua linguagem*, 1984. *V.* "El jardim de los senderos que se bifurcam: a teoria crítica do direito e as condições de possibilidade da ciência jurídica". In: *Revista "Contradogmáticas"*, Santa Cruz do Sul: FISC/ALMED, 1985.
54. FARIA, José Eduardo. *Poder e legitimidade*, 1978. *V. A crise do direito numa sociedade em mudança*, 1988.

Mas o desenvolvimento do projeto alternativista, após a conscientização inicial proporcionada pela magistratura gaúcha, deveu-se ao intenso trabalho político de Arruda Júnior e Wanderley Rodriguez, professores de sociologia do direito, os quais organizaram os primeiros congressos de direito alternativo, tendo obtido a participação de número bastante expressivo de estudantes e profissionais do direito, inclusive juízes e membros do Ministério Público.

Paralelamente aos trabalhos levados a efeito na Universidade Federal de Santa Catarina, de onde surgiram as bases teóricas do movimento do direito alternativo, a orientação crítica também ocorreu na Argentina, onde se manifesta desde o Congresso Internacional de Filosofia Jurídica, realizado em 1975 na Universidade de Belgrano, reunindo nomes como Enrique Mari,[55] Alicia Ruiz, Ricardo Entelman[56] e Carlos Maria Cárcova.[57]

No México, a orientação alternativista está presente nos trabalhos de Óscar Corrêas, o qual veio a aderir ao direito alternativo, tratando de explicitar-lhe as bases marxistas que soeriam dar ao movimento a fundamentação teórica de que carecia.

Os representantes do movimento, de modo geral, tomam por referência o caráter lacunar do discurso jurídico, o que exige um trabalho permanente de interpretação jurídica; só que esse labor hermenêutico não é tarefa puramente técnica ou analítica, ela é sobretudo política, alimentada pelas contribuições da hermenêutica jurídica contemporânea, como a *tópica* de Viehweg, a *nova retórica* de Perelmann, a lógica da concreção jurídica e uma revivescência da filosofia dos valores e do direito natural, mas despojadas essas posições do idealismo ingênuo que as caracteriza quando estudadas sob a metodologia jurídica tradicional.

Em síntese, entendem os alternativistas que o trabalho de interpretação, integração e aplicação do direito tem sido sempre dimensionado para a reprodução da ordem e manutenção do *statu quo*, mas que pode e deve ser reorientado para favorecer os interesses dos excluídos, dos trabalhadores e do povo oprimido, para tornar efetivos os direitos humanos e assegurar a plenitude da cidadania.

Contra a tradicional exigência positivista de neutralidade do poder judiciário, o direito alternativo exige a opção política em favor dos excluídos.

4.3. A crítica epistemológica

A terceira orientação, de caráter epistemológico, é ponto de convergência, no contexto do saber jurídico, de movimentos críticos setoriais, forjados nas diversas

55. MARI, Enrique E. *Neopositivismo y ideologia*, 1974.
56. ENTELMAN, Ricardo. *El discurso jurídico como discurso del poder. La ubicación de la función judicial. Intreno de análisis en el contexto teórico de la "teoría crítica del derecho"*, 1982.
57. CÄRCOVA, Carlos. *Materiales para una teoría crítica del derecho*, 1991.

ciências humanas. Diferentemente das orientações anteriores, definidas como sociológica e política, diz-se "epistemológica" porque, embora assumindo posições políticas como implicação de sua própria postura teórica, privilegia a atividade científica, propondo-se a repensar os fundamentos da ciência do direito, de forma a que esta comporte seu redirecionamento para a transformação social e para a efetiva libertação através do direito.

Assim sendo, o que a crítica epistemológica pretendeu foi a elaboração de novo estatuto científico para o saber jurídico, realizando o projeto marxiano da undécima tese sobre Feuerbach: "Os filósofos até agora descreveram o mundo de diversas maneiras, mas o que cumpre é transformá-lo".

Esse projeto está na base do conceito marxista de *práxis*, a teoria aliada à ação política, ou seja, a ação política presente em todos os segmentos da sociedade, conscientes de seu papel ideológico e informada pelos princípios do socialismo. Entre estes, a meta política da transformação do mundo para emancipação e libertação dos oprimidos.

Tal projeto está não está alheio às outras doutrinas críticas, de orientação sociológica e política, em especial, ao direito alternativo, mas estes não chegaram a elaborar um modelo de ciência do direito que pudesse afastar-se dos paradigmas dogmáticos e zetéticos. Pelo contrário, conformaram-se com a legalidade instituída, ainda que pretendessem dar plena eficácia aos direitos fundamentais albergados na Constituição.

Uma das críticas dirigidas ao direito alternativo, justamente, enfatiza a carência da necessária base filosófica para elaborar um paradigma epistêmico que se afaste dos modelos positivistas tradicionais. Diferentemente, a crítica epistemológica postula novo estatuto para a ciência do direito, o que foi tentado pela teoria do uso alternativo do direito e pela teoria crítica do direito.

4.3.1. O uso alternativo do direito

Historicamente, a teoria do "uso alternativo do direito" é a primeira manifestação da esquerda acadêmica europeia que forjou uma doutrina jurídica coerente, eis que estribada numa vertente filosófica definida, o marxismo.

A expressão *uso alternativo* já era empregada na Europa desde o final dos anos 1960, tendo antecedentes, na Alemanha, as escolas do *direito livre* e da *jurisprudência de interesses* e, na Itália, o *socialismo jurídico.*

Apesar de fundamentalmente inspirada nos ideais do socialismo marxista, as diversas nuances do movimento do uso alternativo procuraram dele se afastar, no sentido de que discordavam do radicalismo que pregava a revolução e a tomada do poder pela força a qualquer preço. Assim, sem deixar-se seduzir pela crítica de índole marxista, a ideia do uso alternativo mantém a legalidade instituída, conformando-se com o *factum* do Estado e do direito capitalista, mas aderindo ao projeto político da reforma radical das instituições para a concretização dos valores de uma democracia efetiva e das aspirações da sociedade.

As diretrizes do movimento traduzem, na teoria jurídica, a proposta política da transição pacífica dos autoritarismos que, na Europa, revestiram-se das trágicas versões do nazismo, do fascismo, do franquismo e do salazarismo, para a democracia, e a passagem das formas estamentais de dominação para novas formas de democracia, em que a participação popular se tornasse mais efetiva e a representação mais autêntica.

Pode-se definir o uso alternativo como o uso do direito de um sistema contra as finalidades fundamentais do mesmo sistema.

No pensamento francês, o saber jurídico, entendido no nível da crítica social, manifesta-se, sobretudo, nos trabalhos levados a efeito pela *Association Critique du Droit*.

Diferentemente do alternativismo italiano, as propostas da *Association* abeberaram seus fundamentos na filosofia marxista; desde a reforma universitária francesa de 1968, que provocou enorme convulsão político-estudantil, o chamado *maio parisiense*, importante ala da esquerda acadêmica voltava-se contra o ensino dogmático das faculdades de direito tradicionais, e passou a denunciar o uso ideológico dos velhos conceitos e divisões do direito. Estes mantinham a cegueira intelectual e o reacionarismo às mudanças que se faziam necessárias. Nota-se a influência da Escola de Frankfurt, particularmente Marcuse, considerado o filósofo da geração sessenta, com suas denúncias do uso ideológico da ciência e da tecnologia no sentido do *consumismo*. Ou seja, denunciava-se que a juventude europeia, a francesa em particular, estava sendo preparada, não para resolver suas reais necessidades de alimentação, vestuário, educação e lazer, mas para consumir cada vez mais, ainda que desnecessariamente, para atender às exigências mercadológicas impostas por empresas multinacionais, processo firmemente apoiado pela propaganda e através da mídia.

A síntese desse pensamento acha-se no *manifesto* publicado no primeiro volume da coleção *Critique du Droit*, que constitui igualmente uma proposta política voltada para o uso alternativo do direito.[58]

4.3.2. A teoria crítica do direito

Enquanto a teoria do uso alternativo tem suas bases epistemológicas no conceito sociedade em transição, a teoria crítica procurou canalizar para o saber jurídico as contribuições das várias vertentes interdisciplinares à formação de um pensamento crítico social. O resultado dessa convergência foi a elaboração de um estatuto teórico, com vistas a nova maneira de interpretar, integrar e aplicar o direito revelado através de suas fontes tradicionais, mas enfatizando a emergência de fon-

58. Manifesto da *Association Critique du Droit*, 1980.

tes alternativas de produção jurídica. Trata-se da teoria crítica do direito, objeto do estudo a seguir.

5. A teoria crítica do direito

A teoria crítica do direito deriva de uma concepção que atribui ao sujeito do conhecimento um papel ativo e constitutivo quanto ao respectivo objeto. No processo gnósico, é o próprio sujeito quem cria seu objeto, adaptando os dados da experiência às categorias por ele próprio elaboradas, ainda que levando em conta os conceitos, juízos e raciocínios do senso comum teórico, os quais fazem da experiência uma atitude de engajamento, e não uma atitude neutra e desinteressada.

Se esse engajamento é discutível quanto às ciências da natureza, parece evidente nas ciências sociais, entre as quais a jurisprudência, em que o cientista, na impossibilidade da absoluta correspondência entre seu próprio discurso e algo que, no nível dos fatos, possa ser descrito objetivamente, cria esse objeto, para então considerá-lo como se fora a própria realidade. Tal ocorre com o direito, a justiça, o Estado e os valores, objetos de um discurso prevalentemente ideológico, simplesmente porque não é possível predicar a existência factual de tais objetos, muito embora o saber jurídico tradicional os considere algo que *está aí*, lançado no mundo e passível de descrição no nível de um discurso semântico unívoco.

Se as instituições jurídicas são objetos criados pelo conhecimento, essa criação pode ser transformadora, na medida em que a realidade social que sob ela se oculta merece ser transformada, e não apenas descrita em seus nexos causais. Ocorre destarte uma ampliação do saber jurídico, que assume função crítica em relação a essa realidade social, e função prospectiva, porque voltada para o futuro e não presa ao passado. A jurisprudência, destarte, não somente incorpora a política jurídica, como se vale das demais ciências do homem e da sociedade, não para descrever-lhes os prováveis nexos causais, mas para constituir algo melhor do que a realidade presente mostra.

Tal é a nova dimensão que se atribui ao direito, tal é o papel da interpretação jurídica, que assim passa a configurar instância crítica do que ocorre no mundo, e não mero espectador do que os outros fazem.

A crítica do direito incorpora a visão do presente, mas voltada para o futuro. Ela se vale do saber teórico acumulado, não para dogmatizá-lo em seus postulados, mas para superá-lo na medida das necessidades para a reconstrução do homem e da sociedade. Neste enfoque, ocorre o desmascaramento do conteúdo ideológico da ciência do direito, a qual não somente revela a ideologia do sistema de direito positivo, como também assume um projeto político próprio, o ponto de vista do que é melhor para a transformação do direito e de sua ciência.

Como estatuto epistêmico, a teoria crítica vale-se de suas próprias categorias, que não constituem *a priori* formal ou material, mas estruturas de pensamento construídas especialmente para pensar seu objeto, o fenômeno jurídico. A teoria crítica as apresenta sob a denominação de *sociedade*, *ideologia*, *alienação* e *práxis*. São significantes que se reportam a seus referenciais semânticos, a sociedade, a ideologia, a alienação e a práxis, mas que ao mesmo tempo constituem pontos de vista especiais, instrumentos para pensar o direito.

Daí a denominação de categorias do pensamento crítico ou "categorias críticas".

A utilização das categorias críticas importa que o direito seja compreendido em função da sociedade, da ideologia, da alienação e da práxis, e não o oposto, atitude característica do positivismo. Significa que não se as estuda, enquanto objeto, sob o ponto de vista do direito, mas que se estuda o direito sob o ponto de vista da sociedade, da ideologia, da alienação e da práxis.

A sociedade é vista não como ordem e progresso, mas como movimento social, ou seja, organização dos movimentos sociais de grupos marginalizados que tendem à ascensão social, em conflito com indivíduos e grupos que tendem à manutenção do *statu quo*.

A ideologia é a imagem que a sociedade projeta dela mesma, dos indivíduos e agrupamentos que a integram, imagem geralmente inconsciente, manipulada através dos instrumentos de que dispõem os segmentos dominantes, no sentido de induzir comportamentos que atendam a seus interesses. Entre esses instrumentos, destacam-se a mídia, a educação e a indústria cultural.

A alienação é o produto da ideologia, e significa a inconsciência dos membros da coletividade acerca do papel que realmente desempenham na sociedade. Ou seja, existem atitudes, crenças e comportamentos induzidos pela ideologia e aceitos como legítimos, mas que ocultam e dissimulam a atuação verdadeira. Assim, por exemplo, o representante político que se diz defensor do povo, mas que na verdade defende interesses particulares, o advogado que se julga honesto defensor de seus clientes, mas que se vale da corrupção e da mentira, o industrial que se julga criador de empregos e da riqueza do país, mas que contribui para a miséria de populações inteiras na medida em que polui os rios e se entrega a práticas oligopolistas, e o magistrado "dogmático" que se declara defensor das leis, em nome da certeza jurídica e da segurança jurídica e, ao mesmo tempo, ignora as exigências da justiça material e os valores mais altos que pairam acima das leis.

Finalmente, a práxis é a união entre o saber e o fazer. É a dimensão ética da teoria crítica, e implica a tarefa de engajamento político do jurista na defesa dos direitos humanos e fundamentais, e na utilização das expressões históricas do direito para construção e reconstrução da sociedade e do próprio direito como justiça.

É a partir dessa visão crítica, construtiva e prospectiva, que a teoria crítica do direito procede à revisão da hermenêutica jurídica tradicional.

De um ponto de vista metametodológico, a ciência do direito considera a lógica dialética, voltada para a compreensão do direito em sua totalidade e dinamismo imanentes, objeto impregnado de valorações.

Do ponto de vista da metodologia, os procedimentos referidos à compreensão e à extensão das leis são despojados de exclusivismo em seu conteúdo formal e submetem-se a novas atitudes, condizentes com alguns avanços determinados pela epistemologia, pela lógica e pela semiologia.

Assim, o método gramatical passa a ser linguístico-semiológico, dando-se mais importância aos efeitos sociais das decisões jurídicas do que à sua correspondência semântica com pretensos significados originários dos textos legais.

Os procedimentos lógicos abandonam o exclusivismo do pensamento analítico e adotam pontos de vista dimanados de novas lógicas, as quais concedem prioridade ao conteúdo dos enunciados. Sem abandonar a lógica formal do direito, intervêm aí as elaborações da lógica material, da lógica do razoável, da tópica, da nova retórica e da lógica paraconsistente. Ou seja, a interpretação lógico-formal é enriquecida com a interpretação lógico-material.

A interpretação sistemática passa a ser entendida não mais a partir da ideia de sistema lógico, mas como interdisciplinaridade, partindo do pressuposto de que a sociedade é interação de sistemas diversos, o familiar, o econômico, o político, o internacional, o empresarial etc., os quais se articulam com o sistema jurídico.

Quanto à interpretação histórica, denuncia-se o caráter falacioso e mitológico da pretensa vontade do legislador, do Estado e da lei, para conceder maior importância às circunstâncias sociais que conduziram a uma produção normativa específica, em confronto com as necessidades atuais da vida social. Nesse aspecto, a interpretação histórica dilui-se na interpretação sistemática, pois prevalece a história interna do direito, levando-se em conta todos os fatores interdisciplinares que levaram ao estado atual das instituições jurídico-políticas.

Do ponto de vista da extensão da lei, os procedimentos tradicionais da interpretação declarativa, extensiva e restritiva igualmente se valem da lógica dialética. Considera-se a existência de lacunas intencionais no ordenamento jurídico, eis que voltadas para a manutenção de estruturas sociais injustas e de uma ordem jurídica igualmente injusta, e atribui-se à consciência jurídica dos operadores do direito a colmatação das lacunariedades e insuficiências do discurso dogmático.

A hermenêutica crítica opõe-se a uma ciência construída sobre princípios dogmaticamente aceitos pelo senso comum teórico dos juristas, e problematiza as respostas do saber jurídico tradicional, questionando a própria situação social em que elas incidem. Assumindo a existência real de lacunas na legislação, contempla a situação que deve ser normada, avaliando as possibilidades, os meios e as oportunidades de normação. Projetando-se para além dos horizontes estreitos da dogmática jurídica, procura constituir-se em instrumento de transformação dos postulados da dogmática e não de sua legitimação, papel que cabe à política do direito, mas que a crítica assume para fazê-la integrar o objeto da jurisprudência, segundo um paradigma construtivo e prospectivo da ciência.

Seu compromisso fundamental não é a legitimação retórica de postulados dogmáticos, mas a própria transformação positiva do direito, num sentido de aperfeiçoamento que nunca cessa, pois o direito se aperfeiçoa na medida em que o próprio homem e a sociedade que ele constitui se aperfeiçoam.

Como teoria prospectiva, a ciência do direito assume sua função política e ideológica, devendo ser encarada como disciplina compromissada com a realidade social e voltada para a construção de uma ordem jurídica e social progressivamente melhor. O direito passa então a ser encarado, não como instrumento de dominação dos poderosos sobre os demais segmentos da sociedade, mas como instrumento de transformação social, expressão da justiça que deve ser realizada.

Com essa função problematizadora, as construções teóricas do saber acumulado são reveladas em suas lacunas, suas insuficiências e pressupostos constitutivos de princípios gerais. Tal questionamento enfatiza o vazio dos conceitos elaborados pela teoria geral do direito para abranger as exigências sempre renovadas da vida social, numa sociedade em permanente transformação.

Os conceitos de sujeito de direito e personalidade, ato e negócio jurídico, propriedade, sanção, delito, a série infindável de conceitos que definem a experiência jurídica, as categorias gerais utilizadas para fundamentar acadêmicos discursos sobre a natureza jurídica dos institutos, não devem ser encarados como algo perene e intocável, à maneira do fetichismo conceitual dos pandectistas, mas como ideias em evolução, cuja vocação é a de serem complementadas e ampliadas em função das necessidades reais da vida.

Assim, a teoria crítica invade os domínios da teoria geral do direito, seja redefinindo seus conceitos fundamentais, de modo a neles integrar as valorações subjacentes no meio social e inerentes ao direito como um todo, seja reelaborando os princípios gerais fundamentadores dos ordenamentos jurídicos históricos, seja construindo novos conceitos e categorias aptos a abarcar de maneira prospectiva a realidade social e axiológica, especialmente a ordem que se pretende construir. Assim sendo, ela fundamenta a revisão epistêmica dos chamados conceitos jurídicos básicos, revelando-lhes o significado ideológico subjacente, elidido por aparente neutralidade científica, e problematizando o caráter dogmático de que se revestem perante o senso comum, em virtude da própria racionalidade que espelham.

Do ponto de vista da dogmática geral, a teoria crítica procura reelaborar a teoria geral do direito mediante a adequação dos conceitos gerais à experiência total e dinâmica.

Pode-se acrescentar que o papel do jurista não é manter os conteúdos normativos estabelecidos pelo poder, mas substituí-los por outros mais condizentes com as exigências da justiça material e da realidade social. Ao juiz, especialmente, não cabe aplicar a lei, mas fazer justiça.

Décima Terceira Aula

Sobre a Justiça

Nosso curso de introdução ao direito chega a seu final e também a seu momento culminante, quando passamos a tratar da justiça.

O tema da justiça jamais deixou de ocupar lugar central no pensamento jurídico e, no mundo atual, onde se constata o predomínio da técnica e da tecnologia, quando a razão instrumental parece subordinar o direito a considerações meramente utilitárias, restringindo-se do econômico, resgata-se a ideia da justiça, paralelamente a novo retorno do direito natural.

Superadas as concepções reducionistas do direito, as quais, em seu afã de resguardar a dignidade científica do saber jurídico, excluíram de seu objeto as preocupações tidas por metafísicas e não científicas, volta a questão da justiça a um lugar de destaque.

Esse resgate vem no bojo de um movimento maior de retorno ao humanismo, que, no mundo atual, se traduz pela ênfase aos direitos humanos, valorização da vida e do meio ambiente, da democracia e da liberdade, compreendidos como superação da barbárie e consolidação das conquistas da civilização.

A justiça retorna assim ao núcleo do pensamento jurídico, como valor absoluto, projeção da pessoa humana, que é, ela mesma, um valor e fonte de todos os valores.

Essa noção da justiça como valor é superação do entendimento que nos vem desde a Antiguidade, que contrapõe duas noções, uma concepção subjetiva, a justiça como virtude, e outra objetiva, a justiça como regra do agir.

A noção subjetiva tomou corpo no contexto da filosofia platônica e sua busca da ideia de homem e Estado perfeitos, que para o filósofo tinham valor ontológico. O filósofo da Academia, discípulo de Sócrates, concebia o homem e o Estado ideais em paralelismo, em que a cada característica do homem, microântropos, correspondia outra no Estado, o macroântropos.

O homem, na sua ideia hipostasiada, tem três almas, uma *racional,* com sede no cérebro, outra *sensitiva,* com sede no peito, e uma terceira *apetitiva*, com sede nas entranhas. À alma cerebrina e racional corresponde a faculdade da razão, destinada a dominar o corpo e cuja virtude é a sabedoria; à alma sensitiva corresponde a faculdade da ação, destinada a promover a atuação e a luta, e sua virtude característica é a coragem; e a alma apetitiva tem por escopo a obediência, correspondendo-lhe a faculdade dos sentidos e a virtude da sobriedade.

Três virtudes, portanto, constituem apanágio do homem ideal: sabedoria, coragem e sobriedade. Mas a suprema virtude é uma quarta, a *justiça,* a qual estabelece o equilíbrio e evita que cada uma delas extravase seus limites e finalidades.

No macroântropos – o Estado, que é organismo político –, as três almas e faculdades se manifestam como classes sociais: à alma racional corresponde a classe dos sábios, destinados ao governo; à alma sensitiva corresponde a classe dos guerreiros, cuja função é a luta para defesa do organismo político; e à alma apetitiva, a dos sentidos, corresponde a classe dos artesãos, operários e produtores em geral, destinados à produção de alimentos para nutrir o Estado e as outras classes. Estas devem ater-se às suas finalidades sem preocupações outras, que ficariam a cargo das duas classes anteriores.

A JUSTIÇA, que deve ser lida em maiúsculas no Estado, tem idêntico sentido de equilíbrio subjetivo, pois evita que cada classe saia dos limites impostos por suas virtudes básicas, que são desenvolvidas pela educação: sabedoria, coragem e sobriedade.

A justiça é portanto definida como virtude do equilíbrio e harmonia entre as faculdades da alma, no ser humano individual, e entre as classes que compõem a sociedade, no Estado.

A noção objetiva remonta ao século V a.C. com os pitagóricos, a quem se deve a mais antiga elaboração filosófica sobre o conceito de justiça.

A ideia fundamental de Pitágoras e sua escola, que floresceu no sul da Itália, a Magna Grécia, é que a justiça consiste numa relação matemática de correspondência entre quantidades opostas. Seria, pois, um princípio de igualdade aritmética, a partir do qual se deduziriam os conceitos éticos de correspondência entre o fato e o tratamento adequado, inclusive quanto à imposição de sanções de caráter penal

Essa ideia de relação abstrata suscetível de expressão matemática conduziu às investigações de Aristóteles sobre a justiça. Esta é então concebida como igualdade, fundamentando duas espécies, pois duas são as maneiras de promover-se a igualdade: a distribuição de bens e a retribuição do que se recebe.

Existe a justiça *distributiva,* que, segundo um enunciado de Rui Barbosa, "consiste em aquinhoar desigualmente aos desiguais na proporção em que se desigualam". É a justiça do Estado e das autoridades na repartição dos bens e das honras, conforme o merecimento de cada um.

Outra forma de justiça é chamada *sinalagmática*, ou corretiva, ou ainda equiparadora. Ela preside as relações entre particulares e refere-se à igualdade ou proporcionalidade entre o que se dá e o que se recebe. Comporta duas subdivisões: a justiça *comutativa* referente às trocas privadas, e a *penal*, que determina a proporção entre o delito e a pena.

Mas o gênio de Aristóteles fê-lo introduzir um princípio de equilíbrio, para atenuar a rigidez matemática da justiça assim concebida. Trata-se da *equidade*, pela qual a justiça distributiva deve atender também à maior necessidade das pessoas, e não se ater rigorosamente aos méritos. Na sinalagmática, o princípio da equidade leva a temperar a exata proporcionalidade, nas trocas e na aplicação das penas, tendo em vista as circunstâncias de cada situação.

A teoria aristotélica da equidade é assim precursora da justiça *social*, forma desenvolvida no contexto do pensamento cristão, que tem como fundamento a virtude da caridade, o "amai-vos uns aos outros" de Jesus Cristo, que induz à distribuição e retribuição dos bens em função das necessidades individuais e coletivas.

O objetivismo aristotélico e o subjetivismo platônico constituem a gênese de todo o pensamento posterior, sempre vinculando a noção de justiça, ou a uma virtude dos julgadores, ou a um princípio normativo.

Posição objetiva, por exemplo, é a de Kelsen, ao reduzir toda noção ou critério de justiça a princípios inseridos no ordenamento jurídico ou na ordem moral, que para ele era estranha ao direito. Justiça, para Kelsen, é norma e, naquilo que ela possui de juridicidade, se reduz a conteúdos fixados pelo direito positivo.

A teoria da justiça de Rawls espelha um enfoque objetivo, como regra a ser observada pela sociedade, mas também equivale a uma virtude, na medida em que se atribui às sociedades desenvolvidas o encargo de fazer valer seus critérios objetivos de justiça.[1]

A teoria axiológica da justiça vem superar esse dualismo. Segundo esse novo enfoque, a justiça se identifica com um valor, o qual incide sobre um setor do humano, ou seja, a própria conduta social. Ela não se exaure nem no princípio subjetivo da virtude, nem no objetivo do equilíbrio, mas abrange a ambos e os sintetiza, já que deve ser vivenciada emocionalmente e realizada normativamente.

A justiça é o máximo valor do direito. Por sua natureza, é valor social ou bilateral, pois incide sobre o comportamento do homem na sociedade, sendo que o critério de julgamento das condutas radica na própria sociedade. Tal como nos demais valores de conteúdo social, quando está em jogo o valor da justiça, é a coletividade que o atribui. Embora a moralidade intrínseca dos atos seja dado importante para o julgamento da coletividade sob o prisma da justiça e de tais condutas, especialmente na justiça penal, a *decisão* não é do agente do ato, pois ela compete

1. RAWLS, John. *Uma teoria da justiça*, 1981.

à coletividade, sendo irrelevante, em certa medida, a opinião pessoal que o autor tenha sobre sua própria conduta.

Sendo um valor, a justiça é aderente ao seu objeto, a conduta social; ela é objetiva e se polariza positiva ou negativamente (injustiça), constituindo o momento culminante de uma escala hierárquica que comporta diferentes valores, no tempo e no espaço, conforme as ideologias.

O valor da justiça assume diferentes formas ou conteúdos, se lhe atribuirmos caráter formal. Apesar do grande número de valores que têm sido apresentados como de natureza jurídica, todos eles convergem para a justiça, o valor supremo do direito. Em nossa opinião, embora contrariando opiniões eminentes, a justiça é o valor único, sendo que os demais, que são apresentados como valores diversos, são especificações históricas da justiça.

É deveras discutível uma enumeração exaustiva e sistemática de valores jurídicos, dada a equivocidade das palavras que os representam; mas a melhor classificação parece-nos a de Cossio, que propõe sete: ORDEM, SEGURANÇA, PAZ, PODER, COOPERAÇÃO, SOLIDARIEDADE e JUSTIÇA.

Estes valores se apresentam numa estrutura radial, centralizada pela justiça e ligados dois a dois: assim, a Ordem liga-se à Segurança; a Paz ao Poder; a Cooperação à Solidariedade.

A conceituação axiológicas da justiça tem profundas implicações em todos os aspectos da ciência e da filosofia do direito, mas a mais importante se verifica no próprio conceito do direito.

Contra o normatismo tradicional, que reduz a juridicidade às fontes formais, faz-se a justiça integrar e até mesmo caracterizar a essência do direito. Nessa posição extremada, por exemplo, Michel Villey preconiza um retorno à noção greco-romana do direito como *dikaion* e *jus*, ou seja, o *justo*, e não como *nomos* e *lex*, a lei.

Por outro lado, embora não se possa olvidar as expressões normativas do direito, não se exaurindo nem no valor justiça, como pretende aquele autor, nem na conduta em interferência intersubjetiva, como pretende Cossio, a axiologia mudou o sentido do normativismo, que, de abstrato e lógico-formal segundo o modelo kelseniano, passou a concreto e lógico-material, determinando autêntica revolução na ciência do direito.

Significa o novo enfoque que o direito é norma, mas que a juridicidade não radica no modelo lógico-formal de conduta constituído pelas fontes do direito, mas dimana da referência atual ou potencial das estruturas normativas da ordem jurídica à vida social dinâmica e em transformação.

Esta noção ontológica acarreta mudanças de natureza epistemológica, no modo de conceber-se a ciência do direito, a qual não se exaure na dogmática jurídica, mas a ultrapassa, constituindo uma ciência cultural de natureza compreensivo-normativa. Compreensiva, porque a valoração jurídica não é passível de explicação, mas de compreensão, e normativa, porque o objeto da ciência se manifesta normativamente e como tal deve ser estudado.

O escopo da ciência jurídica é assim a formação de juízos e enunciados verdadeiros acerca da valoração revelada pelas expressões normativas. A jurisprudência é metalinguagem referida às expressões normativas do direito, que constituem sua linguagem.

Neste enfoque, a jurisprudência é uma ciência una, que abrange a teoria geral do direito e a dogmática jurídica.

A valoração jurídica está ubiquada dentro da própria jurisprudência, formando uma teoria da justiça, ao lado de uma teoria da norma jurídica e de uma teoria da relação jurídica.

Assim, o estudo da justiça e dos demais valores jurídicos, que ficara confinado à filosofia do direito, passa a ser núcleo de convergência, ponto de encontro entre esta e a ciência do direito. Como parte da teoria geral, o escopo da teoria da justiça é enunciar e classificar suas formas históricas e os modos como se integra no complexo normativo e sociorrelacional que constitui o fenômeno jurídico.

Outra implicação importantíssima ocorre no campo da hermenêutica jurídica. A lógica da decisão judicial deixa de limitar-se à submissão dogmática dos casos à lei, e orienta-se no sentido da razoabilidade das decisões, atribuindo papel muito maior à equidade e à pessoa do juiz como criador de direito e não mero aplicador automático de leis.

O próprio Kelsen já advertira, numa passagem de sua teoria pura, que toda interpretação jurídica é autêntica, no sentido de que o ato decisional – e todo ato juridicamente relevante é decisional – é ato criador de direito novo.

Tal restauração do princípio da criação judicial do direito se faz sem os exageros do realismo jurídico, porque inserida num contexto que leva em conta as valorações da comunidade, resolvendo tensões sociais e com vistas ao equilíbrio, razoabilidade e bom senso das decisões, sem prejudicar a segurança jurídica, mantendo, por exemplo, como normas cogentes ou de ordem pública, as disposições relativas ao formalismo no processo.

Mas importante é assinalar que, nesse trabalho de criação jurídica através da solução dos litígios, o princípio dogmático do primado da lei é substituído pelo princípio do primado da justiça.

A tese da criação judicial do direito engendra, desde logo, o problema dimanado da necessidade de harmonizar o princípio da justiça com um dos valores históricos mais caros aos juristas, o da segurança jurídica. Este conflito repercute especialmente no processo, onde a rigidez formal de algumas disposições provoca muitas vezes a cessação da instância em prejuízo da parte que teoricamente tem a seu favor o direito substantivo.

Dentro do enfoque axiológico, trata-se de conflito hierárquico, que o direito moderno via de regra resolve em favor da segurança jurídica, erigida em princípio de ordem pública, colocando a sociedade acima do indivíduo, sem que com isso fique lesado o valor mais alto, a justiça.

O exame a que procedemos do significado da justiça como valor e suas repercussões de natureza ontológica, epistemológica, lógica, metodológica e dogmática, levam-nos a constatar uma verdade que, sem ser exatamente uma novidade, nunca será suficientemente enfatizada: que é muito mais importante para o aperfeiçoamento da ordem jurídica formar os profissionais que vão lidar com as leis do que as próprias leis.

Não se pode descurar do aperfeiçoamento da ordem das instituições no sentido de atender às necessidades sociais, à tradição histórica e às conquistas da civilização.

Quando se fala em direitos humanos, e Estado de Direito, não se está agasalhando ideias ou utopias que emocional ou ocasionalmente afloram na atualidade da vida política nacional e internacional. O que se faz é dar a devida ênfase a conceitos jurídicos que identificam linguisticamente as conquistas da civilização, constantes axiológicas que devem integrar a ordem jurídica sob pena de retroagirmos ao homem das cavernas, à vida tribal, ao absolutismo monárquico ou ao talião.

Mas a integração desses valores na ordem jurídica é consequência e não causa da educação jurídica do povo.

Quando se quer destruir uma nação começa-se pela destruição de suas escolas de direito.

Descurar do ensino do direito, pretender uniformizar em relação à educação jurídica técnicas didáticas que só são úteis nas áreas tecnológicas ou que ignoram a experiência jurídica do povo, ignorar a especificidade do ensino do direito, pretendendo uniformizá-lo com ciências que têm a casualidade por princípio básico, esquecendo que a metodologia do direito é tópica e prudencial, representa prejuízo muito grande à cultura jurídica do país.

A ordem jurídica de um país não é o sistema de leis em vigor, mas o modo como juízes, advogados, promotores de justiça, professores e acadêmicos de direito as interpretam, integram e aplicam.

É mais importante a boa formação do jurista do que uma legislação aparentemente perfeita.

O ideal valorativo da justiça para corrigir as leis malfeitas, aperfeiçoar a vida jurídica e realizar os valores do direito só se consegue no recinto das faculdades de direito.

Referências bibliográficas

ACKER, Leonardo van. *A filosofia bergsoniana.* São Paulo, Martins, 1941.

AFTALION; OLANO; VILANOVA. *Introducción al derecho.* Buenos Aires, El Ateneo, 1960.

ALVES, José Carlos Moreira. *Direito romano,* 2.ed. Rio de Janeiro, Borsoi, 1969.

ARNAUD, André- Jean, *Les juristes face à la société du XIXe siècle à nos jours.* Paris, PUF, 1975.

______. *Critique de la raison juridique.* Paris, LGDJ, 1981.

BARCELLONA, Pietro; COTTURRI, Giuseppe. *El estado y los juristas.* Barcelona, Fontanella, 1976.

BETTI, Emilio. *Interpretazione della legge e delli atti giuridici.* Milano, Giuffrè, 1949.

______. *Cours de théorie générale du droit.* Apêndice a *Cours de droit civil comparé des obligations.* Milano, Giuffrè, 1958.

BEVILAQUA, Clóvis. *Teoria penal do direito civil.* 7.ed. São Paulo, 1955.

BIELSA, Rafael. *Metodología jurídica.* Santa Fé, Lib. Y Edit. Castelvi, 1961.

BOBBIO, Norberto. *Teoria da norma jurídica.* São Paulo, Edipro, 2001.

BOBBIO, Norberto; MATTEUCI, Nicola; PASQUINO, Gianfranco. *Dicionário de política.* Brasília, UnB, 1986.

BODENHEIMER, Edgar. *Ciência do direito.* Trad. de Enéas Marzano. Rio de Janeiro, Forense, 1966.

BRONZE, Fernando José. *Lições de introdução ao direito.* Coimbra, Coimbra Editora, 2002.

CALDANI, Miguel Angel Ciuro. "Comprensión Trialista de la Relación entre Derecho y Legitimidad". In: *Conferências do III Congreso Brasileiro de Filosofia Jurídica y Social.* João Pessoa, IBF e Grafset, 1988.

______. *Filosofia de la jurisdicción.* Rosário, FIJ, 1998.

CÁRCOVA, Carlos. *Materiales para una teoria crítica del derecho.* Buenos Aires, Abeledo-Perrot, 1991.

CARDOSO, Fernando Henrique. *Capitalismo e escravidão na América Latina.* São Paulo, Difel, 1962.

______. *Mudanças sociais na América Latina.* São Paulo, Difel, 1972.

CARDOZO, Benjamim. *A natureza do processo e a evolução do direito.* Trad. de Leda Boechat Rodrigues. Rio de Janeiro, Nacional de Direito, 1956.

CARVALHO, Amilton Bueno de. *Magistratura* e *direito alternativo.* São Paulo, Acadêmica, 1992.

CESARINO JR., Antonio Ferreira. *Direito social brasileiro.* 5.ed. Rio de Janeiro, Freitas Bastos, 1963.

CHARDIN, Teilhard de. O *fenômeno humano.* Rio de Janeiro, Martins, 1965.

COELHO, Luiz Fernando. "Clonagem reprodutiva e clonagem terapêutica: questões jurídicas". In: Revista CEJ, Brasília: Centro de Estudos Judiciários do Conselho da Justiça Federal, n. 16, mar/2002, p. 37-44.

______. *Lógica jurídica e interpretação das leis.* 2.ed. Rio de Janeiro, Forense, 1981. Prefácio de Miguel Reale.

______. *Saudade do futuro.* Florianópolis, Fundação Boiteux e UFSC, 2001.

______. *Teoria da ciência do direito.* São Paulo, Saraiva, 1974.

CROSSMAN, R. H. S. *Biografía del estado moderno.* Trad. de J. A. Fernández de Castro. México, Fondo de Cultura Econômica, 1992.

DAVID, René. *Les grands systèmes de droit contemporains.* Paris, Dalloz, 1964.

DEL VECCHIO, Giorgio. *Sui principi generali del diritto,* Archivio Giur, 1921.

DINAMARCO, Cândido Rangel. *A instrumentalidade do processo.* 4.ed. São Paulo, Malheiros, 1994.

DINIZ, Maria Helena. *Compêndio de introdução à ciência do direito.* 14.ed. São Paulo, Saraiva, 2001.

DUGUIT, Léon. *Traité de droit constitutionnel.* 2.ed. Paris, 1921.

ENTELMAN, Ricardo. El discurso jurídico como discurso del poder. La ubicación de la función judicial. Intreno de análisis en el contexto teórico de la "teoría crítica del derecho". Comunicação ao *Primer Congresso Internacional de Filosofia del Derecho.* La Plata, 1982.

FAORO, Raimundo. *Os donos do poder:* formação do patronato político brasileiro. 5.ed. Porto Alegre, Globo, 1979.

FARIA, José Eduardo. *Poder e legitimidade.* São Paulo, Perspectiva, 1978.

______ (org.). *A crise do direito numa sociedade em mudança.* Brasília, UnB, 1988.

FECHNER, Erich. *Rechtsphilosophie.* Tübingen, 1962.

FERNANDES, Florestan. *A revolução burguesa no Brasil* (ensaio de interpretação sociológica). Rio de Janeiro, Zahar, 1975.

______. *Fundamentos empíricos da explicação sociológica.* 4.ed. São Paulo, T.A. Queiroz, 1980.

FERRARA, Francesco. *I principi generali dell'ordinamento giuridico,* 1943.

FONSECA, Ricardo Marcelo. *Modernidade e contrato de trabalho:* do sujeito de direito à sujeição jurídica. São Paulo, LTr, 2002.

FRANCA, Pe. Leonel S.J. *Noções de história da filosofia.* 23.ed. Rio de Janeiro, Agir, 1987.

FRANÇA, Rubens Limongi. *Formas e aplicação do direito positivo.* São Paulo, RT, 1969.

______. *Hermenêutica jurídica.* 7.ed. São Paulo, Saraiva, 1999.

FRANCO SOBRINHO, Manoel de Oliveira. *Fundações e empresas públicas.* São Paulo, RT, 1972.

FRANK, Jerome. *Law and the modern mind.* 1930.

FRIEDMANN, W. *Théorie générale du droit.* Paris, LGDJ, 1965.

GÉNY, François. *Método de interpretación y fuentes en derecho privado positivo.* Madrid, Reus, 1925.

______. *Science et téchnique en droit privé positif.* 4 v. Paris, Sirey, 1924/1930.

GERMANN, O. A. *Grundlagen der Rechtswissenschaft.* Bohn, Verlag Stãmpli & Cie. 1950.

GOLDSCHMIDT, Werner. *Filosofía, historia y derecho.* Buenos Aires, Jurídica, 1953.

______. *La ciencia de la justicia (Dikelogia).* Madrid, Aguilar, 1958.

______. *Introducción al derecho.* 2.ed. Buenos Aires, De Palma, 1962.

______. *Introducción filosófica al derecho.* 6.ed. Buenos Aires, De Palma, 1987.

GONÇALVES, Carlos Roberto. *Responsabilidade civil.* 6.ed. São Paulo, São Paulo, Saraiva, 1995.

GONÇALVES, Oksandro O. "A desconsideração da personalidade jurídica no novo Código Civil". In: *Jurisprudência Brasileira,* v. 196. Veja também *Desconsideração da Personalidade Jurídica.* Curitiba, Juruá, 2002, p. 9-15.

GROPPALI, Alessandro. *Introdução ao estudo do direito.* Trad. de Manuel de Alarcão. Coimbra, 1968.

GUSMÃO, Paulo Dourado de. *Filosofia do direito.* São Paulo, Freitas Bastos, 1966.

______. *Introdução à ciência do direito.* 33.ed. Rio de Janeiro, Forense, 2003.

HEUSCH, Luc de. "Situações e posições da antropologia estrutural" In: ESCOBAR, Carlos Enrique (org.). O *método estruturalista.* Rio de Janeiro, Zahar, 1967.

HOESCHL, Hugo C. "O ciberespaço e o direito". RTJE, São Paulo, v. 167, nov.-dez./1998. Jurid Vallenich.

HOLANDA, Sérgio Buarque de. *História geral da civilização brasileira.* São Paulo, Difel, 1977.

HOLMES, Oliver Wendell. O *direito comum.* Trad. de J. L. Meio. Rio de Janeiro, O Cruzeiro, 1967.

HOMMES, Ulrich. *Die Existenzerhellung und das Recht.* Frankfurt a.M., 1962.

HOWE, Mark de Wolfe. Introdução ao livro O *direito comum,* de Oliver Wendell Holmes, citado nesta bibliografia.

HUSSERL, Edmund. *Investigaciones lógicas.* 2.ed. Trad. de Manuel G. Morente e José Gaos. Madrid, Revista de Occidente, 1967.

IANNI, Otávio. *Estado e capitalismo.* Rio de Janeiro, Civilização Brasileira, 1965.

IHERING, Rudolf von. O *espírito do direito romano.* Trad. de Rafael Benaion. Rio de Janeiro, Alba, 1943.

______. *A evolução do direito.* 2.ed. Salvador, Progresso, 1956.

JOLIVET, Régis. *Curso de filosofia.* Trad. de Eduardo Prado de Mendonça. Rio de Janeiro, Agir, 1953.

KANT, ImmanueI. *Metaphysik der Sitten.* Leipzig, Modes und Baumann, 1838.

KALINOWSKI, Georges. *Introduction à la logique juridique:* elements de semiotique juridique, logique des normes et logique juridique... Paris, Pichon et Durand-Auzias, 1965.

KELSEN, Hans. *Teoria pura do direito.* Trad. J. Baptista Machado. São Paulo, Martins Fontes, 1987.

KIRCHMANN, Julius Hermann von. "El caráter a-científico de la llamada ciencia del derecho". Trad. Werner Goldschmidt. In: *La ciencia del derecho.* Buenos Aires, Losada, 1949, p. 251 e segs.

KNEALE, William; KNEALE, Martha. *El desarrollo de la lógica.*

KORKOUNOV, N. M. *Cours de théorie générale du droit.* 2.ed. Paris, 1914.

LARH, C. *Manual de filosofia.* 6.ed. Porto, Apostolado da Imprensa, 1952.

LALANDE, André. *Vocabulaire téchnique et critique de la philosophie.* Paris, 1969.

LARENZ, Karl. *Metodologia de la ciencia del derecho.* Trad. Enrique Gimbernat Ordeig. Barcelona, Ariel, 1966.

LÉVI-STRAUSS, Claude et al. O *método estruturalista.* Rio de Janeiro, Zahar, 1967.

LIMA, Hermes. *Introdução à ciência do direito.* 19.ed. Rio de Janeiro, Freitas Bastos, 1954.

LIMONGI FRANÇA, Rubens. *Formas e aplicação do direito positivo.* São Paulo, RT, 1969.

LLEDÓ, Juan A. Perez. *El movimiento "Critical Legal Studies".* Madrid, Tecnos, 1996.

LOPEZ CALERA, Nicolas María. "El uso alternativo de la legalidad franquista y el nacimiento de la democracia española". In: Revista Contradogmáticas, Santa Cruz do Sul, v. I, n. 2/3, FISC/ALMED.

______. *Sobre el uso alternativo del derecho.* Valência, Presval, 1978.

LOZANO, Mario. *La legge e la zappa:* origini e sviluppi del diritto alternativo in Europa e in Sudamerica. No prelo.

LUHMANN, Niklas. *Teoria de la sociedad.* Trad. Miguel Romero Perez e Carlos Villalobos. Guadalajara, Universidad de Guadalajara, Universidad Iberoamericana e Instituto Tecnológico y de Estúdios Superiores de Occidente, 1993.

LUNDSTEDT, Vilhelm. *Legal thinking revised.* Estocolmo, 1956.

LYRA FILHO, Roberto. *Para um direito sem dogmas.* Porto Alegre, Sérgio Fabris, 1980.

______. O *que é direito?* São Paulo, Brasiliense, 1982.

MACHADO, João Baptista. *Antropologia, existencialismo e direito.* Coimbra, 1965 (Separata da *Revista de Direito e Estudos Sociais),* p. 3 e segs.

MACHADO NETO, A. L. *Teoria geral do direito.* Rio de Janeiro, Tempo Brasileiro, 1966.

______. *Compêndio de introdução à ciência do direito.* 2.ed. São Paulo, Saraiva, 1973.

______. *Teoria da ciência jurídica.* São Paulo, Saraiva, 1975.

______. *Sociologia jurídica.* 6.ed. São Paulo, Saraiva, 1987.

MALINOWSKI, B. *Uma teoria científica da cultura.* Rio de Janeiro, Zahar, 1962.

MARI, Enrique E. *Neopositivismo y ideologia.* Buenos Aires, Eudeba, 1974.

MATA-MACHADO, Edgar de Godói. *Contribuição ao personalismo jurídico.* Rio de Janeiro, Forense, 1954.

MAXIMILIANO, Carlos. *Hermenêutica e aplicação do direito.* 6.ed. Rio de Janeiro, Freitas Bastos.

MAYHOFER, Werner. *Recht und Sein,* Frankfurt a.M., 1964.

______. *Naturrecht als Existenzrecht,* Frankfurt a.M., 1965.

MÁYNEZ, Eduardo García. *Introducción al estudio del derecho,* México, Porrúa, 1951.

MEDINA, Javier García. *Teoria integral del derecho en el pensamiento de Miguel Reale.* Valladolid, Grapheus, S.L., 1995.

MEIRA, Sílvio A.B. *A Lei das XII Tábuas:* fonte do direito público e privado, 5. ed., Belém, Cejup.

MIAILLE, Michel. *Uma introdução crítica ao direito.* Lisboa, Moraes, 1979.

______. *El estado del derecho.* Puebla, Universidad Autónoma de Puebla, 1985.

MORA, José Ferrater. *Dicionário de filosofia.* Trad. de Maria Estela Gonçalves *et alli.* São Paulo, Loyola, 2000.

MORRIS, Charles W. Foundations of the Theory of Signs. *International Encyclopedia of Unified Sciences,* I (1938) The University of Chicago Press.

______. *Fundamento de la teoría de los signos.* Barcelona, Paidos, 1985.

NASCIMENTO, Amauri Mascaro. *Compêndio de direito do trabalho.* São Paulo, LTr, 1972.

OLIVECRONA, Karl. *Lenguaje jurídica y realidad.*

OLIVEIRA, José Lamartine Corrêa de. "A Parte Geral do Anteprojeto do Código Civil Brasileiro". In: *MP,* revista do Ministério Público do Estado do Paraná, ano 2, n. 2, 1973, item 4.1.

PALLIERI, Giorgio Balladore. *A doutrina do estado.* Trad. de Fernando de Miranda. Coimbra, 1969.

PAULA, Jônatas Luiz Moreira de. *Teoria geral do processo.* 3.ed. Barueri, Manole, 2002.

PEREIRA, Caio Mário da Silva. *Instituições de direito civil.* 12.ed. Rio de Janeiro, Forense, 1991, v. I .

PEREZ, Pascual Martin. *Manual de introducción a la ciencia del derecho.* 2.ed. Barcelona, Bosch.

PERTICORE, Giacomo. "Introdução" à ed. ltaliana de Kirchann, *Il valore scientifico della giurisprudenza.* Trad. de Paolo Frezza. Milão, Giuffrè, 1964.

PORTANOVA, Rui. *Motivações ideológicas da sentença.* Porto Alegre, Livraria dos Advogados, 1992.

POUND, Roscoe. *Las grandes tendencias del pensamiento juridico.* Trad. de José Puig Brutau. Barcelona, Ariel, 1950.

______. *Introdução à filosofia do direito.* Trad. de Álvaro Cabral. Rio de Janeiro, Zahar, 1965.

PRADO JR., Caio. *História econômica do Brasil.* 12.ed. São Paulo, Brasiliense, 1970.

RÁO, Vicente. O *direito e a vida dos direitos.* São Paulo, Max Limonad, 1952.

RAWLS, John. *Uma teoria da justiça.* Trad. de Vamireh Chacon. Brasília, UnB,1981.

REALE, Miguel. *Estudos de filosofia e ciência do direito.* São Paulo, Saraiva,1978.

______. O *direito como experiência:* Introdução à Epistemologia Jurídica. 2.ed. fac-similar com nota introdutória do autor. São Paulo, Saraiva, 1992.

______. *Teoria do direito e do estado.* 5.ed. São Paulo, Saraiva, 2000.

______. *Visão geral do novo Código Civil.* São Paulo, Academia Paulista de Letras, 2001.

______. *Filosofia do direito.* 20.ed. São Paulo, Saraiva, 2002.

RÉNARD, George. *Le droit, la logique et le bon sens* (Conférences d'introduction philosophique à l'étude du droit). Paris, Sirey, 1925.

RIVACOBA, Manuel de Rivacoba y. *División y fuentes del derecho positivo.* Valparaiso, Universidad de Chile – EDEVAL, 1968, p. 194.

RODRIGUEZ-ARIAS BUSTAMANTE, Lino. *Ciencia y filosofia del derecho.* Buenos Aires, EJEA, 1961.

ROMMEN, Heinrich. *Die ewige Wiederkehr des Naturrechts.* Leipzig, 1935.

ROSA, Felipe Augusto de Miranda. *Sociologia do direito.* 15.ed. Rio de Janeiro, Zahar, 2001.

ROSS, Alf. *El concepto de validez y otros ensayos.* Trad. de Genaro R. Carrió y Osvaldo Paschero. Buenos Aires, Centro Editor de América Latina, 1969.

______. *Hacia una ciencia realista del derecho.* Trad. de Julio Barbosa. Buenos Aires, Abeledo Perrot, 1961.

______. *Sobre el derecho y la justicia.* 2.ed. Trad. de Genaro Carrió. Buenos Aires, Universitaria, 1970.

ROVER, Aires José (Org.). *Direito, sociedade e informática.* Florianópolis, Boiteux e UFSC, 2000.

RUGGIERO, Guido de. *Breve história da filosofia.* Trad. de Fernando de Miranda. Coimbra, 1965.

SALDANHA, Nelson Nogueira. *Sociologia do direito.* 5.ed. São Paulo, Renovar, 2003.

SARAIVA, José H. *Lições de introdução ao direito* (Curso Professado no Instituto Superior de Ciências Sociais e Politica Ultramarina da Universidade Técnica de Lisboa), 1962-1963.

SAVIGNY, Friedrich Carl von. *Geschichte des roemischen Rechts im Mittelalter,* Heidelberg, 1815-1831.

______. "Los fundamentos de la ciencia juridica" Trad. de Wemer Goldschmidt, do *System des heutigen romischen Rechts.* In: *La Ciencia del Derecho,* Buenos Aires, Losada, 1949, p. 35 e segs.

SCIALOJA, Vittorio. Prefácio à edição italiana de *Sistema,* de Savigny. Torino, 1886.

SILVA, De Plácido e. *Vocabulário jurídico.* Rio de Janeiro, Forense, 1963.

SILVA, José Afonso da. *Curso de direito constitucional positivo.* 9.ed. São Paulo, Malheiros, 1993.

SODRÉ, Nelson Werneck. *História da burguesia brasileira.* Rio de Janeiro, Civilização Brasileira, 1964.

______. *Evolución social y económica del Brasil.* Buenos Aires, Universitária, 1965.

______. *As razões da independência.* 2.ed. Rio de Janeiro, Civilização Brasileira (Retratos do Brasil, 39), 1969.

______. *Síntese da história da cultura brasileira.* 8.ed. Rio de Janeiro, Civilização Brasileira. (Retratos do Brasil, 78), 1980.

SOUZA, José Pedro Galvão de. O *estado de direito* – Primeiras Jornadas Brasileiras de Direito Natural. São Paulo, RT, 1980.

SOUZA JR., José Geraldo de. *Para uma crítica da eficácia do direito.* Porto Alegre, Sérgio Fabris, 1984.

______ (org.). O *direito achado na rua.* Curso de extensão universitária à distância. Brasília, UnB, 1987.

SPENCER, Herbert. *A justiça.* Trad. de Augusto Gil. Lisboa, Ailland e Bertran. Rio de Janeiro, Francisco Alves.

STÖRIG, Hans Joachin, *História universal de la filosofia.* Trad. de Antonio Gómez Ramos. Madrid, Tecnos, reimpressão de 2000.

TELLES JR., Goffredo da Silva. O *direito quântico:* ensaio sobre o fundamento da ordem jurídica. 6.ed. São Paulo, Max Limonad, 1985.

TERAN, Juan Manuel. *Filosofia del derecho.* México, Porrúa, 1977.

TEUBNER, Günther, O *direito como sistema autopoiético.* Trad. de José Engrácia Antunes. Lisboa, Fundação Calouste Gulbenkian, 1989.

VERDIER, J. M. "Syndicats". In: CAMERLYNCK. *Traité de droit du travail.* Paris, Dalloz, 1966.

VERNENGO, Roberto J. *La interpretación literal de la ley.* 2.ed. Buenos Aires, Abeledo-Perrot, 1994.

VINCENT, A. "La synthèse cosmogénétique de Teilhard de Chardin et lê droit" In: *Archives de philosophie du droit,* tome X, 1965.

WARAT, Luis Alberto. O *direito e sua linguagem.* 2ª versão. Porto Alegre, Sérgio Fabris, 1984.

______. "El jardim de los senderos que se bifurcam: a teoria crítica do direito e as condições de possibilidade da ciência jurídica". In: Revista Contradogmáticas, Santa Cruz do Sul, FISC/ALMED, 1985.

WOLF, Erik. *Griechisches Rechtsdenken.* Frankfurt a.M: Vitorio Klostermann, 1947.

______. *El problema del derecho natural.* Trad. de Manuel Entenza, Barcelona, Ariel, 1960.

______. *Il carattere problematico e necessario della scienza del diritto.* Trad. de Alessandro Baratta. Milão, Giuffrè, 1964.

Bibliografia complementar

ADEODATO, João Maurício. *Ética e retórica:* para uma teoria da dogmática jurídica. São Paulo, Saraiva, 2002.

AGUILLAR, Fernando Herrren. *Metodologia da ciência do direito.* 2.ed., s/l, Max Limonad, 1999.

ALEXY, Robert. *Teoría de los derechos fundamentales.* Madrid, Centro de Estudíos Constitucionales, 2002.

ANDRADE, Vera Regina Pereira de. *A dogmática jurídica:* escorço de sua configuração e identidade. Porto Alegre, Livraria do Advogado, 1996.

AZEVEDO, Plauto Faraco de. *Crítica à dogmática e hermenêutica jurídica.* Porto Alegre, Sérgio Fabris, 1989.

BACHELARD, Gaston. *A epistemologia.* São Paulo, Martins Fontes, 1981.

BOBBIO, Norberto. *Contribución a la teoría del derecho.* Valência, Fernando Torres, 1980.

______. *Direito e estado no pensamento de Emanuel Kant.* 4.ed. Brasília, UnB,1997.

______. *Il positivismo giurídico.* Turim, Giappichelli, 1979.

______. *Teoria do ordenamento jurídico.* Brasília, UnB, 1989.

______. O *positivismo jurídico:* lições de filosofia do direito. São Paulo, Ícone, 1999.

BODENHEIMER, Edgard. *Teoría del derecho.* México, Fondo de Cultura Económica, 2000.

CANARIS, Claus- Wilhelm. *Pensamento sistemático e conceito de sistema na ciência do direito.* 2.ed. Lisboa, Calouste Gulbenkian, 1996.

CORREAS, Oscar. *Crítica da ideologia jurídica:* ensaio sócio-semiológico. Trad. de Roberto Bueno. Porto Alegre, Sérgio Antonio Fabris, 1995.

ENGISCH, Karl. *Introdução ao pensamento jurídico.* 7.ed. Lisboa, Calouste Gulbenkian, 1996.

FARIA, José Eduardo. "A noção de paradigma na ciência do direito: notas para uma crítica ao idealismo jurídico". In: FARIA, José Eduardo (org.). *A crise do direito numa sociedade em mudança.* Brasília, UnB. 1988, p. 14-30.

FERRAZ JR., Tércio Sampaio. *A ciência do direito.* 2.ed. São Paulo, Atlas, 1980.

______. *Direito, retórica e comunicação.* 2.ed. São Paulo, Saraiva, 1997.

______. *Função social da dogmática jurídica.* São Paulo, Max Limonad, 1998.

______. *Introdução ao estudo do direito:* técnica, decisão, dominação. São Paulo, Atlas, 1993.

______. *Teoria da norma jurídica.* 3.ed. Rio de Janeiro, Forense, 1999.

GUERRA FILHO, Willis Santiago. *Introdução à filosofia e à epistemologia jurídica.* Porto Alegre, Livraria do Advogado, 1999.

______. *Teoria da ciência jurídica.* São Paulo, Saraiva, 2001.

HART, Herbert L. A. O *conceito de direito.* 2.ed. Lisboa, Fundação Calouste Gulbenkian,1994.

LARENZ, Karl. *Metodologia da ciência do direito.* 5.ed. Lisboa, Calouste Gulbenkian, 1983.

LIMA LOPES, José Reinaldo de. O *direito na história:* lições introdutórias. 2.ed. São Paulo, Max Limonad, 2002.

MARÍ, Enrique et al. *Materiales para una teoría critica del derecho.* Buenos Aires, Abeledo-Perrot.

MARQUES NETO, Agostinho Ramalho. *A ciência do direito:* conceito, objeto e método. 2.ed. Rio de Janeiro, Renovar, 2001.

MORRIS, Clarence (org.). Os *grandes filósofos do direito.* Trad. de Reinaldo Guarany, São Paulo, Martins Fontes, 2002.

POPPER, Karl. *A lógica da pesquisa científica.* Trad. de Leonidas Hegenberg e Octanny Silveira da Mota. São Paulo, Cultrix, 2001.

REALE, Miguel. *Lições preliminares de direito.* 17.ed. São Paulo, Saraiva, 1990.

______. O *direito como experiência:* introdução à epistemologia jurídica. 2.ed. São Paulo, Saraiva, 1999.

______. *Teoria tridimensional do direito:* situação atual. 5.ed. São Paulo, Saraiva, 1994.

______. *Filosofia do direito.* 18.ed. São Paulo, Saraiva, 1998.

SALDANHA, Nelson. *Pequeno dicionário da teoria do direito e filosofia jurídica.* Porto Alegre, SAFE, L 987.

SOUTO, Cláudio. *Ciência e ética no direito:* uma alternativa de modernidade. Porto Alegre, Sérgio Antonio Fabris, 1992.

STRECK, Lenio Luiz. *Hermenêutica jurídica e(m) crise:* uma exploração hermenêutica da construção do Direito. Porto Alegre, Max Limonad, 1999.

VERNENGO, Roberto J. *Curso de teoria general del derecho.* Buenos Aires, Depalma.

VIEIRA, Oscar Vilhena. *A Constituição e sua reserva de justiça:* um ensaio sobre os limites materiais ao poder de reforma. São Paulo, Malheiros, 1999.

WARAT, Luiz Alberto. *A pureza do poder.* Florianópolis, UFSC, 1983.

______. *Introdução geral ao direito:* a epistemologia jurídica da modernidade. Porto Alegre, SAFE, v. II, 1995.

______. *Introdução geral ao direito:* interpretação da lei – temas para uma reformulação. Porto Alegre, SAFE, v. I, 1994.

______. *Introdução geral ao direito:* O direito não estudado pela teoria jurídica moderna. Porto Alegre, SAFE, v. III, 1997.

WIEACKER, Franz. *História do direito privado moderno.* 2.ed. Lisboa, Calouste Gulbenkian, 1967.

WOLKMER, Antonio Carlos. *Ideologia, estado e direito.* 3.ed. São Paulo, RT, 2000.

______. *Elementos para uma crítica do estado.* Porto Alegre, Sergio Fabris, 1990.

______. *Introdução ao pensamento jurídico crítico.* 2.ed. São Paulo, Acadêmica, 1995.

______. *Pluralismo jurídico:* fundamentos de uma nova cultura no direito. São Paulo, Alfa Ômega, 1994.

ZAGREBELSKY, Gustavo. *El derecho dúctil:* ley, derechos, justicia. Trad. de Marina Gascón. Madrid, Trotta, 2002.

ZWEIG, Stephan. *Brasil, país do futuro.* Trad. Odilon Galloti. Rio de Janeiro, Guanabara, 1991.

Índice remissivo